红楼梦

陪高中生读

魏建宽 著

长江出版传媒
长江文艺出版社

图书在版编目（CIP）数据

陪高中生读红楼梦 / 魏建宽著. -- 武汉 ： 长江文
艺出版社，2025.1. --（大教育书系）. -- ISBN 978
-7-5702-3812-5

Ⅰ. G634.303

中国国家版本馆 CIP 数据核字第 20245RM573 号

陪高中生读红楼梦

PEI GAOZHONGSHENG DU HONGLOUMENG

责任编辑：施柳柳　张　瑞	责任校对：程华清
封面设计：胡冰倩	责任印制：邱　莉　胡丽平

出版：长江出版传媒 ｜ 长江文艺出版社
地址：武汉市雄楚大街 268 号　　　邮编：430070
发行：长江文艺出版社
http://www.cjlap.com
印刷：武汉新鸿业印务有限公司

开本：710 毫米×970 毫米　　1/16	印张：22
版次：2025 年 1 月第 1 版	2025 年 1 月第 1 次印刷
字数：279 千字	

定价：52.00 元

目录

序

罗书华

　　《红楼梦》诞生至今，已有两三百年，红楼之成学，也已过一百年，研究红学的论文论著可以说是汗牛充栋。坊间常听戏言："一部《红楼梦》，养活了万千红学家。"这句话几乎就是实说，谈不上有多夸张。

　　然而，每当朋友要我推荐《红楼梦》相关的参考书时，我往往又会轻描淡写地说："直接阅读《红楼梦》就好。喜欢《红楼梦》，就直接阅读《红楼梦》；想了解《红楼梦》，就直接阅读《红楼梦》。"喜欢《红楼梦》，为什么要去看《红楼梦》的解读呢？喜欢一种水果，为什么不直接品尝新鲜水果，却要找经过采摘、揉碎、加工、添料、包装后的加工品呢？没有条件吃到新鲜水果，找点儿水果罐头、水果饮品什么的可以理解；身处果园之中，水果挂满枝头，伸手便可摘，一些朋友仍然想要找水果罐头、饮料什么的，也可以理解，但这只能说你喜欢的是水果罐头、饮料这些，而不是水果本身。一瓶果汁饮料，水果的成分含量可能高也可能低，但无论如何都不会是百分百还原水果本身。

　　我很少推荐《红楼梦》相关的参考读物还有一个原因：以往涉及《红楼梦》的论文论著虽然数以百千万计，但要从中找到真正的《红楼梦》研究专著来，却多少要看运气。人们看到的更多的是"红学"著作，而不是《红楼梦》研究专著。即便是关于《红楼梦》的研究，也有不少是研究者先将外部的思想、观念、方法与故事放到作品中，再从《红楼梦》中取出来，然后说一句：《红楼梦》是什么样的作品，有怎样的结构、怎样的艺术。听说曾经社会上有一种骗术，骗子预先将一些金光闪闪的"宝贝"偷偷埋在山中某个角落，然后煞有介事地拿着一张所谓的"藏宝图"去寻宝，在村民的帮助下，果然寻得"宝贝"，最后，骗子想方设法"低价"将这些"宝贝"转卖给村民。当然不能说"涉红"研究者是骗子，但有些研究者按照"藏宝—采宝"的模式进行研究，采来的常是假宝贝而非《红楼梦》的原藏，这点是可以肯定的。

学术研究当然并不要求研究者与其对象同频共振，也难以完全避免六经注我。从研究者、时代与读者的角度来看，这种研究也自有其价值。不过，如果研究者是一位发自内心喜欢《红楼梦》的读者，当他尽情漫游与陶醉在大观园之中，在一花一草、一颦一笑中接受作者的心声，便会不由自主、情不自禁地想要表达与分享自己的心得，这样的言说也许更接"红"气，更近荒唐言的本味。

魏建宽先生就是一位沉浸在《红楼梦》阅读与教学的一线读者、爱好者与创作者。《陪高中生读红楼梦》就是这样一部紧贴文本、发自内心的阅读与倾听之作。从某个角度说，这也是一部《红楼梦》个人阅读史、阅读生活史与教学史。作者不是一人独自阅读，而是与许多高中生一起阅读；不只是倾听作者，同时也在倾听学生读者，并经由倾听学生读者而更细心地倾听作者；他不是一个人在言说，在其中也不时可以听到大观园外少男少女的声音，有时他也将张爱玲、马瑞芳、蒋勋等宾客请来参与谈话。作者一回一回地读，一回一回地记，每一篇都能让人回到其阅读与对话的现场，感受到他阅读与交流时的惊喜与激动，元气满满，扑面而来。单是这种忽内忽外、轻松写意、能入能出的随笔札记体，就能让人感受到其在由外而内的高头讲章之外另开了一境。

作为一位高中语文特级教师，可信《红楼梦》的阅读与陪读只是魏老师整个文学阅读教学的一部分，也是其文学阅读"四境界说"，即"文字、文学、文化、灵魂"阅读法的一个样本。本书不乏对人物、情节、叙述的细微品味与精彩分析，这些对文本的细部品鉴与整体把握相互循环，局部切中肯綮，整体血脉贯通。作者在用灵魂阅读，也是为灵魂而写作，因之其文字也就能穿越时空，前与《红楼梦》作者心灵相触相应，后与《红楼梦》读者声气相通相会。偏爱黛玉，不薄宝钗，窃以为庶几抵达《红楼梦》的真境。全书形式上是对《红楼梦》的逐回赏析，貌似零散，实则时时处处都在作者灵魂的映照之下，恰如月映万川，光照四野，浑然一体。时时注目于"人"，处处饱含着"情"，情情，亦情不情，《红楼梦》原著因而像那块通灵宝玉那般"灿若明霞"，这部《陪高中生读红楼梦》也因而像那块通灵宝玉那般"莹润如酥"。

本书作者取《红楼梦》前八十回，而舍通行本后四十回，甚至连"林黛玉焚稿断痴情，薛宝钗出闺成大礼""苦绛珠魂归离恨天，病神瑛泪洒相思地""中乡魁宝玉却尘缘，沐皇恩贾家延世泽""甄士隐详说太虚情，贾雨村归结红楼梦"这样著名的章回也置之不顾。这样的抉择也许与写作时间有一定的关系，而其根底大概还是来自作者对《红楼梦》版本的判断。这样的抉择确实舍弃了一些精彩华章，也正因为此，这种抉择更可佐证作者创作时"断舍离"的果敢、勇气与智慧，对于提倡"整本书阅读"的中学语文教育界来说尤其如此。这无异于在宣告，《红楼梦》整本书的阅读，就是对《红楼梦》前八十回的阅读；后四十回在《红楼梦》整本书阅读的范围之外。如果这个推测不错的话，那么这样的感觉与判断于我心又是戚戚焉。

作为一名大学教师，阅读学术论文论著是我平日的主要工作之一。规范的学术训练对于学生与学术都有其价值和必要性，自己难免也要写一两篇相关的文章。然而，长年阅读那些为KPI（绩效）写作的、没有生命浸润的、套路满满的论著、论文或者学术作业，难免日久生厌。这大概是我不太为读者推荐研究类读物的主要原因。窃以为，学术论著，尤其是人文类论著，还是关于《红楼梦》的论著，如果缺少作者生命体验的灌注，那它就无法成为一部有生命力的读物，也就不值得一般读者为之浪费时间。反过来，如果能像《陪高中生读红楼梦》这样，将作者的读书场景、生命体验融入其中，那么即使有人认为它写作挥洒随性，不是那种伟岸堂皇的学术论著，即使你未必认同书中的全部论述与观点，也仍然值得认真拜读或者随手翻阅，与作者一起漫步大观园，领略这个国中国、府中园的旖旎风光，以及生命本身的美妙风景。

在一次小型的《红楼梦》教学研讨会上，我不期而遇魏建宽先生，有似曾相识之感，听其言，则大获我心。后加微信长谈，方知都是赣人，且又同庚，又都是二十世纪八十年代读"红"之人。遂谈"红"论文，颇有相见恨晚之意。今先读其大著，写这篇读后感，仿佛是那天研讨的继续。但愿我们还有机会更见红著，再续红谈，烹茶细论，彻旦无倦。

2023年6月1日儿童节，序于复旦魔红轩

甄士隐的"灵魂"，贾雨村的"肉身"

——读《红楼梦》第一回

"甄士隐梦幻识通灵，贾雨村风尘怀闺秀"

> 读懂《红楼梦》的前提之一，就是必须读懂曹雪芹塑造人物形象——甄士隐与贾雨村——的苦心！

读《红楼梦》，其实是有门槛的。

门槛之一，鉴赏力；门槛之二，对人生觉解的欲望与能力。

一个人对艺术大师的作品的鉴赏力，不是一蹴而就的；人生觉解的欲望与能力，多与阅历相关，"不识愁滋味"的少年，很难拨开弥漫于"红楼"四周的"悲凉之雾"，去摸清进入"红楼"的门径。

正因为如此，《红楼梦》将许多人挡在了门外！

想上"红楼"却上不去的人，恰恰多是少年！

有研究者为曹雪芹抱憾，称曹雪芹如果有足够的自觉，一开头就会"直写黛玉进荣国府"！

研究者之所以认为《红楼梦》的开头"不妥"，是觉得"贾雨村言"损害了小说的"审美品性"——将谜底放在了谜语的前面。

这固然不无道理。而我认为，将谜底置于谜语前面，这恰恰是曹雪芹的良苦用心！这样的布局，恰恰展现了曹雪芹的"大清醒"！

曹雪芹想借这些"贾雨村言"明确地告知翻开他的《石头记》的读者，他已经借"空空道人"与"石兄"的对话，严肃地宣告他的《石头记》有别于"历来野史"，有别于一般的"风月笔墨"，有别于"理治之书"。继而，他又借甄士隐梦中旁听到的"那僧"与"那道"的对话，不经意地表明他的《石头记》就是要"将儿女之真情发泄一二"，以这些"情痴"的传奇，去喻世，去警世，去醒世，使人"免于沉沦之苦"。

读懂这些"贾雨村言"弦外之音的人，就算是曹雪芹的"知音"了！

而这些看似"不经意"的文字，恰恰又是一般人读不懂或不愿读的。

要成为曹雪芹的知音，必须是"四忘"之人，对此，曹雪芹借《好了歌》说得明明白白。

甄士隐，算是不醉心功名的，他淡出仕途，中隐隐于市，与葫芦庙为邻，算是忘得了功名之人。

甄士隐，仗义轻财，慷慨解囊，资助贾雨村赴京应试，算得上不为金银所累之人。

甄士隐，"禀性恬淡，不以功名为念，每日只以观花修竹、酌酒吟诗为乐，倒是神仙一流人品"，只是一件事仍感到"不足"——"年已半百，膝下无儿，只有一女"。

不过，具备前两个"忘得了"，在曹雪芹看来，甄士隐这类人就具备了追求"灵魂"生活、索解"人生底色"的精神渴望。

于是，曹雪芹，就安排甄士隐去"梦幻识通灵"，去求解"灵魂"层面的拯救与解脱。

与此相对的，却是他用心良苦地安排贾雨村走出"葫芦庙"，让贾雨村这个人离"佛法僧"越来越远,这言外,分明指的是贾雨村离"灵魂"层面的觉解越来越远。

年过半百的甄士隐,经历了女儿被拐、家业毁于火灾、田庄被迫折变殆尽、投靠岳丈又遭冷眼、被欺骗,有了这样的人生遭际,当他再次遇见跛足道人,当他听到跛足道人的《好了歌》时,他便开悟了!他以"陋室空堂,当年笏满床……甚荒唐,到头来都是为他人作嫁衣裳",为《好了歌》作注。跛足道人答以"解得切,解得切",于是就有了甄士隐"同了疯道人飘飘而去"。

甄士隐,留下的是一条"轰动的街坊",留下的是一则"新闻传说",留下的是一个"哭个死去活来"的妻子封氏。而贾雨村呢?他于葫芦庙顾影自怜地吟出"自顾风前影,谁堪月下俦?蟾光如有意,先上玉人楼";他急于用自己过人的才气换得功名,换得娇妻,换得金银。否则,他怎会"对天长叹"——"玉在匮中求善价,钗于奁内待时飞"?他怎会于"七八分酒意,狂兴不禁"之时,一改隐忍的性格,露出峥嵘——"时逢三五便团圆,满把晴光护玉栏。天上一轮才捧出,人间万姓仰头看"。

贾雨村,从葫芦庙出发,也留给了葫芦庙的和尚一个背影——他当夜"五鼓"之时即赴京求取功名的背影;他还转送给了甄士隐一句话——"读书人不在黄道黑道,总以事理为要,不及面辞了"。

贾雨村,走上了他求取功名的路。他金榜题名、官袍加身之后,对这条"十里街"中的"仁清巷"也有回望,但不是回忆在最穷困潦倒之时给了他人世间温暖的甄士隐,而是那个"丫鬟"娇杏!

甄士隐与贾雨村,一个是获得拯救与度脱的灵魂,一个是开始堕落的沉重的肉身!

这就是小说天才、人生开悟者曹雪芹为我们写下的《石头记》的开篇。

《红楼梦》的读者,有几人能读懂曹雪芹的这颗苦心呢?

曹雪芹，也知道没有几人，于是他说——"满纸荒唐言，一把辛酸泪。都云作者痴，谁解其中味？"

痴人，本身就令人难以理解。更何况，痴人说的还是梦！

林妹妹是如何从天上掉下来的？

——读《红楼梦》第二回

"贾夫人仙逝扬州城，冷子兴演说荣国府"

> 欣赏曹雪芹多样的叙事手法，便会明白林黛玉为什么是曹雪芹心中的"花魂"与"诗魂"。

林黛玉，是曹雪芹心中的"花魂"与"诗魂"，她是小说的"女一号"！曹雪芹描写林黛玉正式出场的浓墨重彩之笔，虽然是出现于第三回，但为了她在第三回的"惊艳"亮相，其实，曹雪芹于第一、二两回就做足了文章。

我先从"叙事手法"的角度，来谈谈曹雪芹是如何做好这个文章的。

首先，曹雪芹在林黛玉身上做足了"奇"的文章。

第一回的"叙事主体"，即叙事的中心人物，曹雪芹故意不设计为自己，而是设计成"人"与"神"的对话。

曹雪芹驰骋在他那天马行空的想象之中，通过甄士隐梦中与一僧一道的奇遇经历，借助甄士隐梦中听闻的"那僧"与"那道人"的对话，将林黛玉的"仙"气一一叙写出来。林黛玉原为"西方灵河岸上三生石畔"的"绛珠草"，因得赤瑕宫神瑛侍者以甘露灌溉，"始得久延岁月"，"后来既受天地精华，复得雨露滋养，遂得脱却草胎木质，得换人形"，"修成个女体"，她"终日游于离恨天外，饥则食蜜青果为膳，渴则饮灌愁海水为汤"。她之所以要下凡到人间，就是为了报神瑛侍者的灌溉之恩；她向警幻仙子请求下凡，追随神瑛侍者，打算把"一生所有的眼泪""偿还"给那下凡的神瑛侍者——贾宝玉。

这样"以一生所有的眼泪"偿还情债的故事，被作者诗意化、圣洁化了！这样的诗意，这样的圣洁之情，于人世间，难道不是最稀缺的情意吗？难道不足以称"奇"吗？

翻遍中外文学史，谁能写就曹雪芹这等有想象力的文字？

第二回中，曹雪芹则是先将"叙事主体"的权力从"那僧""那道"的手中收了回来，以全知全能、太阳底下天下万事于他无秘密的"第三人称视角"，直接向读者讲述了贾雨村进京科场得意、迎娶娇杏、选入外班、任职知府而不到一年被革职的经历，继而叙写"担风袖月，浏览天下胜迹"的贾雨村如何"相托友力""谋了进去"，到林如海这个巡盐御史府中担任林黛玉的家庭教师的故事。

我们千万不要认为写贾雨村的笔墨是闲笔，大师笔下绝不会有"闲笔"。

曹雪芹像女娲造人一样创造了贾雨村这个形象，有多重意图。其中之一，曹雪芹就是要他笔下的贾雨村去承担重要的使命。曹雪芹这个女娲，这个造物主，于第二回采用他的"女娲视角""全局视角""造物主视角"，去操纵贾雨村的重要目的，就是要借贾雨村去说，去听，去感受，去用"目光"打量这个世界，让贾雨村与冷子兴对谈，去品评他曹雪芹所要塑造的人物。

请看"那日，偶又游至维扬地面，因闻得今岁鹾政点的是林如海"，这一句中的"因闻得"，是谁"闻得"，不就是"贾雨村"吗？

读者看到贾雨村"便相托友力""谋了进"巡盐御史林如海家，以他对林如海前世今生了解之详尽，你就会发现贾雨村是一个极有心机、极会钻营的机会主义者。林如海是探花出身，是列侯第五代孙，圣恩对林如海的眷顾，林如海的亲族支派如何，林如海"有几房姬妾"，林如海只育有一女一子，但三岁之子已经夭折……这一切的一切，他都犹如熟悉自己的掌纹一般了然于心。在对这一切都了然于心的前提下，于是他极力借助朋友之力，"谋进"了林如海的府门。

这样借贾雨村的"目光"写林如海，其实也是在借贾雨村的目光，介绍林黛玉高贵的出身，介绍林黛玉所接受的不俗的教育。

林黛玉的正式启蒙老师，是什么学历呢？是进士出身的贾雨村！

林黛玉的家庭背景是什么样的呢？她的父亲是谁？是探花出身、被钦点扬州巡盐御史的林如海！她的母亲是谁？是显赫一时的荣国府的千金——贾敏！

有这样的叙写与交代在前，第三回中写林黛玉的"矜持"，写林黛玉见贾宝玉之前心里暗想贾宝玉"不知是怎生个惫懒人物"，也就有了人物性格、人物形象塑造上的前提条件。

以前的教科书中，常说林黛玉进贾府是如何"寄人篱下"。这多少是有些误读的！

林黛玉，怎么能说是寄人篱下呢？至少她刚进荣国府时，并无那种"自卑"的心理。

她林家的府第并不比贾家低！贾府虽是公爵之府，但林家也是侯门之第；荣国府至贾政这一代已经靠吃祖宗的饭度日了，林如海却能凭一己之力考中进士，并赢得皇帝的青睐与信任，得以被钦点为扬州巡盐御史。正因为如此，在第三回荣国府荣禧堂"宝黛初会"的情节中，"只听外面一阵脚步响，丫鬟进来笑道：'宝玉来了！'"之时，林黛玉心中才会有这样的"疑惑"——

这个宝玉，不知是怎生个惫懒人物，懵懂顽童？——倒不见那蠢物也罢了！

"惫懒人物"，就是涎皮赖脸的人物；"蠢物"，就是愚庸凡俗的人物！

林黛玉之所以会对这位表哥产生如此不屑的心理，当然与她的母亲贾敏平时没少说贾宝玉被祖母宠爱、纵容坏了的话有关，也与她进荣国府后二舅母王夫人告知她贾宝玉是"孽根祸胎""混世魔王"有关，但林黛玉自身高贵的出身、良好的教养，才是她能居高临下、暗地里称贾宝玉是"惫懒人物""蠢物"的主要原因。

而如果缺了第一、二回的叙写，林黛玉"俯视"贾宝玉的情节，能合理吗？大家读到这样的文字，难道不会觉得突兀吗？

你看这就是曹雪芹于"女一号"出场前，做足了的"叙事"文章！

问世间情为何物？

——读《红楼梦》第三回

"贾雨村夤缘复旧职，林黛玉抛父进京都"

> 由一个关于贾母的细节描写，我们明白比礼法更"重"的，原来是人拥有的那一颗柔软的心呀！

金代诗人元好问于其《摸鱼儿·雁丘词》的开篇曾发出一个天问——"问世间，情为何物，直教生死相许？"

读《红楼梦》第三回，我们也能读到曹雪芹有关"亲情"的发问——人世间的亲情与封建礼法相比，孰重孰轻？

曹雪芹虽然也说他的《红楼梦》是"大旨谈情"的，但作为小说家，他是绝对不会轻易对笔下的人物进行褒贬的。这就要求我们读者能从小说家叙写的文字，尤其是其叙写的细节中，去领悟其字里行间所蕴含的情感。

林黛玉自扬州洒泪拜别父亲，"随了奶娘及荣府几个老妇人"，千里进京，再进了"敕造荣国府"，她的外祖母将会如何迎接她呢？且看下面的文字——

黛玉方进入房时，只见两个人搀着一位鬓发如银的老母迎上来，黛玉便知是他外祖母。方欲拜见时，早被他外祖母一把搂入怀中，心肝儿肉叫着大哭起来。当下地下侍立之人，无不掩面涕泣，黛玉也哭个不住。一时众人慢慢解劝住了，黛玉方拜见了外祖母。——此即冷子兴所云之史氏太君，贾赦贾政之母也。当下贾母一一指与黛玉："这是你大舅母；这是你二舅母；这是你先珠大哥的媳妇珠大嫂子。"黛玉一一拜见过。

　　林黛玉"方欲拜见"外祖母，为什么就"早被他外祖母一把搂入怀中"？为什么外祖母"心肝儿肉叫着大哭起来"？

　　从"文学"层面来读，只要理解这是一处细节描写，只要由"文字"中的"方欲""一把""搂""心肝儿肉叫着大哭"，读出林黛玉的聪慧、敏感与贾母怜爱孤女的慈爱性格，就不俗了。不过，如果我们从"文化"与人物"灵魂"相遇的层面阅读，就必须理解：在等级森严、封建礼教思想禁锢着每一个人的贾府，贾母为什么不让外孙女行完"拜礼"，再将黛玉"搂入怀中"呢？这又说明了什么呢？

　　知名作家、画家、美学家蒋勋先生读到上述文字时，写下了如下解读文字——

　　黛玉第一次见到贾母，看到她头发都已经白了，这个时候贾母应该是年纪很大了。因为第一次见外祖母，要行跪拜大礼。这时贾母立刻把她抱在怀里，不让她跪，大叫心肝儿肉。"心肝儿肉"是老人家最喜欢叫孩子的语言。我们在这里看到贾母那种心痛的感觉。她此刻见到的不仅是黛玉，也是她的女儿贾敏。她在这里疼的、哭出来的其实是对女儿和外孙女很复杂的感情。作者在这个地方写得非常精简，但很动人，你几乎可以感觉到那个画面。贾母生了几个男孩，贾敏是独生女，是她最爱的女儿，可是早早就死掉了，临终都没有见到，她把对女儿的感情转移到外孙女的身上了。

蒋勋先生说林黛玉"第一次见外祖母，要行跪拜大礼"，是不是真有这等规定呢？答案是肯定的，我们不妨读一读《清史稿》（卷九十一）中关于"宾礼"的一段文字——

　　卑幼见尊长礼，及门通名，俟外次，尊长召入见，升阶，北面再拜，尊长西面答揖。命坐，视尊长坐次侍坐。茶至，揖，语毕，禀辞，三揖。凡揖皆答，出不送。

林黛玉见贾母，是"卑幼见尊长"，入门之后必须"再拜"，"命坐"之后方能"视尊长坐次"，再琢磨自己该坐哪个位置才能"侍坐"。而贾母见到外孙女林黛玉，竟然省去了繁复的礼节，"一把"就将黛玉"搂入怀中"。

蒋勋先生告知我们阅读这一"精简"的文字片段时，要读出其"动人"之处。

那么文字的"动人"之处在哪儿呢？我想最动人之处就是其中的人情之美与人性之美——陷入礼教制度与人情、人性矛盾冲突中的贾母将人情置于礼法之上而流露出的可亲与可敬！

人们不禁要问：位于贾府这个封建礼法制度下等级森严的家族"金字塔"尖的人物贾母，本应成为谨遵礼法的榜样，为什么她不压抑自己的情感呢？为什么她反倒如此率真任性，最根本的原因是什么呢？

我想，在贾母见到因丧母而来投靠她的病弱孤苦的外孙女之后，再联想到病亡的女儿贾敏，身上的母性就完全被激发出来了，她再也顾及不到那些礼法，在那一刻，"礼教"的枷锁被她弃置一旁！面对死去的贾敏，面对眼前孤弱的外孙女，贾母面对的就是死神那能吞噬一切的巨大的黑色羽翼，在那一刻，贾母知道有比礼法更"重"的，那就是人应该有一颗柔软的心！

从文学的角度看，这是丰富的人物形象所折射出的闪光之处；从文化层面看，这是礼法在人情、人性之美前的撤退。

贾雨村为何做不了皇帝的"忠臣"？

——读《红楼梦》第四回

"薄命女偏逢薄命郎，葫芦僧乱判葫芦案"

> 贾雨村这个人物形象，就是做不了皇帝的忠臣而只能选择做权臣家奴，在宦海中挣扎。

贾雨村的每一次堕落，都是清醒的堕落！

曹雪芹写贾雨村，看似写的是一个贾雨村，其实是在为那个时代中千万个贾雨村画像！

曹雪芹为读者画出了一幅肖像——在封建社会中，那千千万万个做不了皇帝的忠臣，只能做权势熏天的权臣的家奴，不停地在宦海中挣扎。

贾雨村面对冤死者家属"告了一年的状"的案子——薛霸王指使豪奴打死冯渊、强夺甄英莲的案子，也曾大怒道"岂有这样放屁的事！打死人命就这样白白的走了，再拿不来的"；也曾想当即"发签差公人立刻将凶犯族中人拿来拷问"；也曾准备"动海捕文书"，对薛蟠进行全国通缉。

不过，经过门子的提醒，再经与门子在密室的一番对话，他终于明白自己所断的案子非同寻常，它牵扯到贾史王薛四大家族。明白了这一切，他便完全"成了个没主意的人了"。

门子也趁此时间节点进言，给他出主意——"小的闻得老爷补升此任，亦系贾府王府之力；此薛蟠即贾府之亲，老爷何不顺水行舟，作个整人情，将此案了结，日后也好去见贾府王府。"

贾雨村听了门子的这一番话，其实已经打定了主意，即准备徇情枉法，根本不去想昔日有大恩于他的甄士隐，对甄士隐与冯渊的因缘也竟以"孽障遭遇"来形容！更可耻的是，不想救英莲也罢，他竟然还拿腔拿调、道貌岸然地对门子说："你说的何尝不是。但事关人命，蒙皇上降恩，起复委用，实是重生再造，正当殚心竭力图报之时，岂可因私而废法？是我实不能忍为者。"

贾雨村说这番话，当然是在表演！但也不能据此完全否定他这番话中没有包含自己想做皇帝手下的忠臣之心志。贾雨村读了那么多年圣贤书，参加朝廷的科举考试，然后据此得以跻身仕途，不可能不想秉公执法以报答皇帝的大恩，而且他也绝对不想徇私情而枉国法。

问题是他现在面对的是一个"两难"选择——是忠于皇帝，还是效力于贾府，二者必须选其一！

门子的一声"冷笑"，终于让贾雨村于"两难"选择的摇摆中，倒向了贾府，最终将自己的良知给抛却了。

门子"冷笑"着说出的一番话是这样的——"老爷说的何尝不是大道理，但只是如今世上是行不去的。岂不闻古人有云：'大丈夫相时而动'，又曰：'趋吉避凶者为君子'。依老爷这一说，不但不能报效朝廷，亦且自身不保，还要三思为妥。"

贾雨村说的"大道理"，是个什么道理？这个"大道理"就是儒家所标榜的臣子必须对君王尽忠的大道理！

门子说的是什么道理？门子说的是身处官场中的每一个官吏所信奉的"潜

规则"。

这个"潜规则"与贾雨村所说的"大道理",于处理某一特定问题时,恰恰又是不相容的!

为什么不相容呢?其深层次的、文化层面的原因是什么?

我觉得费孝通先生于其《乡土中国》"差序格局"一章中的阐述,有助于我们解读这一"不相容现象"。

费孝通先生是这样说的——

　　孔子的道德系统里绝不肯离开差序格局的中心,"君子求诸己,小人求诸人"。因之,他不能像耶稣一样普爱天下,甚至而爱他的仇敌,还要为杀死他的人求上帝的饶赦——这些不是从自我中心出发的。孔子呢?或曰:"以德报怨,何如?"子曰:"何以报德?以直报怨,以德报德。"这是差序层次,孔子是绝不放松的。孔子并不像杨朱一般以小己来应付一切情境,他把这道德范围依着需要而推广或缩小。他不像耶稣或中国的墨翟,一放不能收。

　　我们一旦明白这个能放能收、能伸能缩的社会范围,就可以明白中国传统社会中的私的问题了。我常常觉得:"中国传统社会里一个人为了自己可以牺牲家,为了家可以牺牲党,为了党可以牺牲国,为了国可以牺牲天下。"(费孝通,《乡土中国》,人民文学出版社,2019年9月,第35页)

贾雨村最后为了他所攀附的"贾府"这个"家族",便牺牲了皇帝所颁布的"国法"。

贾雨村姓贾,他凭着林黛玉的父亲林如海的一纸荐书,才得以"依附黛玉"

进得了荣国府。

　　贾雨村进了荣国府，给贾政投进去的名帖，写的辈分可是"宗侄"呀。也就是说，凭着林如海的请托，贾雨村一直想"攀扯"而攀不上的贾府让他给攀扯上了，而且贾政对这个"家奴"也极为欣赏，并趁着向皇帝"题奏"的机会，为贾雨村"轻轻谋了一个复职候缺"，"不上两个月，金陵应天府缺出"，贾雨村就"谋补了此缺"，成了应天府知府。

　　贾雨村当上了应天府知府，现在薛呆子打死人的案子就在他手中，作为荣国府的家奴，他能不投桃报李？

　　是为皇帝秉公执法断案，还是回报荣国府的私恩，对薛霸王网开一面？

　　面对这个"两难"选择，他最终还是选择了徇私枉法！

　　在这个过程中，他很痛苦，很纠结，但他最终做出的抉择是很清醒的！

　　贾雨村，就是一个清醒的堕落者！

一扇"天堂之门"

——读《红楼梦》第五回

"游幻境指迷十二钗，饮仙醪曲演红楼梦"

> 贾宝玉这样的人物，就是能超越自己的阶层、门第、性别去博爱的人。

太虚幻境是个什么去处？太虚幻境，其实就是曹雪芹虚拟的一个"天堂"！

谁才有资格进天堂之门呢？曹雪芹于第五回中给出的答案是贾宝玉。

为什么是贾宝玉？

警幻仙姑与众仙子的对话中就有答案——

又听警幻笑道："你们快出来迎接贵客！"一语未了，只见房中又走出几个仙子来，皆是荷袂蹁跹，羽衣飘舞，姣若春花，媚如秋月。一见了宝玉，都怨谤警幻道："我们不知系何'贵客'，忙的接了出来！姐姐曾说今日今时必有绛珠妹子的生魂前来游玩，故我等久待。何故反引这浊物来污染这清净女儿之境？"

面对众仙子的诘难，警幻给出了自己的理由——

> 你等不知原委：今日原欲往荣府去接绛珠，适从宁府所过，偶遇宁荣二公之灵，嘱吾云："吾家自国朝定鼎以来，功名奕世，富贵传流，虽历百年，奈运终数尽，不可挽回者。故遗之子孙虽多，竟无可以继业。其中唯嫡孙宝玉一人，禀性乖张，性情怪谲，虽聪明灵慧，略可望成，无奈吾家运数合终，恐无人规引入正。幸仙姑偶来，万望先以情欲声色等事警其痴顽，或能使彼跳出迷人圈子，然后入于正路，亦吾兄弟之幸矣。"如此嘱吾，故发慈心，引彼至此。先以彼家上中下三等女子之终身册籍，令彼熟玩，尚未觉悟；故引彼再至此处，令其再历饮馔声色之幻，或冀将来一悟，亦未可知也。

警幻此处转引的是宁国公贾演、荣国公贾源的魂灵对她的嘱托，代表的是儒家世界观的眼光，是以儒家正统思想的标准来评判贾宝玉的。在宁荣二公看来，其嫡孙贾宝玉至少具备一个进入天国的前提条件——"聪明灵慧"，换言之，是具有觉悟的"智性"条件！

警幻仙姑让贾宝玉喝了仙茶、品了仙酒、听了仙女们为他演唱的《红楼梦》曲词之后，但见贾宝玉仍觉得这些《红楼梦》曲词"甚无趣味"，可这正是警幻仙姑要贾宝玉于梦中所经历的"饮""馔""声"之幻！在警幻仙姑感叹贾宝玉这"痴儿竟尚未悟"之后，她使出了最后一招，以"色"警醒贾宝玉。在警幻仙姑推出她的妹妹兼美与宝玉行"儿女之事"之前，警幻与贾宝玉曾有一段精彩的对话。

在这段对话中，警幻仙姑称宝玉可以成为她们的"良友"，可以为她们"增光"，而理由呢，就是宝玉能于"天分中生成一段痴情"。

我们不禁要问，宝玉的这段"痴情"又究竟是一种什么性质的情感呢？

这种"痴情"，就是宝玉的执着之情，就是宝玉愿意为值得付出深情的人而痴迷而执着的情愫。

那么谁又是那些宝玉愿意为之付出深情与敬意的人呢？是太虚幻境薄命司金陵十二钗又副册中"风流灵巧招人怨"的晴雯，是"温柔和顺""似桂如兰"的袭人；是太虚幻境薄命司金陵十二钗副册中"根并荷花一茎香"的香菱；是太虚幻境薄命司金陵十二钗正册中秉有"停机德"的宝钗；是拥有"咏絮才"的黛玉；是"榴花开处照宫闱"的元春；是"才自精明志自高"的探春；是"英豪阔大宽宏量"的湘云；是"气质美如兰，才华阜比仙"的妙玉；是被秦可卿赞为"脂粉队里的英雄"的王熙凤。

也只有贾宝玉而非贾珍、贾琏、贾蓉、薛蟠，才会将这些女子称为"水作的骨肉"。

以宝玉对待晴雯为例，"身为下贱"的晴雯，其出身是何等卑微，可是我们阅读《红楼梦》，读到"俏丫鬟"晴雯"抱屈夭风流"之后，就会读到宝玉为她"杜撰芙蓉诔"，就会明白宝玉对晴雯的人格之美是多么尊崇，就会明白"多情公子空牵念"中的情深。

无怪乎警幻仙子，会称贾宝玉是"天下古今第一"的精神之恋者！这样的评价，无疑是警幻仙子给予贾宝玉的最高褒扬！也是贾宝玉得以进入天国的最重要的理由！

正是贾宝玉这"天下古今第一"的精神之恋者，才会对这个世界的纯洁与美丽充满痴迷与深情。也正因为如此，所以是贾宝玉而不是别的人能与林黛玉葬花，所以是贾宝玉与怡红院群芳开起了"夜宴"！

贾宝玉的爱，爱得博大，他的眼中没有上下尊卑之分，没有富贵穷通之别。凡是值得悲悯的，他都为之付出深情与伤悼，于是正是他发现了世界的不公，而将象征着尊贵与不俗的通灵宝玉掷于地下；是他为平儿理妆，是他痴立蔷薇架外，提醒龄官不要再在雨中画蔷；是他提请袭人为香菱换去被泥水弄脏了的裙子；是他为屈死的晴雯写下《芙蓉女儿诔》；是他乐陶陶地去栊翠庵为众人向妙玉请来带雪的梅枝；是他向妙玉请求不要将刘姥姥喝过茶的成窑茶杯扔了，并讨了这成窑杯来转送给刘姥姥。这样的贾宝玉，是有慈悲心肠的贾宝玉，是有佛陀胸襟的贾宝玉！

也正是有这样的"情"，他才使自己具有超凡脱俗的力量，他才能得以有资格进入警幻仙子的太虚幻境。

儒家强调"恻隐之心，人皆有之"，贾宝玉不但有，而且能超越自己的阶层、门第、性别，超越费孝通先生所说的儒家文化中"差序格局"所框定的秩序，去博爱，并试着去拯救！

这是何其难能，又何其可贵！

太虚幻境，是曹雪芹构建的"天国"，贾宝玉神游太虚幻境的过程，其实就是他寻求洁净的"天国"的过程。警幻仙姑呢，就是点化贾宝玉走出人生迷津的"爱神"！

如果说，曹雪芹于纸上写下的《红楼梦》，是为我们构建的一处理想国，是为我们构建的一座天堂，那么我愿将《红楼梦》的第五回，称为"天堂之门"！

形而上与形而下的出入自由

——读《红楼梦》第六回

"贾宝玉初试云雨情，刘姥姥一进荣国府"

> 《红楼梦》想要表达的主旨，有抽象的形而上层面的思考，也有蕴含于充满烟火气的故事叙写中的形而下层面的描摹。

有研究者认为，第五回中宝玉游太虚幻境的情节可简化。我则认为第五回不能简化。

第五回是《红楼梦》的总纲，曹雪芹泼墨如水地叙写贾宝玉神游太虚幻境，就是要借贾宝玉的梦游写出他对命运、对人生、对社会、对世界的"形而上"的哲学思考。

比如，"因空"才能"见色"，人如果不了解宇宙的本体是"空"，而是"虚无"，就不会参悟与"空无"相比，天下万物的"色"相只是瞬间生灭的幻象，这就是"因空见色"。

再如，以世界为"空"，以"空"、以"虚无"为大前提，就会有"生年不满百，常怀千岁忧"的感伤，就会像苏轼那样生出"惆怅东栏一株雪，人生看得几清明"的感叹，就会珍惜这样短暂的人生，就会对短暂的人生充满眷恋之情，这就是"由色生情"。

正因为只有人才有参悟人生与命运底色的能力，所以曹雪芹才会借空空道人之口说出"传情入色"之语，才会提醒世人必须"自色悟空"。

命运的底色该如何参悟？短暂而又似乎虚无的人生意义何在？人如何面对死亡？人与整个宇宙的关系是怎样的？这些都是哲学探究的"宇宙根本原理"，而探究"宇宙根本原理"的学问就是"形而上学"！

《红楼梦》第五回，就这样以小说的笔法表达了对哲学中"形而上"的思考，这样的写法是读者从中国古代的任何一部小说中都很难读到的。

当然，别忘了，写作《红楼梦》的曹雪芹首先是一位超一流的小说家。

小说家的看家本领，就是要"讲出好故事"！要讲好人世间充满烟火气的"故事"！

我总觉得曹雪芹写作第六回时，是在极为放松、偷着乐的心态下落笔的，否则这一回不可能出现如下这样的文字——

> 按荣府中一宅人合算起来，人口虽不多，从上至下也有三四百丁；虽事不多，一天也有一二十件，竟如乱麻一般，并无个头绪可作纲领。正寻思从那一件事自那一个人写起方妙，恰好忽从千里之外，芥荳之微，小小一个人家，因与荣府略有些瓜葛，这日正往荣府中来，因此便就此一家说来，倒还是头绪。你道这一家姓甚名谁，又与荣府有甚瓜葛？且听细讲。

曹雪芹落下这几行文字时，是不是在与他的读者逗乐？他似乎在说，你们刚刚自第五回看到了"天上"的太虚幻境，是不是想换一换口味，欣赏一下漫卷于"人间"的烟火气？

于是就有了"刘姥姥一进荣国府"那近乎"轻喜剧"般的一幕幕故事。

如果说第五回是形而上的、哲学的、关于"道"的追问，那么第六回这般接通最底层的烟火气的文字，是不是对"形而下"的描摹呢？

正因为"命运本质""人生底色""宇宙本原"这些"道"是"无形"的、抽象的、难以觉解的，所以曹雪芹才会借少年贾宝玉梦中遍游太虚幻境却不得悟来证明！

不过，如果读者以为借红尘中的、现实中的、围绕着柴米油盐酱醋茶打转的悲喜故事，就能让世人看到命运之神那双翻云覆雨的手，那也不一定！

第六回，曹雪芹借极贫寒、极卑微的村妪刘姥姥那双眼睛，去一窥荣国府的富贵，去见识王公贵族的奢靡，去仰视王熙凤对待这个世界的优越感。

第六回，也借王熙凤施予刘姥姥的二十两银子与外添的一吊钱，写出了她身上不曾泯灭的人性——恻隐之心！

每每读到下面的这段文字，我就会想，纵然不信阴司地狱报应的人身上可能也会残存着一丝对这个世界的温柔。

那刘姥姥先听见告艰难，只当是没有，心里便突突的；后来听见给他二十两，喜的又浑身发痒起来，说道："嗳，我也是知道艰难的。但俗语说的：'瘦死的骆驼比马大'，凭他怎样，你老拔根寒毛比我们的腰还粗呢！"周瑞家的见他说的粗鄙，只管使眼色止他。凤姐看见，笑而不睬，只命平儿把昨儿那包银子拿来，再拿一吊钱来，都送到刘姥姥的跟前。凤姐乃道："这是二十两银子，暂且给这孩子做件冬衣罢。若不拿着，就真是怪我了。这钱雇车坐罢。改日无事，只管来逛逛，方是亲戚们的意思。天也晚了，也不虚留你们了，到家里该问好的问个好儿罢。"一面说，一面就站了起来。

这个眼睛如"丹凤"、发怒时又立时会变成"三角眼"的王熙凤，这个"粉面含春""威而不露"的王熙凤，竟然还盘算到了刘姥姥出了荣国府可能会为了省那么几个钱而绝对不会动用那整数的一块银圆来雇车。

这样的体贴，这样的温柔，谁能想得到是毒设相思局、弄权铁槛寺的王熙凤表现出来的？

第六回，写的是王熙凤对刘姥姥、板儿施恩。可是《红楼梦》一百二十回版本的大结局，根据脂砚斋的批注，我们知道是刘姥姥、板儿对王熙凤的女儿巧姐施恩。要知道，大厦倾颓后，荣国府中的巧姐被卖进了烟花巷，那时正是刘姥姥卖尽田地家产去青楼将巧姐赎出，正是板儿不避世俗的偏见与被他的姥姥赎回的巧姐成婚！

王熙凤向刘姥姥施恩之时，她能想到命运之神日后为她及她的女儿巧姐导演的是那样一出戏吗？

这么说，初读第六回时似乎是"形而下"的故事叙写，再读你便会感慨，曹雪芹这位天才作家是在借看似"形而下"的故事叙写，来阐述他对"命运"这样"形而上"的"大道"的理解与思考。

林黛玉，不适合用心理学过度诠释

——读《红楼梦》第七回

"送宫花贾琏戏熙凤，宴宁府宝玉会秦钟"

> 对小说人物形象进行道德评价，不能忽视特定情节的前后语境及作者的情感态度。

"红迷"，可根据对小说众金钗的情感爱憎来划分，主要可分为"拥黛派""拥钗派""拥湘派""拥凤派""拥探派"。

红学研究专家欧丽娟，就是一个"拥钗派"，而且是一个极力以贬抑林黛玉来"拥钗"的"拥钗派"。

且看欧丽娟在《大观红楼》中是如何分析第七回中的林黛玉的吧！

在前期孤绝的封闭状态时，林黛玉以"孤高自许，目无下尘"（第五回）的姿态，总是毫不保留地逞露个人自卑而敏感多疑的脾性，所谓"林黛玉素习猜忌，好弄小性儿"（第二十七回），对平辈已然率性而为，对佣仆者流更是无所顾忌。以下人而言，于周瑞家的送来宫花一事，林黛玉在确定宫花的客观美丑与自己的主观好恶之前，首先关心的，乃是潜藏在送花先后顺序中的尊卑关系，因此她只就宝玉手中看了一看，便问道："还是单送我一人的，还是别的姑娘们都有呢？"当她获得的答案是"各位都有了，这两枝是姑娘的了"随之便当场冷笑道："我就知道，别人不挑剩下的也不给我。"几句话说得周瑞家的一声儿不敢言语（第七回）。（欧丽娟，《大观红楼》，北京大学出版社，第3卷第201页）

欧丽娟给林黛玉安上了一连串"心理学"分析的标签——"自卑""敏感""多疑"，而"逞露""无所顾忌""只就"这些词，更是毫不掩饰地表露出她对林黛玉的贬抑之情。

不过，我总觉得欧丽娟教授忽视了以下几个评判小说人物形象的原则。

一是小说有其自身的逻辑，不能脱离小说前后特定的语境去评判人物形象。

二是不能忽视作者曹雪芹对文本中某一特定情节中的人物所表露的情感态度，尽管有时曹雪芹的情感表露是不动声色的。

三是对小说人物进行"人格"评判，尤其是进行道德评判，必然会涉及"归因分析"，而"归因分析"又一定要注意区分"远因"与"近因"。分析某一个特定情节中的人物形象，"近因"往往是"直接原因"与"主要原因"。

这个世界真的没有无缘无故的爱，也绝对没有无缘无故的恨！

第七回中的林黛玉之所以不但不向来给她送宫花的周瑞家的道辛苦，还痛快地奚落了周瑞家的一番，其"近因"就是周瑞家的是一个长舌妇，是八卦婆子，是一个恶奴！

周瑞家的长舌与八卦特征，读者从她将薛宝钗长年吃的"冷香丸"的来历问了个遍可知，从她品评香菱"可就是常说临上京时买的、为他打人命官司的那个小丫头子"的问话可知，从她打趣水月庵的小尼姑智能儿"你是什么时候来的？你师父那秃歪剌往那里去了？"可知。

至于说周瑞家的是恶奴，至第七回，曹雪芹已经写了好几次！

第六回，写周瑞家的见到来荣国府"打秋风"的刘姥姥，"认了半日"才认出来，这还不算什么。后面的叙述就更有意思了——"周瑞家的听了，便已猜着几分来意。只因昔年他丈夫周瑞争买田地一事，其中多得狗儿之力，今见刘姥姥如此而来，心中难却其意；二则也要显弄自己的体面。"

曹雪芹笔下的周瑞原本就是一个倚仗贾府权势于社会上欺压他人的恶奴，周瑞家的对曾经有恩于自己的刘姥姥其实也没有什么同情心，她之所以向王熙凤引见刘姥姥，并不是完全为了报恩，更多的只是为了在刘姥姥这样最底层的乡下老妪面前显示自己是贾府的高级奴才，并以此来满足自己的虚荣心。

再看第七回中的如下情节——

他女儿笑道："你老人家倒会猜。实对你老人家说，你女婿前儿因多吃了两杯酒，和人分争，不知怎的被人放了一把邪火，说他来历不明，告到衙门里，要递解还乡。所以我来和你老人家商议商议，这个情分，求那一个可了事呢？"周瑞家的听了道："我就知道呢。这有什么大不了的事！你且家去等我，我给林姑娘送了花儿去就回家去。此时太太二奶奶都不得闲儿，你回去等我。这有什么，忙的如此。"女儿听说，便回去了，又说："妈，好歹快来。"周瑞家的道："是了。小人儿家没经过什么事，就急得你这样了。"说着，便到黛玉房中去了。

朋友们看看，这是不是一个"恶奴"？她的女婿犯的事肯定不小，衙门都准备将她的女婿移送至原籍去审理了。可这样大的案子，在周瑞家的眼里，竟是"这有什么，忙的如此""小人儿家没经过什么事，就急得你这样了"。

这话里话外，说明什么？说明周瑞及周瑞家的这对恶奴夫妻平日里没少倚仗贾府的权势与社会影响力去干坏事。

贾府人丁虽有几百口，但这个以王夫人的陪房身份天天四处"包打听"的恶奴周瑞家的其为人行事，林黛玉是不可能没有耳闻的。

于是接下来的情节，就是周瑞家的这个"恶奴"被林黛玉痛快地奚落！

写完周瑞家的那尴尬的一幕，不动声色的曹雪芹还没有忘记提醒读者：你们不要急着去骂林黛玉"傲娇""情商低""巨婴"！因为在叙写了林黛玉痛骂周瑞家的事件之后，曹雪芹紧接着就为我们展现了这样一段文字——

原来这周瑞的女婿，便是雨村的好友冷子兴，近因卖古董和人打官司，故教女人来讨情分。周瑞家的仗着主子的势利，把这些事也不放在心上，晚间只求求凤姐儿便完了。

对于作者曹雪芹的这样一段补叙，大家读后，又有何感慨？

曹雪芹笔下的人啊人

——读《红楼梦》第八回

"比通灵金莺微露意，探宝钗黛玉半含酸"

> 曹雪芹所欣赏的人世间的情感，包括基于血缘并借助"礼法"所维系的进退辞让中流露出的真情。

曹雪芹，就是人类灵魂的猎手！

芸芸众生，万千姿态，尽在他的笔底摇曳，在他的笔下显形！

《红楼梦》第八回叙写的主要事件就两个，一是"金玉良缘"之"缘"，二是宝黛钗宴席间的各呈机锋。

宝玉探看宝钗的序曲，是他出"二门"后路遇两拨人，一拨是清客相公，一拨是管理财务的仆人。

清客相公，一是詹光，二是单聘仁！

瞧瞧这名字取的！——詹光，沾光也；单聘仁，擅长骗人也。

古代的读书人，多么可怜，读圣贤书，纵然文武兼备，如果不能登天子堂，如果不能居庙堂之高，就只得退而求其次，卖身王公贵族之家。

通过付出劳动与汗水，得口饭吃，何罪之有？可叹的是，这样的"帮闲"，手中的那一份口粮往往是以人身依附、谄媚折腰甚至出卖人格、助纣为虐为代价而换来的。

这两个清客"一见了宝玉，便都笑着赶上来，一个抱住腰，一个携着手"，接下来他们说了些什么？"我的菩萨哥儿，我说作了好梦呢，好容易得遇见了你！"——这虽然是在打趣，但那种媚态，那种丑态，哪里有尊严可言？

这就是世界的"虚情"，这就是世界的"假意"！

那"真心"呢？那"真情"呢？

接下来的故事中就有！

正在"打点针黹与丫鬟们"的薛姨妈见了外甥贾宝玉，"忙一把拉了他，抱入怀内，笑说：'这么冷天，我的儿，难为你想着来，快上炕来坐着罢。'命人倒滚滚的茶来"，这是人世间最温馨的情愫！

基于血缘并借助"礼法"维系而产生的这种天然而又包含着进退、谦敬、辞让的亲人间的交往场景，让人感到极为温暖！这也是我们这个以儒家文化为代表的国度中，让人最为珍重的那一份美好情愫，也是一个人若干年后时时会去回望的记忆。

宝玉、宝钗的初相见，无疑是重头戏，这每一字、每一句，都应该是曹雪芹煞费苦心写下的。

且看曹雪芹是如何写薛宝钗的"停机德"的。

贾宝玉初见宝钗时，她正好是"坐在炕上作针线"的，而不是弹琴读书作画的！这分明是按照曹雪芹为薛宝钗拟定的"人设"乐羊子妻来写的，只不过乐羊子妻是坐在织布机前的——这是写薛宝钗的"妇功"。

贾宝玉初见宝钗时，她的衣饰是"一色半新不旧，看去不觉奢华"。这里话中有话，潜台词就是在这样的皇商家庭，薛宝钗完全可以像王熙凤一样将自己打扮成一个"小金人"，但她没这样做——这是"妇容""妇德"。

贾宝玉眼中初见的宝钗，是怎样回应表弟宝玉的问话"姐姐可大愈了"的？"只见宝玉进来，连忙起身含笑答说：'已经大好了，倒多谢记挂着'，说着，让他在炕沿上坐了，即命莺儿斟茶来。一面又问老太太姨娘安，别的姐妹们都好"——这是"妇言"与"妇行"。薛宝钗应对得多么得体，又是多么滴水不漏啊！先回答对方关切的问题，次表谢意，然后命身边的丫鬟斟茶表示欢迎，最后是向关心自己病情的表弟的长辈问安，甚至问安还兼及表姐表妹们。

接下来就是《红楼梦》中"比通灵"的情节，这段文字非常脍炙人口。

我只是想说说其中一个细节——前面说到薛宝钗"即命莺儿斟茶来"，这个丫头将茶斟来了没有？

没有，她为什么没去斟茶？

她被"二宝"互相看对方的宝贝吸引住了，曹雪芹是这样落笔的，我只选最后的几句——

> 宝玉看了，也念了两遍，又念自己的两遍，因笑问："姐姐这八个字倒真与我的是一对。"莺儿笑道："是个癞头和尚送的，他说必须錾在金器上——"宝钗不待他说完，便嗔他不去倒茶，一面又问宝玉从那里来。

"红迷"中不欣赏薛宝钗的读者，肯定会觉得这薛宝钗、黄金莺这一对主仆，仿佛是在唱双簧，唯恐金锁不能配上宝玉，因而急急地将自己推介出去。

这样的判断也不是完全没有依据。表姐表弟初次见面，女孩主动问表弟的"通灵宝玉"的来历，的确有点冒失，有失矜持，也与这个一贯"藏愚""守拙"的大家闺秀的气度相悖，很是违和！其实这从莺儿点出金锁上的八个字的来历后，薛宝钗就"不待他说完"并嗔怪她多嘴而不去倒茶可以见出，也能从薛宝钗自己迅速转移话题可以见出！

一个十二三岁的女孩，对表弟那块已经被神化的、极具传奇色彩的通灵宝玉，有着强烈的、热切的好奇心，也是很正常的，但被丫鬟点出后，她又很快意识到那不是她这个做表姐的应该主动问的，所以她很快就进行了"冷"处理。

可此刻的宝玉并没有罢休，当他闻到薛宝钗身上"一阵阵凉森森甜丝丝的幽香"后，却非得要问个究竟。

这就是艺术大师曹雪芹写人与人之间美好情愫的笔墨——贾宝玉与薛宝钗的第一次亲密的近距离接触，他记住了宝姐姐项下的金锁，更能让他一生记取的还有这个时常吃着"冷香丸"的姐姐由内向外散发出的"凉森森甜丝丝的幽香"！

本回写毕以"山中高士晶莹雪"为主角的故事，"世外仙姝寂寞林"也就该登场了！

好一个世外仙姝寂寞林，她不等薛宝钗身边的丫鬟通报——"林姑娘来了"的话音落下，"已摇摇的走了进来"。

好一个"摇"字，那"娇袭一身之病""行动处似弱柳扶风"的林黛玉的姿态便"摇"进了读者的眼帘。

那"心较比干多一窍"的高智商的林黛玉的形象，也于她"探宝钗"的一连串"半含酸"的故事中得以淋漓尽致地展现。

林黛玉为何也来梨香院探望生病的薛宝钗？因为这是对第七回文字的照应。第七回中，贾宝玉曾这样吩咐自己的丫头——"只说我与林姑娘打发了来请姨太太姐姐安，问姐姐是什么病，现吃什么药。论理我该亲自来的，就说才从学里来，也着了些凉，异日再亲自来看罢。"宝玉当时是当着周瑞家的说的这段话，也是为林黛玉得罪了周瑞家的来圆场而说的，这样的文字当然是伏笔！于是就有了这第八回中宝玉、黛玉前后脚来探望宝钗的故事！

为何是宝玉、黛玉前后脚来探望宝钗，而不是宝玉邀黛玉同来呢？因为宝玉当日明明说的是他和黛玉打发了丫头来请姨太太姐姐安的啊。再说，宝玉与黛玉都是同住在贾母身边的人啊，而且他们兄妹"二人之密友爱处，亦自较别个不同"，他们兄妹是"日则同行同坐，夜则同息同止"，他们兄妹的关系是"言和意顺，略无参商"啊。可是那天宝玉竟然不邀请黛玉同来梨香院探望病中的宝钗，这不明摆着是在向薛姨妈与宝姐姐显示她林黛玉因周瑞家的送宫花一事，似乎与宝哥哥仍有着什么嫌隙吗？这不是坐实了不了解她林黛玉的人对她形成的偏见——"素习猜忌，好弄小性儿"？

黛玉的确因与宝玉"既熟惯，则更觉亲密"，黛玉对宝玉，也的确不免"有求全之毁，不虞之隙"，可宝玉不与她同来梨香院探望宝姐姐就算罢了，却偏偏她林黛玉进得梨香院的里间，见到的竟然是宝玉笑索宝钗的冷香丸的亲昵场景——"什么丸药这么好闻？好姐姐，给我一丸尝尝。"

此刻的林黛玉自然也就产生了几分"醋意"，这也正是本回标题为何以"探宝钗黛玉半含酸"这八个字对情节加以概括的缘由。

不过，此地毕竟是薛姨妈客居的梨香院，她林黛玉毕竟是以客人的身份来探望病中的宝姐姐，纵然心中醋意十足，纵然有妒意，也不便直接全部泼出。因为她作为贵族小姐所受的教养，决定了她必须矜持，她的言行必须得体。可是，面对宝玉与宝钗过分亲昵的举止，黛玉又无法做到视而不见，听而不闻。

此刻，"心较比干多一窍"的林黛玉的高智商便派上了用场。

于是，黛玉一进门就笑着打趣宝玉，当然同时也是在打趣正与宝玉亲昵交谈的宝钗——"嗳哟，我来的不巧了"，这当然是讥诮，而且是一箭双雕。当"宝玉等忙起身笑让"林黛玉之时，黛玉又是笑道"早知他来，我就不来了"，这无疑是直接指出宝玉没有邀她同来探望宝姐姐。这话当然是埋怨，可又是笑语盈盈的埋怨，是林氏特有的幽默，让人恼又不是，恨又不是。正当宝钗说出"我更不解这意"之时，黛玉又是一串笑语——"要来一群都来，要不来一个也不来；今儿他来了，明儿我再来，如此间错开了来着，岂不天天有人来了？也不至于太冷落，也不至于太热闹了。姐姐如何反不解这意思？"

黛玉就是黛玉，她分明是正话反说。她这一串话，表达的就是对宝玉没有与她同来的埋怨，表达的就是对宝玉单独前往梨香院与宝钗亲昵交谈的不满，可她说的偏偏又是她和宝玉要"间错开了来"更好。黛玉反问宝钗"如何反不解这意思"，而言语中的机锋无疑又是对向宝玉的。

可宝玉毕竟还是宝玉，他此刻即便被林妹妹讥诮得尴尬至极，也没有任何怒意，只想"三十六计，走为上计"来摆脱窘境。于是当他看见林妹妹"外面罩着大红羽缎对衿褂子"，就问黛玉外面"下雪么"。这样的问话，是搭讪，是礼貌，也是无话找话，当然也有对林妹妹的关切，可答话的竟然不是黛玉。曹雪芹没写黛玉为什么不予回答，只写地下婆娘们的回应——"下了这半日雪珠儿了"。宝玉于是又问那些婆娘"取了我的斗篷来不曾"，这分明是想立即溜之大吉。

此刻黛玉的反应，却不再是"笑道"了，而只是一句反问——"是不是，我来了他就该去了"。

大家注意到了没有，黛玉不说"是不是，我来了你就该去了"，却说的是"是不是，我来了他就该去了"。这分明是要让在场所有的人，都来当证人，证明我林黛玉可没生气，生气的是宝玉哟。

你们可能会想，当薛宝钗、薛姨妈、黄金莺、宝玉的奶母李嬷嬷以及立于下面的婆娘们的视线都聚集在宝玉身上时，尴尬的宝玉会有何反应？宝玉会不会表现出哪怕一丝丝的怒气？

没有，不但不见宝玉动怒，反而见到的是"宝玉笑道：'我多早晚儿说要去了？不过拿来预备着'"。

矜持的黛玉，"心较比干多一窍"的聪慧的黛玉，听了宝哥哥如此回答，看到了宝哥哥如此进退辞让，此刻她纵然仍有满肚子的酸醋，哭笑不得之后，恐怕也消了大半吧？

顽童闹学堂背后的鄙视链

——读《红楼梦》第九回

"恋风流情友入家塾，起嫌疑顽童闹学堂"

> "贾氏义学"是社会场景，极能展示贾府"正派"与"非正派"子孙及"亲戚"之间的矛盾。

人不是生活在云端的，每个人都生活在坚实的大地上，都得食人间烟火，都得与周遭的人周旋！

儒家文化推崇尊卑有别，每一个人的脑门上虽然没有被贴上穷富尊卑这样的标签，但每一个人都能清醒地意识到自己与他人之间的差异，哪怕看起来尚且懵懂混沌的顽童也不例外。

《红楼梦》第九回就形象地展现了中国人之间那种人人都知道但非特殊情境下不会撕开的那一层层微妙的关系。

贾氏义学，是谁创办的？——"原系始祖所立"，即贾蓉的高祖宁国公、贾兰的高祖荣国公所立。

贾氏义学，招生范围有无规定？——有！《红楼梦》中写得很清楚，"原来这学中虽都是本族人丁"，但也招收一些"亲戚的子弟"。

贾氏义学，创立的目的是什么？——"恐族中子弟有贫穷不能请师者，即入此中肄业。"

贾氏义学，谁出经费？——"凡族中有官爵之人，皆供给银两，按俸之多寡帮助，为学中经费。"

明白贾氏义学的上述特征，就不难理解以下问题。

为什么秦钟入贾氏义学，虽然有王熙凤推荐，也必须得到贾母的允准？因为荣国府有贾政、贾赦为官，连贾琏也捐了个五品同知，宁国府则没有这么多人为官，因此荣国府贴补义学的银子肯定最多，而贾母又是荣宁二府权力格局宝塔尖上的人物，所以必须由贾母批准或至少要禀报贾母，秦钟才能入贾氏义学就读。再者，贾氏义学的大门原则上只面向贾氏家族的子弟开放，亲戚入贾氏义学则是破例。因此亲戚家的子弟是以"陪读"的身份到贾氏义学读书的。这点在第八回中有交代——

> 次日醒来，就有人回："那边小蓉大爷带了秦相公来拜。"宝玉忙接了出去，领了拜见贾母。贾母见秦钟形容标致，举止温柔，堪陪宝玉读书，心中十分欢喜，便留茶留饭，又命人带去见王夫人等。

人与人之间的关系就是这样复杂，秦钟何许人也？上面引自《红楼梦》的这段文字也特意着上了一笔，他是宁国公第五代嫡派玄孙贾蓉之妻秦可卿的弟弟。儒家文化中的"宗法制度"，尤其注重家族人伦之间的"嫡派子孙"与"非嫡派子孙"的区分，这当然是为了避免家族内部成员围绕财产、地位等方面产生纷争，不过，这也无疑会让家族成员之间或多或少因为这种区分而产生情感隔阂甚至引发嫉恨。

曹雪芹为什么要将"闹学堂"这一情节单独列为一回？我想其主要的创

作初衷是不是就有这么一点，即"贾氏义学"这个社会场景中发生的故事，极能展示荣宁二族"正派子孙"与"非正派子孙"及贾府"亲戚"之间的社会关系，否则，他在叙写贾氏义学"顽童闹学堂"的主要人物时就不会一一标示这些重要人物的家族背景。

写贾蔷，说他"亦系宁府中之正派玄孙，父母早亡，从小儿跟着贾珍过活"；写贾菌，说他"亦系荣国府近派的重孙，其母亦少寡，独守着贾菌。这贾菌与贾兰最好，所以二人同桌而坐"；写金荣呢，则借贾宝玉身边顽劣的书童茗烟之口说出来了——"他是东胡同子里璜大奶奶的侄儿。那是什么硬正仗腰子的，也来唬我们。璜大奶奶是他姑娘。你那姑妈只会打旋磨子，给我们琏二奶奶跪着借当头。我眼里就看不起他那样的主子奶奶！"

你看，平日里茗烟这个贾府的小奴才，是不至于这样骂金荣的，但在"闹学堂"这一闹剧中，他就必须选边站。他这个"宝玉第一个得用的，且又年轻不谙世事，如今听贾蔷说金荣如此欺负秦钟，连他爷宝玉都干连在内"的小奴才，便"一头进来找金荣"了，于是就说出了平日想说也万万不敢说出的、极具挑衅意味与火药味的话——"姓金的，你是什么东西！""你是好小子，出来动一动你茗大爷！"

茗烟为什么敢冒犯、鄙视金荣？

因为他有实力鄙视金荣，因为他攀附在贾府鄙视链最顶端的人物身上，因为他是贾宝玉的奴才，那一刻为宝玉挺身而出的茗烟已经不是奴才茗烟了，而是代表主子贾宝玉在痛骂金荣的茗烟。

而贾宝玉是何许人也？你们想一想，贾氏义学中谁配拥有八个仆人伺候？贾宝玉他就配，他就有。

而金荣呢？却是身处贾氏义学那条鄙视链最底端的那一位。

为什么？理由有三。

一是金荣他只是贾府的亲戚，并非贾氏子弟，他是来蹭书读的，而且是厚着脸皮求来的。

二是金荣他的亲戚，即他姑妈的丈夫贾璜，在贾氏家族中并无地位。这在第十回中也有补写——

> 且说他姑娘，原聘给的是贾家玉字辈的嫡派，名唤贾璜。但其族人那里皆能像宁荣二府的富势，原不用细说。这贾璜夫妻守着些小的产业，又时常到宁荣二府里去请请安，又会奉承凤姐儿并尤氏，所以凤姐儿尤氏也时常资助资助他，方能如此度日。

三是金荣与秦钟虽皆为"亲戚子弟"，但亲戚与亲戚不一样。金荣的姑妈璜大奶奶听了金荣的母亲胡氏提起"贾氏学房里的那事"，"一时怒从心上起"，并向胡氏说出了要去宁国府找珍大奶奶及秦可卿评评理的话。

这位璜大奶奶后来还真的去了宁国府，也见到了珍大奶奶尤氏。她开声了吗？她不敢！为什么？

她那时已经清醒了！她知道了自己的位置——身处贾氏贵族大家族鄙视链的最底端！

曹雪芹的药方没有暗含密令

——读《红楼梦》第十回

"金寡妇贪利权受辱，张太医论病细穷源"

> 走进"红楼"这座圣殿的路径千百条，但绝对不要将它当作影射历史的政治读物来欣赏。

《红楼梦》第十回，曹雪芹是围绕着秦可卿的病为中心事件来叙写的。

宁国府的贾珍托好友冯紫英求来给秦可卿治病的大夫张友士，曹雪芹借冯紫英的话对张友士进行了评价，称张友士是"学问最渊博的，更兼医理极深，且能断人的生死"的江湖名医。

在张友士之前，宁国府曾请来数批医生对秦可卿的病进行会诊下药，却均不见效。

张友士是与众不同的那个，其高明之处，第一在不先"望"，不先"闻"，也不先"问"，而是直接"切脉"，然后得出"不是喜脉"的结论，并根据"脉息"推断出病源——"大奶奶是个心性高强聪明不过的人；聪明忒过，则不如意事常有；不如意事常有，则思虑太过。此病是忧虑伤脾，肝木忒旺，经血所以不能按时而至。大奶奶从前的行经的日子问一问，断不是常缩，必是常长的。

是不是？"

据此，张友士最后开出的药方，就是"益气养荣补脾和肝汤"。

方子上写的是：

人参二钱，白术二钱土炒，云苓三钱，熟地四钱，归身二钱酒洗，白芍二钱炒，川芎钱半，黄芪三钱，香附米二钱制，醋柴胡八分，怀山药二钱炒，真阿胶二钱蛤粉炒，延胡索钱半酒炒，炙甘草八分，引用建莲子七粒去心，红枣二枚。

读到这里，我们会得出一个结论，在古代，似乎唯有医术极高明的中医才能仅凭着"切脉"的本事就能诊断出妇科各种疑难杂症的病因。中医的自信，曹雪芹也借张友士评价秦可卿的治疗过程表达了出来——"大奶奶这个症候，可是那众位耽搁了。要在初次行经的日期就用药治起来，不但断无今日之患，而且此时已全愈了。"

要知道，这也是十八世纪下半叶的中国的中医医疗所能达到的最高水平了。不过，我们也不要忘了，面对像秦可卿这样的妇科疑难病，那个时候即便是宁国府这等王公贵族府第中那么多中医竟然连是不是"喜脉"都没有诊断出来。换言之，在那个年代，很多病人都会像秦可卿一样被耽搁，最后不治而亡。

我们当然也知道，曹雪芹是小说家，不是如张友士那样的名医。不过，我们也不得不佩服曹雪芹杂学旁收的本领，他竟将那个时代的名医刻画得极富传奇色彩，使张友士这等名医在诊治同一个病人时相较于庸医呈现出别样的手段，这真让人赞叹不已。

许多读者可能会想，曹雪芹笔下的神医张友士开出的治疗秦可卿的处方，到底能不能治病。当代著名红学家马瑞芳年轻时读《红楼梦》时也曾有过这样的疑惑。已经七十多岁的马瑞芳教授于"喜马拉雅"平台开讲《红楼梦》，她讲到此回张太医给秦可卿的这个药方时，曾这样说——

　　我上大学的时候，《红楼梦》永远是我的枕边书。我的父亲在中华人民共和国成立以前，就已经参加工作了，那个时候他已经不当医生了，但我还是很好奇地把这个方抄了下来，回去问我的父亲。我也不跟他说这是《红楼梦》里的方子，我就问他："爹，您看看这个方能不能治病啊？"老爹看了看就说了："这个方是治妇科虚症的经方。"我就说："什么叫经方啊？"老爹就说："就是前辈医学大师经常用的一个方子。它这个里面的人参、白术、云苓、甘草是一般开汤药时都要放进去的，是首选，归身、白芍、川芎、熟地这些药叫妇科的常用药，叫'四物'，这八种药放在一块叫'八珍'，是针对妇科来的。再加上黄芪是补气的，阿胶是滋阴的，香附米和柴胡是理气的。再用莲子，莲子得去了那个芯，因为芯是凉的，和红枣做引子，起个什么作用呢？平肝气，补心脾。"老爹说："看来这个人经常睡不着觉，月经也不正常！"我就乐了，说："能不能什么人都可以拿这个方来照用呢？"老爹说："那不行，得望闻问切后再加调节！"他说："这不是一个完全的经方，这是作了调节之后的药方。"我听了之后，就很感叹："曹雪芹他确实是懂医学的，他的这个方确实是有来历的！"

马瑞芳教授接着还说：

　　"这些年，红学不是很热吗？曾经有人就提出了一种学说，说是'秦学'。说秦可卿是藏在贾家的废太子的女儿，而张友士是来找她联络的联络员，这个方子实则是暗示让秦可卿自尽。这就真是太离谱了！因为这个方子，确实不是暗含密令的！确实是一个中医的经方！"

马瑞芳教授这两段话中有三个结论值得关注：一是中医是能治病的；二是曹雪芹是懂医学的；三是读者读《红楼梦》要将曹雪芹的《红楼梦》当作小说读，而不应将它当作影射历史的政治读物来欣赏，否则会贻笑大方。

如果说"秦学"研究是一种文化现象，那么这种现象无疑与中国古代的文学作品不乏"影射"政治之作有关。不过，《红楼梦》毕竟是一部"大旨言情"的小说，并非侦探悬疑小说，因此我们阅读《红楼梦》还是少对情节穿凿附会为好，否则极容易成为马瑞芳教授所说的"太离谱"的读者。

王熙凤也有珍重与敬畏

——读《红楼梦》第十一回

"庆寿辰宁府排家宴，见熙凤贾瑞起淫心"

> 王熙凤这个人物形象的 A 面，是"眼圈儿"也会偶尔"红了半天"的水晶心肝玻璃人。

"水晶心肝玻璃人"，不是褒义词，而是极为负面的嘲讽之语。读《红楼梦》第四十五回，我们将会读到李纨以嘲讽的口吻反击王熙凤的话——"真真你是个水晶心肝玻璃人"。"水晶心肝玻璃人"，就是极精明、极会算计他人的人，所有的人，所有的事，在王熙凤这种人的如水晶、如玻璃般的心肝映照下都无法遁形。

其实，于《红楼梦》第五回，曹雪芹就已经借一支曲词《聪明累》，为王熙凤"水晶心肝玻璃人"的形象作了预设——

机关算尽太聪明，反算了卿卿性命。生前心已碎，死后性空灵。家富人宁，终有个家亡人散各奔腾。枉费了，意悬悬半世心；好一似，荡悠悠三更梦。忽喇喇似大厦倾，昏惨惨似灯将尽。呀！一场欢喜忽悲辛。

叹人世，终难定！

读《聪明累》，如果只读出曹雪芹对王熙凤"机关算尽太聪明"的嘲讽，而没有读出曹雪芹对王熙凤的欣赏与悲悯，恐怕也是不全面的。

我们读第十一回"见熙凤贾瑞起淫心"这一情节，固然能感受到王熙凤极为精明、极会算计他人的形象，而读"庆寿辰宁府排家宴"的情节，也应该读到她对人间温暖情愫的珍重，对易逝芳华的感伤，对冷酷的命运之神的敬畏。

宁国府为了给贾敬庆生而安排了寿筵，荣国府的邢夫人、王夫人、凤姐、宝玉等都前去庆贺。当王夫人向尤氏问起秦可卿的病情时，尤氏与王熙凤之间有这样一段对话——

> 凤姐儿道："我说他不是十分支持不住，今日这样的日子，再也不肯不扎挣着上来。"
> 尤氏道："你是初三日在这里见他的，他强扎挣了半天，也是因你们娘儿两个好的上头，他才恋恋的舍不得去。"
> 凤姐儿听了，眼圈儿红了半天，半日方说道："真是'天有不测风云，人有旦夕祸福'。这个年纪，倘或就因这个病上怎么样了，人还活着有什么趣儿！"

秦可卿是王熙凤的丈夫贾琏的堂侄贾蓉的妻子，所以尤氏称王熙凤与秦可卿为"娘儿两个"。读者可能会问，为什么婶子王熙凤与堂侄媳妇秦可卿之间，隔着一辈呢，关系还能那么亲近？感情还能那么深厚？而且深厚到了凤姐听到秦可卿的病情之后"眼圈儿红了半天"。

　　表层的原因，是秦可卿作为宁国公贾源的第五代嫡长玄孙媳妇，其貌其德其性情，极为人称道。这可以由第五回贾母对秦可卿的品评见出——"秦氏是个极妥当的人，生的袅娜纤巧，行事又温柔和平，乃重孙媳中第一个得意之人。"

　　贾母当然是以封建社会评价妇女的妇德妇容妇言妇功的标准来品评秦可卿的，秦可卿能得到贾府老祖宗"乃重孙媳中第一个得意之人"的评价，足见她的不俗。大家肯定又会问，那么谁又是贾母的"孙媳妇"这一辈中"第一个得意之人"呢？毫无疑问，那就是王熙凤。因此，王熙凤与秦可卿作为荣宁二府的女眷，她们都是贾府这座"百年大厦"得以维持其府内稳定的重要的支柱性力量。

　　王熙凤貌美，在绛珠仙草转世的林黛玉眼中都美成了"恍若神仙妃子"；秦可卿貌美，在前世为神瑛侍者的贾宝玉梦中，也美成了引领他"遂悠悠荡荡"进入太虚幻境参悟人生真谛的仙姑。

　　秦可卿不仅拥有"袅娜纤巧"的美貌，也不仅有着"温柔和平"的性情，更可贵的是她与王熙凤一样，对贾府的未来也有着清醒而深切的忧患意识。除此之外，秦可卿甚至还为必将衰败的贾府的未来设计了具体的挽救措施。读至第十三回，你们就将会读到秦可卿临终前托梦王熙凤的如下叙写——

　　　　凤姐听了，恍惚问道："有何心愿？你只管托我就是了。"秦氏道："婶婶，你是个脂粉队里的英雄，连那些束带顶冠的男子也不能过你，你如何连两句俗语也不晓得？常言'月满则亏，水满则溢'；又道是'登高必跌重'。如今我们家赫赫扬扬，已将百载，一日倘或乐极悲生，若应了那句'树倒猢狲散'的俗语，岂不虚称了一世的诗书旧族了！"

王熙凤听了秦可卿的托梦之语，其反应是什么？是"心胸大快"，是"十分敬畏"。

由此可见，王熙凤与秦可卿虽辈分相隔，却并不妨碍她们之间成为闺阁知己，也并不妨碍她们于才情、于心志上的惺惺相惜。正因为如此，为了病入膏肓的秦可卿，王熙凤才会不由自主地"眼圈儿红了半天"，并愣了很长一段时间之后，感叹"真是'天有不测风云，人有旦夕祸福'"。

秦可卿的夭逝，是贾府必将衰败的昭示，是青春与美丽的陨灭，是命运之神在启迪人们生命的脆弱与易逝。对此，"水晶心肝玻璃人儿"的王熙凤，她都意识到了。因此，她为秦可卿洒下的是敬重的泪，是珍重自己与秦可卿婶侄之间惺惺相惜的真情而洒下的泪。当然，大家也可以说王熙凤也是在为自己而伤感、而落泪，因为她从秦可卿的结局很容易看到自己未来的结局。

原本，贾府未来的荣辱兴衰在更大程度上应该取决于贾府的老爷及一代代少爷们的支撑，可是此刻宁国府寿筵席上的那些贾氏家族的男人们在忙什么？

王熙凤站在宁国府花园会芳园的天香楼台，她一边听着对面舞台演出的《双官诰》，一边问："爷们都往那里去了？"旁边一个婆子答道"爷们才到凝曦轩，带了打十番的那里吃酒去了"。王熙凤追问"在这里不便宜，背地里又不知干什么去了"，此刻尤氏的笑答也是话中有话——"那里都像你这么正经人呢"。

寿筵本来就该尽兴吃酒，有何大惊小怪的？其实王熙凤并非反对贾府的爷们于寿筵上痛饮，而是她此刻仍心有余悸，因为她刚才就于会芳园的小径上被贾琏的族弟贾瑞骚扰、纠缠。而在第十一回之后，我们还会于第四十四回读到"变生不测凤姐泼醋"，于第四十六回读到"鸳鸯女誓绝鸳鸯偶"，于第六十五回读到"贾二舍偷娶尤二姨"。读到这些文字，大家就会明白贾府这座"大厦"为何必然会"忽喇喇"倾颓；读到这些文字，大家就会明白王熙凤的"枉费了，意悬悬半世心"，贾府的结局也必然是"昏惨惨似灯将尽"。

当宁国府的"尤氏率同众姬妾并家下婆子媳妇们"将邢夫人、王夫人、王熙凤送出府门时，当"贾珍率领众子侄都在车旁侍立"时，那侍立者当中就有刚才令王熙凤极为尴尬不已、极为狼狈不堪的贾瑞，而且贾瑞"犹不时拿眼睛觑着凤姐儿"呢！

无怪乎天香楼观戏，尤氏让凤姐也点两出戏，就在舞台上还正唱着《双官诰》这折吉利戏，希望借此祈愿贾氏家族永沐浩荡皇恩以承续其百年赫赫扬扬之时，王熙凤点了与《双官诰》极不协调的《还魂》与《弹词》。

《还魂》出自汤显祖的《牡丹亭》，写杜丽娘死而复生与柳梦梅结为夫妇；《弹词》选自洪昇的《长生殿》，写唐玄宗的乐工李龟年经"安史之乱"而流落江南，以弹琵琶卖唱为生，唱的是唐玄宗和杨贵妃的悲欢离合及唐王朝的盛衰陈迹。

王熙凤点下这两出戏，我想绝非随意之举，因为她是"接过戏单，从头一看"的，这说明她是有意点下的这两出戏。

为什么呢？王熙凤听《还魂》，她要听的是关于"真爱"的颂歌，要听的是杜丽娘与柳梦梅的生死之恋——"情不知所起，一往而深。生者可以死，死者可以生"的精神之恋。如此这般，王熙凤是不是要借《还魂》涤荡贾瑞那"没人伦的混帐东西"骚扰她而留下的晦气？王熙凤听《弹词》，听李杨之间超越人伦的爱给大唐带去的动荡与衰败，是否与宁国府天香楼"画梁春尽落香尘"相关？曹雪芹没有明示，作为读者，我们也不敢妄加揣测。

不过，我想有一点是肯定的，那就是在许多读者眼中"机关算尽太聪明"的王熙凤，她对人世间一切美好的情愫并非全无珍重，她对天宇间的一切法则也并非全无敬畏。

相思局中的反逻辑

——读《红楼梦》第十二回

"王熙凤毒设相思局，贾天祥正照风月鉴"

> 王熙凤这个人物形象的 B 面，是"含春"的"粉面"被冒犯之后显露出的狠毒。

"相思局"，就是王熙凤为对她"邪思妄动"的贾瑞而设的圈套。年少时读《红楼梦》第十二回"王熙凤毒设相思局，贾天祥正照风月鉴"，我常常不解：曹雪芹为什么会写出情节如此"俗套"、品位近乎"恶俗"的故事？近些年读作家王蒙先生评点《红楼梦》的著作，以上疑惑得到了部分解释，因为王蒙先生读第十二回时也有与我一样的疑惑，除此之外，他还另有高见——

> 贾瑞的故事，是"红"中写得相当低俗的一个故事。不是说贾瑞俗，作者写得也相当俗，但不背离全书主旨。这说明，雅中可能言俗，鹰有时飞得与鸡一样低；俗中难有真雅，鸡飞不了鹰那样高。（王蒙，《王蒙评点红楼梦》，人民文学出版社，2014 年第 1 版，第 136 页）

在王蒙先生看来，曹雪芹"俗中见雅"中的"俗"，是说作者叙写的故事

"毒设相思局""正照风月鉴"是"低俗"的，故事中"色令智昏"的贾瑞这一文学人物形象，也并不具有什么艺术审美性，但这个低俗的故事之所以没有"背离全书主旨"，原因之一，就是它仍具有"表现凤姐的性格与手段的功能"。

那么，王熙凤于本回所展现的主要性格是什么呢？那就是"狠毒"。

第十一回中，贾瑞酒壮怂人胆，于宁国府贾敬的寿筵上酒后偷溜走，并于会芳园的小径上骚扰王熙凤，竟胆大到说出了"我要到嫂子家里去请安，又恐怕嫂子年轻，不肯轻易见人"的话。王熙凤为了尽快摆脱贾瑞的纠缠，也"假意笑道'一家子骨肉，说什么年轻不年轻的话'"，因而就有了贾瑞他日"使人来打听"王熙凤"在家没有"并"要来请安说话"的故事。王熙凤听了平儿的转告之后，"哼了一声"，说"这畜生合该作死，看他来了怎么样"！

"这畜生合该作死"，尽露王熙凤的杀伐之气；"看他来了怎么样"，更显王熙凤兵来将挡、水来土掩、处惊而不色变的果敢之姿。

"这畜生合该作死"，寥寥七字，就是她要将贾瑞置于死地立足的逻辑。在王熙凤看来，"畜生"即不是"人"，既然不是"人"，就不配像"人"一样拥有尊严，也不配与"人"为伍。而贾瑞这个"畜生"竟然还要来骚扰她王熙凤，这就是对她的侮蔑与羞辱。既然如此，如果她设局将贾瑞这"畜生"置于死地，那么他也算是"作死"，是自作自受，任谁也不能责怪她狠毒。

贾瑞无疑是悖情逆礼在前，用王熙凤的通房丫头兼闺蜜平儿护卫主子的话来说，贾瑞骚扰王熙凤就是"癞蛤蟆想吃天鹅肉"，贾瑞骚扰王熙凤之举就是"没人伦的混帐东西"才能干出来的事，贾瑞"起这个念头"，也应该得到"不得好死"的报应。

在古代，"叔嫂不通问"是礼法，丈夫已成年的亲弟弟如果没有特别的事尚且都不宜探问嫂子，更何况是贾府旁支的贾瑞。贾瑞屡次骚扰王熙凤，显然是在对礼教森严的贾府秩序进行冒险式的挑战与触犯。

不过，作为被骚扰、被冒犯、立于道德高地的王熙凤，是否非得用这两个"相思局"置贾瑞于死地而后快呢？换言之，"毒设相思局"是不是唯一的且合乎当时文化逻辑的常理选择呢？

我认为答案是否定的！

《论语》有言："非礼勿视，非礼勿听，非礼勿言，非礼勿动。"封建社会的妇人如何谨守"四勿"之礼，薛宝钗是有正面示例的。大家读至第二十七回"滴翠亭杨妃戏彩蝶"，就会明白薛宝钗为了免得让小红与坠儿误认为是她在偷听"奸淫狗盗"之事，竟选择了"少不得要使个'金蝉脱壳'的法子"，"嫁罪"于林黛玉——"'颦儿，我看你往那里藏！'一面说，一面故意往前赶。"于是，薛宝钗的"端庄"人设算是保住了。你看小红是如何说的——"若是宝姑娘听见，还倒罢了。林姑娘嘴里又爱刻薄人，心里又细，他一听见了，倘或走露了风声，怎么样呢？"

由此看来，王熙凤远避贾瑞这等"邪思妄动"之人还来不及呢，何必非得连设两个相思局置贾瑞于死地呢？第四十五回中，李纨就在回怼王熙凤的话中，称王熙凤作为出身"诗书大宦名门之家"的小姐，出了嫁绝对不应该说话行事还像"无赖泥腿市俗"之人，并以戏谑之语警告王熙凤："天下人都被你算计了去！"王熙凤是个"聪明人"，她也的确是一个"三帮高手"——能做到"帮闲不露媚迹，帮忙不露汗迹，帮凶不露血迹"。做"三帮高手"，就已经足够让李纨、薛宝钗等人不屑，可是此次，王熙凤为什么还非得亲自下场，自演自导这两出"相思局"呢？

她难道别无选择？

不！依照薛宝钗式的"四勿"文化逻辑，其实，王熙凤摆脱贾瑞登门纠缠的法子还是有很多种的。

其中最直截了当、最一了百了、最能显示她贵夫人身份与矜持及雍容大度的对策，就是让平儿派人传话给初次登门向她"请安"的贾瑞。如果平儿派人这样传话："二奶奶说了，有什么事，直接找二爷去，'请安'的心意领了，上门免了，瑞大爷有事与二爷说了，就等于与二奶奶说了。"荣国府内当家的王熙凤若这样将丈夫贾琏置于前面，就等于将贾瑞上门请安的路给彻底堵死了，贾瑞纵然再怎么愚妄，纵然再怎么"色令智错"，也该识趣，也该知难而退了。因为贾府的家法与贾氏宗族的族规摆在那里，而且初登王熙凤之门的贾瑞当时还是对贾琏心存忌惮之心的。从他进得王熙凤之家的举止及说的第一句话就知——"贾瑞见凤姐如此打扮，亦发酥倒，因饧了眼问道：'二哥哥怎么还不回来？'"

如果说王熙凤设的第一个"相思局"，仍然没有让愚妄的贾瑞"想不到是凤姐捉弄他"，那么王熙凤见到再次"自投罗网"的贾瑞，"少不得再寻别计"令贾瑞"知改"而布下第二个"相思局"，则是王熙凤非要置贾瑞于死地的最狠毒的圈套。

王熙凤"点兵派将，设下圈套"之时，她点的兵是谁？她派的将是谁？竟然是贾蓉与贾蔷。

这两个人，是什么人？是恶少！大家读一读贾蔷于"夹道里的屋子"对贾瑞讲的话吧——"别走！如今琏二婶已经告到太太跟前，说你无故调戏他。他暂用了个脱身计，哄你在这边等着，太太气死过去，因此叫我来拿你。"

贾蓉是谁？大家读至第六十四回"浪荡子情遗九龙珮"的情节，就能看到曹雪芹对他的恶评——"却不知贾蓉亦非好意，素日因同他姨娘有情，只因贾珍在内，不能畅意。如今若是贾琏娶了，少不得在外居住，趁贾琏不在时，好去鬼混之意。"

你看，王熙凤竟然选择了与贾蔷贾蓉沆瀣一气、以毒制毒。虽然贾瑞是被她算计至一命呜呼，但于王熙凤来说，恐怕也只能是"机关算尽太聪明"。曹雪芹于第十二回之后，虽然没有叙写贾蔷贾蓉播扬王熙凤"毒设相思局"的阴损之事，但谁能保证此等阴损之事做得多了，她王熙凤不会因此"反算了卿卿性命"呢？

第十五回写"王凤姐弄权铁槛寺"，为了三千两银子，拆散一对鸳鸯，致使这一对青年，一位自缢身亡，另一位投河殉义。而王熙凤呢？——自此却是"胆识愈壮，以后有了这样的事，便恣意的作为起来"。

王熙凤自认为她所行之事，神不知而鬼不觉。可事实呢？我们读到第六十九回"弄小巧用借剑杀人"，就明白她完全失算了。她委派心腹家奴旺儿去追杀张华——"或讹他作贼，和他打官司将他治死，或暗中使人算计，务将张华治死，方剪草除根，保住自己的名誉。"

结果呢？她保住了名誉没有？——没有！即便是她的恶奴旺儿，也良心未泯，也并没有遵照主子王熙凤的指令行事。旺儿的逻辑是"人已走了完事，何必如此大作，人命关天，非同儿戏，我且哄过他去，再作道理"。

大家想一想，由旺儿这段心底独白所蕴含的逻辑，可以映照出王熙凤以相思局毒杀贾瑞所展现的什么品性呢？

我想，恐怕只能是这两个"相思局"中所蕴含的反封建时代贵族妇女要恪守的女德文化的逻辑，及这等"反逻辑"中所体现的"狠毒"二字。

这等"狠毒"，就是王熙凤所独有的"狠毒"——"含春"的"粉面"被冒犯之后的近乎丧尽人性的"狠毒"！

《红楼梦》的续书人于第一百一十回，这样叙写贾母临终对王熙凤的叮嘱——"我的儿，你是太聪明了，将来修修福罢。"

续书人应该是读懂了曹雪芹叙写"王熙凤毒设相思局"之匠心的，我们今日的读者也应该读懂！

"脂粉队里的英雄"——王熙凤

——读《红楼梦》第十三至十四回

"王熙凤协理宁国府"

> 曹雪芹的叙述与描写有鬼神莫测之妙，他能得心应手地运用铺垫与衬托笔法来行文。

王熙凤是个什么样的人呢？

借宁国府贾蓉之妻秦可卿托梦给王熙凤的话来说，王熙凤是"脂粉队里的英雄"。

曹雪芹之笔有鬼神莫测之妙，你看他在让王熙凤出场协理宁国府之前，就为其登场做了足够多的铺垫，这些文字可绝不是闲笔！

宁国府本应由贾敬主持家政，可贾敬忙着修道成仙，"闻得长孙媳妇死了，因自为早晚就要飞升，如何肯又回家染了红尘，将前功尽弃呢"。就这样主持丧事的重任便落在贾敬的儿子贾珍的肩上了。但贾珍可以忙外，应对前来祭吊的男宾他尚可独立支撑，但来吊唁的还有"诰命夫人"等女眷，按礼仪规定有的场合必须由女主人来接待，那么谁能应对得体呢？按理该由贾珍的妻子尤氏来担当，但偏偏在这个节骨眼上尤氏又犯病不起。正在贾珍焦头烂额之际，贾宝玉向贾珍推荐了王熙凤。在贾珍"扶拐"前来并又"滚下泪"的一声声恳求下，在征得了王熙凤的姑姑王夫人的同意后，王熙凤才在宁国府处于极度尴尬、极度困窘之时，"临难受命"，登场亮相了。

在王夫人即自己的姑姑面前，你看，王熙凤没有任何顾忌，自信十足——"大哥哥说的这么恳切，太太就依了罢。"就这么一句话，王熙凤"最喜揽事办，好卖弄才干"的性情就纤毫毕现了。

在贾珍这位隔府的同辈兄长面前，你看，她又能尽量抑制住内心的表现欲，显示出应有的谦恭——"外面的大事已经大哥哥料理清了，不过是里头照管照管，便是我有不知道的，问问太太就是了。"既尊重了贾珍，又顾及了尤氏，这话真是说得滴水不漏、得体又得人心！

也正是在贾珍"作揖"感谢之后，王熙凤取得了贾珍的完全授权凭证——"宁国府对牌"，也获得了贾珍的绝对信任——"妹妹爱怎样就怎样，要什么只管拿这个取去，也不必问我。"王熙凤后来能威风八面、颐指气使地处置宁府的下人，权柄何在？就在这里！

小说首先是讲故事的艺术，曹雪芹是最能讲故事的人，他要让王熙凤成为脂粉队里的英雄，他就要让她成为"千呼万唤始出来"的主角，他就要搭出一个可以供她大显才干的舞台，让她尽力、尽心、尽性，尽管痛快淋漓地去表演。

曹雪芹真是深谙写作中的铺垫之道，并能得心应手地运用此法啊！

相对于铺垫之道来说，衬托之法也是被曹雪芹运用到了炉火纯青的境界。

贾珍固然是陪衬，这一回中在曹雪芹的笔下就连宝玉也成了王熙凤的陪衬！当王夫人正在交代王熙凤"你哥哥既这么说，你就照看照看罢了。只是别自作主意"之时，"宝玉早向贾珍手里接过对牌来，强递与凤姐了"。写宝玉的"早向""强递"，不正是借宝玉这个"富贵闲人"的行动，来衬托凤姐绝对值得信任吗？来表现凤姐才堪此任吗？

荣国府的邢夫人与王夫人又何尝不是陪衬？邢王二位夫人身为贾珍的族婶，当宁国府的贾珍应对丧事左支右绌、捉襟见肘之时，她们自然应该竭尽全力帮助贾珍。当王熙凤刚一接受贾珍的协理之任后，邢王二位夫人该回自己的荣国府放心歇息去了。这不是借邢王二位夫人衬托凤姐的能干吗？也难怪邢王二位夫人能放心，你看二位夫人一走，王熙凤"来至三间一所抱厦内"一坐，就悟出了宁国府内务管理上的五大弊端。一团乱麻，到了她的手中，立刻便有了头绪。

宁国府的都总管来升"闻得里面委请了凤姐，因传齐同事人等"，告诉她们"不要把老脸丢了"，并警告她们说："那是个有名的烈货，脸酸心硬，一时恼了，不认人的。"——这是衬笔！借宁国府的大总管、大奴才——众奴才中的主子之口，道出了他对王熙凤心狠手辣的诚惶诚恐，这一背面敷粉之法，也尽显王熙凤的声威。

王熙凤于会芳园登仙阁的秦可卿灵前"放声大哭"之后，"于是里外男女上下，见凤姐出声，都忙忙接声嚎哭"，——这又是衬笔！王熙凤的一颦一笑，一哭一泣，都成了他人观察揣度的对象，都能极为神奇地左右她身边的人的神经与泪腺分泌功能。

王熙凤于抱厦内"现场办公"，见"迎送亲客上的一人未到"，她王熙凤"即命传到，那人已张惶愧惧"，这是正面描写。正当王熙凤"冷笑"着极尽挖苦之能事批评这个倒霉鬼之时，荣国府中的王兴媳妇来了，也只好诚惶诚恐地等着，不敢上前禀报事情，只得"在前探头"。好一个"在前探头"，将平日里王熙凤的杀伐之气写尽了，又补足了——这又是衬笔！

"众人不敢偷闲，自此兢兢业业，执事保全。不在话下"——这里则是衬笔的总收束。至此，王熙凤的声威，王熙凤铁腕的力量，宁国府的下人们也该领教够了!

　　对于王熙凤这一人物形象，曹雪芹是倾注了他复杂的情感的。脂砚斋评《王熙凤协理宁国府》时这样说："写凤姐之珍贵，写凤姐之英气，写凤姐之声势，写凤姐之心机，写凤姐之骄大。"如果说前两句为褒，后三句则是贬了。曹雪芹对他笔下的王熙凤的情感就是如此，爱恨交加。因此，我们不能仅仅用贴标签的方式去概括她的性格特征。从人性意义的层面来说，王熙凤是一个有深度的人物，她的身上包含了我们人类自身众多的人性密码。

王熙凤们的人性弱点

——读《红楼梦》第十五回

"王凤姐弄权铁槛寺，秦鲸卿得趣馒头庵"

> 王熙凤这个人物形象的C面，是逞强，好斗，爱出风头，虚荣心极强，利令智昏，聪明反被聪明误。

读罢《红楼梦》"王凤姐弄权铁槛寺"，让人不由得感叹王熙凤这样的女人，真是机关算尽，只可叹聪明反被聪明误！世上有着王熙凤这样的人性弱点的人是少数吗？不少！因此，我们不妨借着"王凤姐弄权铁槛寺"的故事，说说王熙凤们存在的人性弱点。

弄权铁槛寺的王熙凤答应代人包打官司，收入三千两银子，她当时有没有顾忌呢？

当然有！

文中是这样写净虚老尼姑向王熙凤请托的——

不想守备家听了此信，也不管青红皂白，便来作践辱骂，说一个女儿许几家，偏不许退定礼，就打官司告状起来。那张家急了，只得着人上京来寻门路，赌气偏要退定礼。我想如今长安节度云老爷与府上最契，可以求太太与老爷说声，打发一封书去，求云老爷和那守备说一声，不怕那守备不依。若是肯行，张家连倾家孝顺也都情愿。

我想王熙凤对于这段话，前面的十句八句她都不一定在留意听，但"张家连倾家孝顺也都情愿"肯定是听得真切了。因为这个张姓之家，也是个大财主，王熙凤肯定想过，这是财运来了！王熙凤"听了笑道"，她"笑道"什么呢？首先说"这事倒不大"！你看在她的眼中，一个牵动着长安最高行政长官是否肯介入的事竟不大。接着王熙凤又说"只是太太再不管这样的事"，这分明是在欲纳故拒，分明是在暗示净虚不必找太太，只管找我王熙凤就是。

老尼姑简直是老妖精，听话就听出了音，立即说"太太不管，奶奶也可以主张了"。王熙凤听后笑道："我也不等银子使，也不做这样的事"，她这次的拒绝之辞中，却又提起了"银子"，分明是"死口"中又留下了"活眼"，于是净虚老尼姑于"打去妄想"之后，又"半晌叹道：'虽如此说，张家已知我来求府里，如今不管这事，张家不知道没工夫管这事，不希罕他的谢礼，倒像府里连这点子手段也没有的一般。'"

这个老尼，太会洞察人性了！

王熙凤人性中的致命弱点有很多，贪婪、逞强、好斗、爱出风头、虚荣心极强，她都有。贪婪，在第十六回，曹雪芹借平儿之口写她背着王夫人、贾琏指使其心腹奴才来旺放高利贷，而爱出风头、虚荣心极强这样的人性弱点，在她主动答应贾珍的请托而协理宁国府的情节中也已展现得淋漓尽致。

张家为攀更高的门第即长安府的府太爷而决意退还长安守备家的聘礼，这样的张家其实就是一个势利之族，是一个为世人所不齿的家族。如果王熙凤为这样的人家打官司，显然是不道德的，而拆散鸳鸯的事则更不道德。因此，王熙凤一开始也有顾忌，所以她也说出了"也不做这样的事"的话，但这句话的前一句是什么呢？是"我也不等银子使"，这句话的潜台词是什么呢？就是如果我缺银子，我说不定会干！

不过，什么才叫"缺银子"呢？她后面对净虚说"我一个钱也不要他的。便是三万两，我此刻也拿的出来"，你们看看，对于私房钱已攒至几万两的王熙凤来说，她缺银子吗？添三千两，于她的私房小金库来说，也的确不是什么大数目，因此她并不算缺银子的人！

为什么她还是答应了净虚的请托呢？一是净虚的"激将法"，将她的虚荣心撩拨了起来；二呢，还是她的贪欲在作怪！这二者，都是人性的弱点。

于是王熙凤"便发了兴头"，说出了下面这段"专利权"只能属于王熙凤的话——"你是素日知道我的，从来不信什么是阴司地狱报应的，凭是什么事，我说要行就行。你叫他拿三千银子来，我就替他出这口气！"

这笔买卖就这样成交了。成交之后，净虚用"既如此，奶奶明日就开恩也罢了"的话语催促王熙凤立即着手办成这事，王熙凤的回答极有意思，她怎么说的呢？她说："你瞧瞧我忙的，那一处少了我？既应了你，自然快快的了结。"

王熙凤当然聪明，这个聪明人整日想着如何算计他人，却没想到自己会被一个老尼姑给算计了！真是利令智昏啊！

老尼姑此刻又是如何接王熙凤的话的？她是这样说的——"这点子事，在别人的跟前就忙的不知怎么样，若是奶奶的跟前，再添上些也不够奶奶一发挥的。只是俗话说的，'能者多劳'，太太因大小事见奶奶妥帖，越性都推给奶奶了，奶奶也要保重金体才是。"

这个老尼姑，才是聪明人呢！王熙凤听后的情态是怎样的？

曹雪芹这样写道——

一路话奉承的凤姐越发受用，也不顾劳乏，更攀谈起来！

这等"三姑六婆"中的老尼姑，竟最后成了凤姐的闺密！

好一个"聪明反被聪明误"的王熙凤，他日"反误了卿卿性命"，这也正该是她王熙凤应有的结局，谁叫她"不信阴司地狱报应"呢？

贾宝玉的价值尺度

——读《红楼梦》第十六回

"贾元春才选凤藻宫，秦鲸卿夭逝黄泉路"

> 贾宝玉衡量人世间情感中"友情"的参照尺度，是永恒的时间与无常的命运及死亡之神。

看知名电视节目主持人鲁豫与 87 版电视连续剧《红楼梦》导演王扶林先生的访谈，很欣赏他们之间的这一问一答——

鲁豫：用《红楼梦》带给我什么什么，造这样一个句子，你会说什么？

王扶林：《红楼梦》带给我人生哲学，好就是了，了就是好！

世人谁说神仙好！这个"神仙好"的境界，指的是一种人经过觉解之后进入的大自由、大超脱的境界。

超脱什么？超脱于功名，超脱于富贵，超脱于美色，超脱于权力，这样方有可能"好"！

上述种种的"好"，事实上都必须以某些"了""断""离"为前提。

而世上之事最吊诡的就在于——你如果没有"好"，又哪有"了"？又哪里能体悟到"好"之后，你因"断舍离"而获得的大自由？

曹雪芹是文学大师，也是人生智者，他当然深明此理！因此，他安排贾宝玉降生于"昌明隆盛之邦，诗礼簪缨之族"，托身于"花柳繁华地，温柔富贵乡"。在曹雪芹看来，以此为前提，若具有觉解的智慧，才有可能成为"情痴"与"情种"，而自这种"痴情"中才有可能渐渐悟出人生价值是什么的正解。

而这种觉解的智慧，在曹雪芹看来，每个人又的确存在差异。像贾宝玉则是有"夙慧"的一类，因为他的前世即是经过女娲炼制过的具有神性的补天石，是赤瑕宫的神瑛侍者。

因此，第七回中，讲贾宝玉与秦钟初次见面，曹雪芹就写下了这样的文字——

> 那宝玉自见了秦钟的人品出众，心中似有所失，痴了半日，自己心中又起了呆意，乃自思道："天下竟有这等人物！如今看来，我竟成了泥猪癞狗了。可恨我为什么生在这侯门公府之家，若也生在寒门薄宦之家，早得与他交结，也不枉生了一世！"

这是宝玉见了秦钟后的思忖。

而秦钟呢？

> 秦钟自见了宝玉形容出众，举止不凡，更兼金冠绣服，骄婢侈童，心中亦自思道："果然这宝玉怨不得人溺爱他。可恨我偏生于清寒之家，不能与他耳鬓交接，可知'贫窭'二字限人，亦世间之大不快事。"

宝玉的最可贵之处，就在于他常常处于内省的状态，他以王熙凤所言的"眉清目秀，粉面朱唇，身材俊俏，举止风流"的秦钟为镜，竟照见了自己的"人品"不及秦钟之处，竟认为托生在"侯门公府"反而成了他与秦钟平等交往的障碍，这是贾宝玉的"无差别心"。

秦钟却以"生于清寒之家"为憾，暗暗歆羡贾宝玉所拥有的"金冠绣服，骄婢侈童"，并将贾宝玉"得人溺爱"的主要原因，归结于他生于公侯之家。

人的高贵之处在于什么？人应该如何活着？对于这样的价值认知，秦钟与宝玉是有着天壤之别的。

我们且先看秦钟与智能儿之恋。他们的爱恋，无疑是孽恋。而悲剧的制造者，就是秦钟，因为他一开始对智能儿就只有亵渎，丝毫没有庄敬之心。

而宝玉呢？我们读《红楼梦》第六十三回，就会读到宝玉对带发修行的女尼妙玉的庄敬之态。你看，宝玉给妙玉的回帖是什么？是"槛内人宝玉熏沐谨拜"。你再看，宝玉是怎样去投帖的，是"亲自拿了到栊翠庵，只隔门缝儿投进去便回来了"。

而秦钟与智能儿之恋，发展至最后先是"智能私逃进城，找至秦钟家下看视秦钟"，接着是东窗事发，秦钟的老父秦业"将智能逐出，将秦钟打了一顿"，再是秦业被气得一命呜呼，最后秦钟自己"悔痛无及""添了许多症候"。

秦钟为"添了许多症候"之后而"悔痛"，他付出的代价是什么？是自己的性命！

问题是秦钟于生命弥留之际，赠予宝玉的话竟然还是这等言语——"以前你我见识自为高过世人，我今日才知自误了。以后还该立志功名，以荣耀显达为是。"说完这样的话，带着这样的遗憾，秦钟才"长叹一声，萧然长逝了"！

秦钟这样的"悔痛"，于曹雪芹看来，是值得肯定的吗？这样的醒悟，是人生的正解吗？显然不是！因为秦钟衡量人生价值的尺子，还是功名富贵、光宗耀祖。

贾宝玉呢？他自有自己的尺度！那就是"情"！是以"时间之神""命运之神"与"死神"为参照的！

因此，"秦钟既死"，才唯有"宝玉痛哭不已""李贵等好容易劝解半日方住，归时犹是凄恻哀痛"！

而其他人呢？"贾母帮了几十两银子，外又另备奠仪"，并让"宝玉去吊纸"，这说明贾母已经于尽"礼"之后，还动了恻隐之情！可是，当秦钟"七日后便送殡掩埋了"，其他人也就"别无述记"之事了！

此刻呢？"只有宝玉日日思慕感悼"，这是贾宝玉对一段美好的友情岁月的伤悼，是对死神冷酷无情的认知，是对人命运无常的无法接受又不得不接受，是对人终究无法成为与死神拔河的胜出方的无奈。

有了这样的认知大前提，当我们读到第十六回"贾元春才选凤藻宫"的情节，会看到元春加封贤德妃之后，宁荣两府上下里外的人"莫不欣然踊跃""个个面上皆有得意之状"，可只有宝玉"皆视有如无，毫不曾介意"。为什么？因为他还在记挂着病中的秦钟。

极热闹之处，竟有这么一个极清醒之人！极得意之群，竟有这么一个极伤感之人！蒙极浩荡之皇恩，竟有这么一个"视有如无"之人！这个人，就是贾宝玉！哪怕这热闹之处，是他的家门；哪怕这得意之群，是他的至亲；哪怕这浩荡皇恩，所施与的是他的亲姐姐！这样的人，怎么不会被视为"呆"人呢？

贾府"跪族"中的那个说"不"者

——读《红楼梦》第十七至十八回

"大观园试才题对额，荣国府归省庆元宵"

> 《红楼梦》的主旨之一，是赞美那些面对至尊的"皇权"敢于说"不"的追求独立人格的人。

在封建社会，皇帝是何等人物？是九五至尊，是一言九鼎，是操纵着天下所有臣民生杀予夺大权的主宰者！

宁国府、荣国府，虽然贵为公爵府第，但府中人在皇权面前也必须低下高贵的头颅，面对皇权，他们也必须弯下双膝，悉数齐刷刷跪下！

贾元春到荣国府省亲，她的身份是皇妃。她省亲，是皇恩浩荡，是"天地启宏慈"，是"古今垂旷典"。

贾元春省亲荣国府，不仅仅是以孙女的身份去省视祖母，也不只是以女儿的身份去探望父母，她更是秉承太上皇、皇太后的旨意，"启请内廷鸾舆"进入荣国府的。

因此，在元妃乘坐的"内廷鸾舆"面前，贾府所有"贵族"，都必须成为"跪族"，以感激皇帝的恩宠及带给贾府上下的荣耀！

因此，贾母虽然是元妃的祖母，虽然是一品诰命夫人，元妃来省亲，她也必须早早地候在贾府门外，也必须于"路旁跪下"来迎接孙女的"金顶金黄绣凤版舆"。

因此，元妃于大观园"升座受礼"之时，贾赦虽身为贾元春的伯父，贾政虽身为贾元春的父亲，也必须在"礼仪太监二人"的引领下，带领有品职的子侄们按秩序自月台下排好队列行至元春面前行国礼。

因此，即使贾元春已至"贾母正室"，作为孙女她此刻也正想向祖母"行家礼"，贾母等人也"俱跪止不迭"。

因此，贾政"帘外问安"之时，贾妃呢，也只能"隔帘含泪"作答。这怎么也不像是省亲，倒像是父亲至看守所探看囚犯！正因为如此，贾元春自己也不由得感叹："田舍之家，虽齑盐布帛，终能聚天伦之乐；今虽富贵已极，骨肉各方，然终无意趣！"更滑稽的是贾政诚惶诚恐地"含泪"说的那一大通宿构的话。为了突出皇帝的至尊，贾政竟不惜自污，称自己的荣国府为"草莽寒门"，称他与王夫人等人都是鸠鸦之类，称贾门出了贵妃是家族中飞出了金凤凰。

因此，当贾元妃下旨"妹辈亦各题一匾一诗"以志省亲之盛与大观园之美时，薛宝钗的诗中出现了"文风已著宸游夕，孝化应隆归省时"这等谢主隆恩的语句，自然就不必见怪。其实，就连一向"超逸"的林黛玉都没能免俗，林黛玉可是那位曾经将那串皇帝赠给北静王、北静王又转赠给贾玉玉、贾宝玉再又转赠给她的"鹡鸰香串""掷而不取"的人啊！可就是在这次省亲大会上，林黛玉代贾宝玉写下了《杏帘在望》一诗，诗中竟也出现了"盛世无饥馁，何须耕织忙"这等赞美圣上垂拱而治、天下太平、百姓安康的语句。

当我们明白了以上种种，再阅读描写龄官的文字，就会觉得这些文字让人觉得多么不协调，却又会觉得龄官的存在是多么可贵，其行为是多么可敬！

好一个龄官，她这个贾府私家歌舞团的小演员，她的演出刚得到了贵妃的赞美，刚受了贵妃的赏赐，却不愿按歌舞团团长贾蔷的指令去唱《游园》与《惊梦》二出。元妃虽然有言在先，"龄官极好，再作两出戏，不拘那两出就是了"，但我们不难理解贾蔷面对吩咐而要求龄官加演的《游园》《惊梦》，显然是平时十二位女伶排演得很熟悉的保留节目，也应该是这十二位女伶都会表演的，同时也应该是元妃希望欣赏到的，否则贾蔷绝不会指定龄官加演这两出，因为在这样的大场合，演砸了的后果实在是让人无法想象的。

可是龄官就偏不演这指定的两出，而且是"执意不作"，理由看起来很充分，"此二出原非本角之戏"，但这个理由显然是不能成立的，因为《游园》《惊梦》是十二女伶都会的，而且凭借龄官的本领，也是能表演得出彩的。

因此，就只剩下一个解释，那就是我要演我想演的！如果让我演，我就一定要演《相约》《相骂》，否则我就不演！这岂不是太让人难堪嘛！可龄官就是这么有个性，哪怕在贵妃面前都仍要坚持自己的个性！

最后，倒是贾蔷妥协了，因为"扭他不过，只得依他作了"！

龄官胁迫贾蔷的场面，元妃当然看得一清二楚，否则曹雪芹不会写下"贾妃甚喜"四字！

贾妃为什么"甚喜"，我想首先是她从龄官的身上看到了自己！

元春不是含泪对自己祖母、伯母、母亲说出了这样的话吗？——"当日既送我到那不得见人的去处，好容易今日回家娘儿们一会，不说说笑笑，反倒哭起来。一会子我去了，又不知多早晚才来！"元春清醒地认识到，自己也是皇帝的臣妾，也是奴仆，她的自由度与龄官相比，高不了多少。如果说贾府是龄官的囚笼，那么皇宫幽深的后院就是元春的牢笼。而龄官竟能于她面前恣意地展示个性，而自己呢，却必须处处端着，装着，以符合皇家的礼制。

贾妃为什么"甚喜"？我想还有一个原因，她一定是被龄官给逗乐了！

在这满大殿的"跪族"人堆里，竟然还有一个胆敢拒不从命的人！竟然还有一个对她这个至尊"皇权"的代表者贤德妃一声声说"不"的人！

而这个人呢，还恰恰是这"跪族"中被人践踏在脚底下的那一个——戏子！

曹雪芹创作"荣国府归省庆元宵"这一回，对龄官的叙写，篇幅极短，算是情节发展中的一个小插曲，但大师笔下无闲笔！曹雪芹对龄官的这几笔叙写，倾注了对其无限的赞美之情。

袭人："三高"奴才

——读《红楼梦》第十九回

"情切切良宵花解语，意绵绵静日玉生香"

> 袭人在曹雪芹笔下的人物形象定位，就是一个高颜值、高智商、高情商的奴才。

袭人，是曹雪芹倾心塑造的一个"三高"奴才。

"三高"，即高颜值、高智商、高情商。

说袭人是高颜值，这当然是可信的！虽然袭人是贾府花几两银子从穷得"没饭吃"的花家买来的女奴，但如果颜值不高，是不会被直接安排在贾母身边的，也不会成为贾母的贴身丫头。

说袭人高智商，也是事实！就几年时光，袭人就成了贾母身边可以领一两"月例"的丫鬟，享受这样待遇的荣国府丫头，一共也就八个。

高智商，主要是指一种面对复杂事件能迅速作出正确分析与判断的能力；高情商，则主要表现在应对与处理身边复杂的人际关系的能力。这两种能力，袭人都是超一流的。

之所以说袭人是奴才，而不是奴隶，是因为她是一位不甘心永远身处底层的奴隶，而是一心想着有朝一日能成为奴隶的主子的女奴。她虽是奴隶之身，却极想于奴隶群中，为自己争取到身为奴隶的最高地位与尊严。

第十九回"情切切良宵花解语"中的袭人，还只是贾母派去侍候她最疼爱的孙子贾宝玉的贴身丫头，这是袭人此刻所处的地位，荣国府贾政一支的嫡子的贴身丫头。再往上走，她的地位就是"姨娘"，即贾宝玉的侍妾！侍妾，用邢夫人的话说，也算得上是"半个主子"了，不过，其本质仍是奴隶！

可这就是花袭人的人生终极目标！

要成为贾宝玉的"侍妾"，又必须具备如下几个前提条件：一是深得贾母、王夫人、贾政等主子的认可与赏识；二是必须得到未来的老爷贾宝玉的悦纳；三是判断谁最有可能会是宝二爷的正妻，即未来谁最有可能会成为宝二奶奶，然后亲近依附；四是必须力压身边像晴雯那样的最具竞争力的对手。

对于这些，袭人都有着清醒的判断，这就是她高智商的表现！

荣国府是有"亲上做亲"的传统的，王熙凤作为王夫人的内侄女，嫁与贾政的侄儿贾琏就是已有的例子，后来，邢夫人将侄女邢岫烟许配给薛蝌也是事实。林黛玉是贾母的嫡亲外孙女，史湘云是贾母娘家史侯家的孙女，薛宝钗是王夫人的外甥女，这三人都有可能成为未来的"宝二奶奶"，袭人对她们每一位都恭敬有礼，迎来送往，滴水不漏，这就是高情商！

元妃省亲之后，袭人也被贾府允准得以回娘家"吃年茶"，此时的花家，袭人的父亲已死，自然是她的母亲与兄长花自芳掌家，他们正商量着将袭人从荣国府赎回，让袭人成为自由身，并安排她的婚姻大事。

可是花家与贾府为花袭人签的卖身契是"卖倒的死契"，即永远不能将袭人赎回。那么为什么花家仍有将袭人赎回的想法呢？花袭人与宝玉的对话说出了这种可能——"只是咱们家从没干过这倚势仗贵霸道的事"，曹雪芹于本回另一段的叙述中也道出了原因——"明仗着贾宅是慈善宽厚之家，不过求一求，只怕身价银一并赏了还是有的事呢。”

袭人的“咱们家”是谁家，是贾家！就这两个字，曹雪芹就将袭人其实已经死心塌地准备于贾府做一辈子奴隶的念头无意中道出来了！

可为什么花袭人自娘家回贾府的当晚，仍要对贾宝玉说出下面的一段话呢？——“我今儿听见我妈和哥哥商议，教我再耐烦一年，明年他们上来，就赎我出去的呢！”

这正是袭人高智商与高情商的又一非同寻常的表现。

首先，她要进一步掂出与明确自己在贾宝玉心中的位置与重量。贾元春自宫中赐的酥酪，只为她而留，这当然是特别的爱意，她掂出来了；她离开贾府才一上午，贾宝玉就“怪闷的”，就由茗烟带路冒险出府去探看她，这进一步说明她于宝玉心中有着他人不可替代的位置，她当然也掂出来了；当贾宝玉“命取酥酪来”，丫鬟们回话说“李奶奶吃了”，宝玉正要指责李奶奶时，袭人更是掂出了宝玉对她的深情，所以她连忙先道谢，再转移话题称自己吃酥酪会肚子疼并让宝玉来为她剥栗子。这是一个多么会脑筋急转弯的女奴，又是一个多么能隐忍的女奴，还是一个多么会息事宁人的女奴。

她的高智商与高情商，前者是晴雯也具备的，而高情商就不是晴雯所具备的了。且不说晴雯没有袭人那样的高情商，晴雯所具有的只有爆炭般的性格，而这样的性格恰恰是她致命的“人格缺陷”。因为这一性格，她最后被逐出怡红院也是必然的结局。

而袭人呢？她就是带着掂量宝玉到底爱她有多深的试探心理，与从现在开始就要钳制宝玉的心思，在那样一个良宵，与宝玉有了一场长长的对话。

这场对话，有着无数个话头，而每一个话头的牵出者，或掌控者，都是袭人！

换言之，贾宝玉一直都是袭人设计的那一个个局中的局中人！

　　曹雪芹写到最后忍不住直接道出了花袭人内心的小九九——"且说袭人自幼儿见宝玉性格异常，其淘气憨顽自是出于众小儿之外，更有几件千奇百怪口不能言的毛病儿。近来仗着祖母溺爱，父母亦不能十分严紧拘管，更觉放荡弛纵，任性恣情，最不喜务正。每欲劝时，料不能听，今日可巧有赎身之论，故先用骗词，以探其情，以压其气，然后好下箴规。"

　　此刻的宝玉，应对袭人所下的"箴规"也是一一满口答应。只不过，命运之神那只翻云覆雨的手给予袭人的，给予这个"贤德"的袭人的，是无情的嘲讽——"枉自温柔和顺，空云似桂如兰；堪羡优伶有福，谁知公子无缘。"

醋罐醋缸醋瓮展销会

——读《红楼梦》第二十回

"王熙凤正言弹妒意，林黛玉俏语谑娇音"

> "嫉妒"是人性常态，曹雪芹围绕"嫉妒"二字，来进行人物群像的塑造，构思之妙，令人称奇。

贾琏随身的家童中，有一个叫兴儿的。曹雪芹对其笔下的这个人物极为钟爱，第六十五、第六十七回竟分配给了他那么多"戏份"！

这位兴儿，曾向尤二姐这样评价王熙凤——"不是小的吃了酒放肆胡说，奶奶便有礼让，他看见奶奶比他标致，又比他得人心，他怎肯干休善罢？人家是醋罐子，他是醋缸醋瓮。"

这个兴儿，形容人的嫉妒心，真是绝妙！谁能想出这么生动的譬喻——"人家是醋罐子"，她王熙凤是"醋缸醋瓮"！

第六十七回后半回，情节就主要聚焦在王熙凤这一个"大醋瓮"泼醋训家童上，精彩当然是精彩，但曹雪芹展示的还只是一个醋瓮。

醋瓮再美，如果只是一个，肯定开不成一场展销会吧？

别急！曹雪芹竟还就有这种本事，他就有能力于数千字的某一回中，连续将几位大泼醋意的人物写得极具个性。他们分别是李嬷嬷、袭人、贾环、赵姨娘、林黛玉。

这一回就是第二十回——王熙凤正言弹妒意，林黛玉俏语谑娇音。

曹雪芹首先展出的就是一个醋坛子的形象，这个醋坛子就是贾宝玉的奶嬷嬷李奶子，她嫉妒的对象是贾宝玉的一号丫鬟——袭人。

> 只见李嬷嬷拄着拐棍，在当地骂袭人："忘了本的小娼妇！我抬举起你来，这会子我来了，你大模大样的躺在炕上，见我来也不理一理。一心只想妆狐媚子哄宝玉，哄的宝玉不理我，听你们的话。你不过是几两臭银子买来的毛丫头，这屋里你就作耗，如何使得！好不好拉出去配一个小子，看你还妖精似的哄宝玉不哄！"

何谓"嫉妒"？嫉妒，就是忌妒！何谓"忌妒"？"忌妒"就是对才能、名誉、地位或境遇等胜过自己的人心怀怨恨。何谓"怨恨"？"怨恨"就是对人或事物有着强烈的不满或仇恨。

那么李嬷嬷为什么会对袭人产生那么强烈的嫉妒心理呢？主要是因为她心理失衡！

她为什么会心理失衡？因为她作为老嬷嬷，在女奴群中，按照贾府的规矩，她的地位的确应该比袭人高，也应该受到贾宝玉的敬重，可贾宝玉就是极喜爱袭人。喜爱袭人也罢，这位吃过她的奶的公子哥今天竟然将袭人宠到了她来这里不受待见的地步。也就是说她的"境遇"，在贾宝玉这里，竟然比不上那个昔日经她"抬举"才有今日的毛丫头袭人。

李嬷嬷怎能不心生不满与怨恨呢？于是她的一腔醋水就这样泼向了袭人等一众丫鬟。

曹雪芹于第二十回紧接着展出的是个醋汁装得不算多的小号"醋罐"！这就是袭人！讲的是袭人对晴雯心生醋意！请看这段文字——

宝玉点头叹道："这又不知是那里的帐，只拣软的排揎。昨儿又不知是那个姑娘得罪了，上在他帐上。"一句未了，晴雯在旁笑道："谁又不疯了，得罪他作什么。便得罪了他，就有本事承认，不犯着带累别人！"袭人一面哭，一面拉宝玉道："为我得罪了一个老奶奶，你这会子又为我得罪这些人，这还不够我受的，还只是拉别人。"

宝玉明显是在偏袒袭人，偏袒还不打紧，竟怀疑是他身边的其他丫鬟怠慢了李嬷嬷，所以李嬷嬷才会朝袭人撒气。素有爆炭脾气之称的晴雯怎能受得了这等冤枉，于是她立即反击，后半句"便得罪了他，就有本事承认，不犯着带累别人"，这话直指袭人，认为袭人应该对今天与李嬷嬷的冲突负责。

袭人呢？虽然是以息事宁人的口吻说的，但无疑是依仗宝玉对她的宠爱而说出的，她并不点名，而是将晴雯以"这些人""别人"相称，敌意不可谓不浓！这份敌意显然还包含有浓浓的醋意！

为什么？因为贾府有一个"潜规则"——"凡爷们大了，未娶亲之先都先放两个人服侍的"，这句话也是兴儿在与尤二姐的对话中道出的。这句话的意思是像贾宝玉这样的公子在正式娶妻之前，可以先有两个贴身丫鬟侍候，这两个丫鬟绝大多数就是公子未来的侍妾。晴雯和袭人一样，都是贾母从身边调去侍候贾宝玉的丫鬟。袭人温柔和顺，但她的美貌是不及晴雯的，在这一点上她是有自知之明的，同时袭人也深知她在宝玉心中的分量也并不绝对重于晴雯。以一件小事为例，贾宝玉在给袭人留元妃赐予的酥酪之前，也曾给晴雯留过从宁国府带回的"一碟子豆腐皮的包子"。

第三、第四个展出的吃醋者，就不是醋罐子了，也绝对不是醋坛子，那就是两只醋瓮，而且是母子连体的醋瓮！你甚至可以说不是醋瓮，而是装着满满的蛇蝎毒汁的大瓮！

他们就是贾环与赵姨娘！曹雪芹笔下的"红楼梦里人"，极少出现类型化与脸谱化的人物，可这一对母子就是被曹雪芹类型化与脸谱化了的人物！赵姨娘与贾环他们一出场，不是闹剧就是悲剧！

贾环是自己央求才得以有机会与宝钗、香菱、莺儿三人"赶围棋作耍"的，可玩耍中他却作弊。于是莺儿便嘟囔了几句——"一个作爷的，还赖我们这几个钱，连我也不放在眼里。前儿我和宝二爷玩，他输了那些，也没着急。下剩的钱，还是几个小丫头子们抢，他一笑就罢了。"

莺儿的这些话，一下子就将贾环平日心底积聚的对宝玉的醋意全翻涌了上来，只听贾环说："我拿什么比宝玉呢。你们怕他，都和他好，都欺负我不是太太养的。"

贾环的这几句话，作为文学描写中的个性化语言，真是言如其人，太有韵味了！

他的确无法与他的哥哥宝玉相比！宝玉是含着通灵宝玉来到这个世界的，宝玉是名门豪族金陵王家的千金王夫人所生，更重要的是王夫人是贾政的嫡妻。贾环呢？虽然也是贾政之子，但贾环的母亲赵姨娘是奴才出身，更让贾环自卑的是，他的长相看起来很猥琐，也无法与宝玉相比。按常理来说，当爹的对自己的儿子总不该有分别之心吧，可是在贾政眼里，宝玉是"神彩飘逸，秀色夺人"，而贾环却是"人物委琐，举止荒疏"。在封建宗法社会中，嫡妻与妾的地位是有天壤之别的，嫡子与庶子的地位也不可同日而语。而莺儿的话语，偏偏将贾环身上的一个个一直让他自卑的痛点都戳破了，并又于大庭广众之下一一地指与人看。贾环怎能不生出对他的二哥哥贾宝玉浓浓的醋意呢？

贾环回至家中，赵姨娘啐骂贾环的话虽是粗鄙，却也正是她这个由奴婢上位的姨娘的声口——"谁叫你上高台盘去了？下流没脸的东西！那里顽不得？谁叫你跑了去讨没意思！"

赵姨娘不惜自我矮化，不惜自泼脏水，以此发泄对贾宝玉的不满！她的这番话，其实不但安抚不了贾环，反而会使他的自卑情绪更加强烈，反而会更加激化贾宝玉与贾环兄弟之间的矛盾。赵姨娘此举，等于是又在贾环的心田里种下了一颗仇恨他的哥哥宝玉的种子！

这样连珠炮式的话语，以醋瓮来形容赵姨娘的嫉妒已经太弱了，就是以眼镜蛇吐着芯子喷出一股股毒液来形容她也不为过。赵姨娘这种因嫉妒而产生的敌意，已经达到了怨毒的级别。

小说后面的第二十五回写这位赵姨娘之所以会接受马道婆的唆使，借马道婆的"魇魔法"欲置王熙凤、贾宝玉姐弟于死地，根本原因就是她的怨毒之情已经到了无法消解的地步！

写到这里，我们要说说第五、第六个泼醋人了。

其实第五、第六个泼醋人是同一个，她就是林黛玉！

每年的大正月里，史湘云是必来姑奶奶史老太君的荣国府做客的。史湘云来了，宝钗"同宝玉一齐来至贾母这边"，与史湘云相见。此时，林黛玉先到，就问宝玉刚才"在那里的"，宝玉便说"在宝姐姐家的"。林黛玉的醋意就噌噌地上来了，冷笑道"我说呢，亏在那里绊住，不然早就飞了来了"。其实，这句话中的醋意还并不算浓，只是开玩笑性质的打趣，话语中既提到了宝玉曾与史湘云青梅竹马的过往，又一石二鸟讥诮宝玉见了后进荣国府的薛宝钗就冷淡了史湘云。偏偏此刻贾宝玉的答话出了问题，宝玉竟以"只许同你顽，替你解闷儿。不过偶然去他那里一趟，就说这话"来回应林黛玉。

于是林黛玉大失面子，扔下了"好没意思的话！去不去管我什么事，我又没叫你替我解闷儿。可许你从此不理我呢"，就赌气走人了。

林黛玉讥诮贾宝玉、薛宝钗的话，当然含有嫉妒心理，但聪明的贾宝玉千不该万不该以那样的回话将林黛玉的嫉妒之心挑明啊！这对他的林妹妹来说是犯了最大的忌讳！林黛玉是多么有自尊心啊！她当然受不了！

林妹妹与宝哥哥起嫌隙，故事的结局往往是惊人的雷同，永远是宝哥哥赔不是，这回也不例外。

当贾宝玉"打叠起千百样的款语温言来劝慰"林黛玉时，林黛玉的答话更是证明了她前面打趣贾宝玉的话的确是带着嫉妒的。林黛玉是这样说的："你又来作什么？横竖如今有人和你顽，比我又会念，又会作，又会写，又会说笑，又怕你生气拉了你去，你又作什么来？死活凭我去罢了！"

为什么林黛玉会嫉妒薛宝钗，因为嫉妒心理产生的主体，多半是地位相近、出身相似、才华相当、年龄辈分相仿的人。

林黛玉与薛宝钗就是这样的一对！

在金陵十二钗中，钗黛的才貌可以相匹敌，门第可以相匹敌，她们对贾宝玉的好感也可以争深浅。她们也都在乎贾宝玉对自己的态度，只不过薛宝钗不轻易形之于色，而林黛玉动辄会要小性子甚至甩脸子！

如何冲淡与稀释林妹妹心中浓浓的醋意？贾宝玉倒不愧是"情痴"与"情种"，他的一番话立即让林黛玉转怨为"啐"，为嗔，为娇音。

贾宝玉是这样说的——"你这么个明白人，难道连'亲不间疏，先不僭后'也不知道？我虽糊涂，却明白这两句话。头一件，咱们是姑舅姊妹，宝姐姐是两姨姊妹，论亲戚，他比你疏。第二件，你先来，咱们两个一桌吃，一床睡，长的这么大了，他是才来的，岂有个为他疏你的？"

林黛玉当然听懂了，她要求的就是在贾宝玉的心中自己的分量重于薛宝钗！听完了宝哥哥这样一番"悄悄话"，她怎能不醋意全消？

醋意全消的林黛玉，此刻又出现了一个展现她"林氏幽默"的机会。因为这时史湘云正含笑向贾宝玉走来，笑道"爱哥哥，林姐姐，你们天天一处玩，我好容易来了，也不理我一理儿"。史湘云是一个智商多么高的丫头啊，别看她平日里高声大气的，但这句话里的"你们天天一处玩"，却是有意无意地在肯定宝玉对林黛玉的爱比对任何人的都深，这不正是林黛玉的情感诉求吗？听了史湘云的这一段话，林黛玉的心情更是大好，于是她笑道"偏是咬舌子爱说话，连个'二'哥哥也叫不出来，只是'爱'哥哥'爱'哥哥的。回来赶围棋儿，又该你闹'幺爱三四五'了"。

史湘云与贾宝玉，那更是青梅竹马啊，林黛玉进荣国府之前，他们就是！林黛玉这番打趣史湘云的话中，当然也有几分醋意，谁叫你史湘云将"二哥哥"中的"二"绕成"爱"啦！我林黛玉刚得到宝哥哥爱的承诺，你史湘云就又与我来争宝哥哥，竟一声声地"爱哥哥、爱哥哥"地叫着！

林黛玉啊林黛玉，真会就地取材，借力发力，展示她"心较比干多一窍"的灵慧与俏皮，当然不时还夹带着几分锋利，这就是"林氏幽默"！

当然，不喜爱林黛玉的读者，也可以称之为"林氏刻薄"！或者干脆称之为"林黛玉牌醋罐子"！

长大后，贾宝玉会不会成了贾琏？

——读《红楼梦》第二十一回

"贤袭人娇嗔箴宝玉，俏平儿软语救贾琏"

> 《红楼梦》的主旨之二，是以审美的眼光欣赏并敬重具有"仙姿""灵窍""才思"的女性。

第二十一回中的贾宝玉，仍是少儿！

不过，贾宝玉总归是要长大的，过两三年，他也将到"十有五而志于学"的年龄了，第二十三回中有"见是荣国府十二三岁的公子"这等点明贾宝玉年龄之句。

可是呢，这个快进入"志于学"之年的少儿，还在女孩堆里厮混，还在与林黛玉、史湘云疯闹，还在用史湘云的洗脸水洗脸，还在央求史湘云为他梳发结辫，还趁史湘云不注意在林黛玉的妆镜台前"顺手拈了胭脂，意欲要往口边送"！

读到这里，不知你们会不会发问：贾宝玉这等少儿，长大后是不是会成为另一个贾琏？

我说，不会！

贾宝玉，视女性为人；贾琏，待女性是物！贾宝玉，对女性是敬重与呵护；贾琏，待女性是亵渎与玩弄！贾宝玉，对值得敬重的女性是欣赏，是精神的审美；贾琏，待哪怕如平儿这样品貌非凡的女性，也仍是占有，是肉欲的渴望！

曹雪芹写贾宝玉与史湘云的肌肤相亲，是何等笔墨？请看如下两则——

> 宝玉也不理，忙忙的要过青盐擦了牙，嗽了口，完毕，见湘云已梳完了头，便走过来笑道："好妹妹，替我梳上头罢。"湘云道："这可不能了。"宝玉笑道："好妹妹，你先时怎么替我梳了呢？"湘云道："如今我忘了，怎么梳呢？"

> 宝玉不答，因镜台两边俱是妆奁等物，顺手拿起来赏玩，不觉又顺手拈了胭脂，意欲要往口边送，因又怕史湘云说。正犹豫间，湘云果在身后看见，一手掠着辫子，便伸手来"啪"的一下，从手中将胭脂打落，说道："这不长进的毛病儿，多早晚才改过！"

贾宝玉死缠烂打要湘云为他梳头，湘云不肯！为什么？因为《礼记》中讲得很明白——"七年，男女不同席，不共食。"史湘云当然知道礼教的这一规定，所以史湘云会以"这可不能了""如今我忘了"委婉相拒！

史湘云好一个"如今我忘了"，其潜台词就是，此一时，彼一时，那时我们年纪小，两小无猜，梳发结辫，当然无所谓，可现在不行！那时，我们青梅竹马，现在则不能轻视"礼教之大防"！

可史湘云毕竟经不起贾宝玉"千妹妹万妹妹的央告"，在林黛玉的妆镜台前还是给宝玉篦发结辫了。

其实这样一幕，就是一个长不大、也不想长大的少儿贾宝玉对童年天真烂漫岁月的眷恋与珍重。

此刻对镜给贾宝玉梳辫的史湘云，晨起前正是与林黛玉卧在一起的。那一刻的林黛玉与史湘云在贾宝玉的眼中，又是何等模样呢？

那林黛玉严严密密裹着一幅杏子红绫被，安稳合目而睡。那史湘云却一把青丝拖于枕畔，被只齐胸，一弯雪白的膀子撂于被外，又戴着两个金镯子。宝玉见了，叹道："睡觉还是不老实！回来风吹了，又嚷肩窝疼了。"一面说，一面轻轻的替他盖上。

贾宝玉看到的林妹妹是"安稳合目"的，睡觉时的神情也是矜持庄重的！

贾宝玉瞧见的史妹妹是"一把青丝拖于枕畔，被只齐胸，一弯雪白的膀子撂于被外""睡觉还是不老实"。即便是睡姿，史湘云也印证了她命运判词中的那八个字——"英豪阔大""霁月光风"！

这样的林黛玉，这样的史湘云，是不是一种精神性的存在？贾宝玉对这两个妹妹的观赏，是不是一种审美上的凝眸？

而袭人呢？她看到的是什么呢？她是如何评判的呢？她是这样向薛宝钗评价贾宝玉与黛玉、湘云两个妹妹的近距离接触的——"姊妹们和气，也有个分寸礼节，也没个黑家白日闹的！"这样的评价，宝钗听了，自然对她刮目相看，心中暗忖道："倒别看错了这个丫头，听他说话，倒有些识见。"这个"识见"，就是懂得"礼教"。

显然，曹雪芹是将袭人当作宝钗的影子而写的，否则宝钗不至于套问袭人的"年纪家乡"并"留神窥察"之后，而觉得袭人"深可敬爱"。

不过，曹雪芹是绝不会让贾宝玉这个"情痴"与"情圣"，堕入贾琏那种对待女性的境界的。

　　贾宝玉回到自己的屋子，受到了袭人的故意冷遇之后，一头沉入了《南华经》，他受到《庄子·胠箧》的启迪，仿借《胠箧》中"故绝圣弃知，大盗乃止……而天下始人有其巧矣"的笔法，也写就了一段奇文。

　　读宝玉的这几行文字，初读自然会引人发笑，你贾宝玉对人家女孩死皮赖脸地纠缠，不但不说是自己有过，反而说是因为人家姑娘太美，是人家姑娘多情，是人家姑娘过分灵慧，是人家姑娘给你贾宝玉编织出一张无法抗拒的罗网。天下哪有贾宝玉这等逻辑！

　　不过，面对这等近乎孩子气的文句，你们注意到曹雪芹笔下的"仙姿""灵窍""才思"这样审美性的、精神性的词语了吗？

　　贾宝玉对这些美丽的女子，唯有欣赏，唯有敬重，唯有赞美！

　　他的眼眸是清澈的，他的心是那颗七窍开始悄悄被智慧之神、爱神凿开的混沌之心，他的确是俘虏，但他是美的俘虏！

　　而大家再去读这一回后续的文字，看看曹雪芹笔下的贾琏是带着一双怎样的眼睛看待"多姑娘儿"、王熙凤和平儿的，看看贾琏的眼中最看重什么。

　　明白了这一点，你们还相信长大后的贾宝玉会成为贾琏吗？

能于欢歌中听出生命苍凉的人

——读《红楼梦》第二十二回

"听曲文宝玉悟禅机，制灯谜贾政悲谶语"

> 有人偏爱薛宝钗，原因之一在于她洞彻了人生的底色原本是苍凉的，却依然能勇敢地面对。

古代的女子，长至十五岁，意味着什么？《礼记·内则》说女子"十有五年而笄"，意味着她们即将迈入成年人的行列！

人的成长是有生理年龄与心智年龄之分的。生理年龄到达十五岁，并不等于心智年龄也跟着进入成年人之列。在封建时代，评价女性的心智是否成熟，主要标准就是她是否基本具备了那个社会所期待的"妇德"，而这种"妇德"又常常表现于女性与这个世界进行周旋的各种活动中。

薛宝钗，就是一个假如是男儿身也能鹤立鸡群的那个"裙钗"！仅有十五岁的薛宝钗，其心智的成熟真是达到了令人惊讶的程度。

我们先看"妇言"，贾母为她"及笄"之年的生日设家宴，搭戏台，"贾母因问宝钗爱听何戏，爱吃何物等语"，宝钗是如何应对的呢？曹雪芹是这样写的——"宝钗深知贾母年老人，喜热闹戏文，爱吃甜烂之食，便总依贾母往日素喜者说了出来。"贾母的反应如何？——"贾母更加欢悦！"

而此刻的林黛玉呢？当贾宝玉邀她一块去参加薛宝钗的生日宴会、去听戏时，她竟还在"使小性"呢，还在吃薛宝钗的醋呢！当贾宝玉笑道"起来吃饭去，就开戏了。你爱看那一出？我好点"之后，林黛玉是怎么回答的呢？她是"冷笑"着回答的——"你既这样说，你就特叫一班戏来，拣我爱的唱给我看。这会子犯不上跐着人借光儿问我。"

再看"妇德"。薛宝钗于宴席上的举止堪称完美，她的"孝"，她的"敬"，她的"顺"，都一一体现了出来。

点戏时，贾母一定先叫宝钗点，宝钗是怎么表现的？——"宝钗推让一遍，无法，只得点了一折《西游记》。"——这是"敬"与"让"！贾母的反应如何？——"贾母自是欢喜！""至上酒席时，贾母又命宝钗点"，宝钗又是如何表现的？——"宝钗点了一出《鲁智深醉闹五台山》。"——这仍是"敬"与"让"。因为贾母最喜欢这等热闹戏文！而点这折《鲁智深醉闹五台山》，还极力体现了薛宝钗的"慧"与"智"，因为她在"娱人"的同时，还做到了"悦己"，而且还让人看不出她"悦己"的动机！为什么？因为这折戏文，外表热闹，能让贾母一众人开心，这是"娱人"，但其骨子里又是一出悲剧，蕴含着无尽的人生苍凉意味，而这正是薛宝钗要欣赏的，这是"悦己"！

当贾宝玉也认为《鲁智深醉闹五台山》是一折热闹戏时，薛宝钗是这样回答的——

要说这一出热闹，你还算不知戏呢。你过来，我告诉你，这一出戏热闹不热闹。——是一套北《点绛唇》，铿锵顿挫，韵律不用说是好的了；只那词藻中有一支《寄生草》，填的极妙，你何曾知道。

贾宝玉，仍一脸憨傻，"见说的这般好，便凑近来央告：'好姐姐，念与我听听。'"宝钗便念道："漫揾英雄泪，相离处士家。谢慈悲剃度在莲台下。没缘法转眼分离乍。赤条条来去无牵挂。那里讨烟蓑雨笠卷单行？一任俺芒鞋破钵随缘化！"

听了薛宝钗这一番解释，贾宝玉又是什么反应呢？——"宝玉听了，喜得拍膝画圈，称赏不已，又赞宝钗无书不知。"

听了宝玉宝钗此刻对话的林黛玉是什么反应呢？

当然是醋意顿生！——"林黛玉道：'安静看戏罢，还没唱《山门》，你倒《妆疯》了。'"

此刻的林黛玉不仅是吃贾宝玉与宝钗姐姐更亲热的醋，也不仅是吃贾母将宝钗的生日做得比她的生日更热闹的醋，更让她吃醋的是，薛宝钗今日的举止言行所体现出的博学与对生命的领悟力在她之上。

贾宝玉对生命的底色是"苍凉"的体悟，就是这样在薛宝钗所点的那一出《鲁智深醉闹五台山》的启迪下获得了。

什么是对人生的"悟彻"呢？就是知道生命的本质是"虚空"，就是知道生命的终点必然是死亡，就是知道你即使满怀正义、即使极爱这个世界，也可能会像鲁智深那样无路可走，就是知道你对这个世界越是多情反而会被无情恼，就是知道极热闹过后可能接踵而来的是极清冷，就是知道贾府盛极一时、烈火烹油、鲜花着锦过后，也可能面对的将是繁华过尽与人去楼空。

这样的对生命的"悟彻"，竟然出自一个十五岁的女孩！这是多么难能，多么可贵。这样的难能与可贵，曹雪芹意在让我们读者通过对比去明了。当林黛玉向贾宝玉发问——"宝玉，我问你：至贵者是'宝'，至坚者是'玉'。尔有何贵？尔有何坚？"贾宝玉听后的反应是什么呢？——"竟不能答！"

可是薛宝钗呢？她是领悟到了的！她也知道这样对生命的领悟虽然深刻，

但领悟过后给予人的又将是多么痛苦的体验，又将是多么不能让人接受的现实！否则她不会说出这样的话——"这个人悟了。都是我的不是，都是我昨儿一支曲子惹出来的。"

薛宝钗毕竟是薛宝钗，她就是那个十五岁就洞彻了人生底色是苍凉，却又能勇敢地应对这个世界，并坚毅地走在自己坎坷人生路上的少女！

大观园青春之歌的序章

——读《红楼梦》第二十三回

"西厢记妙词通戏语，牡丹亭艳曲警芳心"

> 《红楼梦》的主旨之三，是以诗意的笔调赞美人世间的少男少女对真爱的憧憬与大胆追求。

《红楼梦》是一曲青春之歌，也是一部长篇叙事诗！

如果说大观园是一个青春共和国，第二十三回"《西厢记》妙词通戏语，《牡丹亭》艳曲警芳心"就是大观园青春叙事诗的序章。

而这大观园青春之歌的序章，就是"宝黛共读《西厢记》""黛玉葬花"与林黛玉"听《牡丹亭》警芳心"！

宝黛共读《西厢记》，美就美在它的诗意盎然，美在它的纯真无邪，美在它所表现的少男少女爱情萌发之时的混沌模样，美在它的情节跌宕起伏！

宝黛共读《西厢记》，其诗意在哪儿？就在他们对传统秩序的挑战上，就在他们对人应该是自由的这一上天赋予每一个个体的权利的觉醒上。

《西厢记》对于那个礼教森严的时代的少男少女来说，无疑是禁书，是淫书。因为《西厢记》中的张生与崔莺莺为了爱而不顾"父母之命，媒妁之言"，为了爱而做自己的主人，将真爱置于功名、门第、富贵之上，在那个时代，从世俗的眼光来看，无疑是对传统秩序的挑战。

请看，这样的场景是会被所谓的诗礼簪缨的贾府所允许出现的吗？

贾宝玉在"沁芳闸桥边桃花底下"，"展开《会真记》"，读得"桃花""落红成阵"，读得"一阵风过，把树头上桃花吹下一大半来，落的满身满书满地皆是"！

林黛玉呢？她"接书来瞧，从头看去，越看越爱看，不到一顿饭工夫，将十六出俱已看完，自觉词藻警人，馀香满口。虽看完了书，却只管出神，心内还默默记诵"。

一个是读得"落红成阵"，浑然不知，一个是读得"自觉词藻警人，馀香满口"，看完之后，仍是"只管出神"！

在当时的世人看来，更可怕的还在后面呢！

《西厢记》竟成了宝黛之间的"媒妁"，于是便有了宝玉那番试探性的表白——"我就是个'多愁多病身'，你就是那'倾国倾城貌'"，这是贾宝玉最浪漫、最有诗意的爱情告白。这样的告白，是那么含蓄，又是那么无邪！贾宝玉这个护花使者，这个花痴，这个"绛洞花主"，他小心翼翼的，揣着十二万分的敬重，表白了，但他又怕这样滚烫的表白灼伤了他的林妹妹的心！

这样热烈的表白，也的确灼伤了林黛玉。林黛玉"听了，不觉带腮连耳通红，登时直竖起两道似蹙非蹙的眉，瞪了两只似睁非睁的眼，微腮带怒，薄面含嗔"，并说"你这该死的胡说！好好的把这淫词艳曲弄了来，还学了这些混话来欺负我，我告诉舅舅舅母去"，而且"眼睛圈儿红了，转身就走"。

林黛玉的受伤，其实是一种甜蜜的受伤，但她又一定是或者必须是这种反应。她所受的闺阁礼仪教育，决定了她听到贾宝玉将她比作崔莺莺的"你就是那'倾国倾城貌'"的言辞之后，必然会恼怒，因为恪守礼教的贵族少女一定会视崔莺莺为淫奔之女，林黛玉当然也不例外！但是，贾宝玉试探性的表白中所传递的爱意，又是她所悦纳的。不信？请看当贾宝玉以一连串的话向林黛玉赔了不是之后，一连串的赌咒发誓之后，林黛玉的反应又是如何呢？

先看贾宝玉的"毒誓"！贾宝玉发的虽是毒誓，但这样的毒誓却无疑又是灌了蜜的誓言，虽是赔罪，却是更热烈的、如山盟海誓般的爱的告白——"好妹妹，千万饶我这一遭，原是我说错了。若有心欺负你，明儿我掉在池子里，教个癞头鼋吞了去，变个大王八，等你明儿做了'一品夫人'病老归西的时候，我往你坟上替你驮一辈子的碑去！"

听了这样赔罪的话，听了这样爱的誓言，林黛玉有怎样的反应？林黛玉"嗤的一声笑了，一面揉着眼睛，一面笑道：'一般也唬的这个调儿，还只管胡说。'"，并接着喷了贾宝玉一句——"呸，原来是苗而不秀，是个银样镴枪头！"这样的话，哪是嗔责贾宝玉，分明是借《西厢记》里的戏词表示对宝哥哥真爱的接纳。不，还不仅是接纳！因为称宝玉为"银样镴枪头"不但不是嗔责，而且还是在鼓励宝哥哥将对林妹妹的爱进行到底！

曹雪芹不愧是文学艺术大师，接下来的情节就是"宝黛葬花"，可他对此的叙写竟然短到只有三四行文字。以简笔叙写"宝黛葬花"之后，就是林黛玉"《牡丹亭》艳曲警芳心"的情节。

好一个"警"字，将少女林黛玉在桃花盛开的三月，听着《牡丹亭》中杜丽娘《游园》唱词时的芳心旌荡而不能自持的心理，概括得极为准确。

黛玉听到"原来姹紫嫣红开遍，似这般都付与断井颓垣"时，觉得"十分感慨缠绵"，"便止住步侧耳细听"。

黛玉听到"良辰美景奈何天，赏心乐事谁家院"时，便"不觉点头自叹，心下自思道：'原来戏上也有好文章。可惜世人只知看戏，未必能领略这其中的趣味。'"。同时她的内心还有一分少女的纠结与慌乱——这样的艳词不该听！为什么？林黛玉正"又后悔不该胡想"呢。接着，她听到了"则为你如花美眷，似水流年"，又联想到"水流花谢两无情"及"花落水流红，闲愁万种"，则先是"如醉如痴，站立不住"，再往后便是"仔细忖度，不觉心痛神痴，眼中落泪"。

曹雪芹笔下的花魂、诗魂林黛玉就是以这样的故事，写下了她的大观园青春之歌的序章，其实，这又何尝不是《红楼梦》众金钗青春之歌的序章呢？

曹雪芹笔下的势利眼

——读《红楼梦》第二十四回

"醉金刚轻财尚义侠，痴女儿遗帕惹相思"

由富贵公子坠入困顿之境的曹雪芹，以"势利眼"为线索，塑造人物群像，烛照人心。

鲁迅先生曾这样感叹——"有谁从小康人家而坠入困顿的么，我以为在这途路中，大概可以看见世人的真面目。"

在"由小康人家而坠入困顿"的家庭中长大的孩子，是能够"看见世人的真面目"的，这个真面目就包括世人的势利眼。按这个逻辑来推理，由大富大贵之家而坠入困顿的人，就更应该能够看清世人的势利眼。

曹雪芹就是这样的人！《红楼梦》第二十四回，曹雪芹的笔墨几乎全部集中于对势利眼人物的叙写上。

何谓"势利"？势利，就是把人以地位高低、财富多寡来区别对待！何谓"势利眼"？势利眼，就是看人下菜碟的人，也就是势利的人！

本回叙写了多个势利眼——邢夫人、卜世仁、王熙凤、秋纹、碧痕。

且让我们先聚焦于邢夫人这一形象上吧。也真亏了曹雪芹，他竟然想出了贾赦"偶感些风寒"生病的情节。因为贾赦一生病，他的子侄们就必须来探病，贾府的礼数是很多的，也是很严的！子侄们来探病，就可以叙写贾赦之妻邢夫人是如何接待这些子侄们的了。

先看贾宝玉来时的接待场面——

（宝玉）先述了贾母问的话，然后自己请了安。贾赦先站起来回了贾母话，次后便唤人来："带哥儿去太太屋里坐着。"宝玉退出，来至后面，进入上房。邢夫人见了他来，先倒站了起来，请过贾母安，宝玉方请安。邢夫人拉他上炕坐了，方问别人好，又命人倒茶来。

宝玉来探望贾赦，有两重身份，一是代表贾母探视，一是自己向伯父问安。因此当宝玉转述贾母的话时，作为贾母的儿子，贾赦必须"先站起来"向宝玉回话，因为此刻转述贾母话的宝玉就等于是贾母，这就同大臣必须跪着听太监宣旨是一个道理。因此，带着双重身份来探望贾赦的宝玉所受到的礼遇自然不同于其他子侄。

而远房的侄儿贾琮来问安呢，不但没喝上邢夫人的茶，还被邢夫人兜头泼了一盆脏水——"那里找活猴儿去！你那奶妈子死绝了，也不收拾收拾你，弄的黑眉乌嘴的，那里像大家子念书的孩子！"

贾环、贾兰小叔侄也来探病问安了，他们倒是没有挨训，邢夫人也"叫他两个椅子上坐了"。但比宝玉的规格低一等，他们没能"上炕"，也没能与"邢夫人坐在一个坐褥上"，也无法享受邢夫人"百般摩挲"的关爱。

为什么呢？贾环虽然也是贾政之子，但贾环是庶出；贾兰虽然是贾政的嫡孙，但贾珠早逝，贾兰便成了孤儿。因此，他们叔侄在荣国府的地位自然无法与宝玉相比。

这是谁都心知肚明的，可邢夫人就能当着这些侄子侄孙们的面将人分成三六九等，这样势利的区别对待，怎不会让人难堪？也难怪贾环见了这等情景，就"早已心中不自在了，坐不多时，便和贾兰使眼色儿要走"。

这时，宝玉见贾环、贾兰要走，也正要想走。邢夫人在打发贾环、贾兰走后，却特意将贾宝玉留下。为什么？赐饭啊！不但赐饭，而且还留有"好玩的东西"给宝玉带回去！

还有更令人难以置信的势利眼代表人物呢！这就是本回的第二个势利眼——贾芸的亲舅舅卜世仁！曹雪芹采用谐音双关的手法，给贾芸的舅舅命名，也是够讽刺的，因为卜世仁的谐音即"不是人"！这样的命名包含了多少鄙薄之情在其中啊！

贾芸原本是想向开香料铺的舅舅赊欠冰片、麝香各四两，准备将此作为见面礼去见凤姐的，没承想这个贾芸竟在舅舅那里碰了一鼻子灰，还挨了一连串的训责！

回到家的贾芸，竟闭口不向母亲提及舅舅拒赊冰片、麝香之事，理由是"恐他母亲生气"，这个贾芸对母亲太有孝心了！因为，他不愿让母亲生她兄弟的气，不想让母亲寒心，满肚子的闷气只能一人独自兜着。

高鹗的续书将贾芸写成与邢大舅、王仁、贾环沆瀣一气并欲将巧姐卖与藩王的人，在我看来，凭贾芸的这等孝心，高鹗续书中所写的可能就不是曹雪芹的本意。

接下来又有势利眼出现了，她就是王熙凤——

　　只见一群人簇着凤姐出来了。贾芸深知凤姐是喜奉承尚排场的，忙把手逼着，恭恭敬敬抢上来请安。凤姐连正眼也不看，仍往前走着，只问他母亲好，"怎么不来我们这里逛逛？"贾芸道："只是身上不大好，倒时常记挂着婶子，要来瞧瞧，又不能来。"凤姐笑道："可是会撒谎，不是我提起他来，你就不说他想我了。"

王熙凤为什么对恭恭敬敬地给她请安的贾芸"正眼也不看"，她那双势利眼不正眼瞧的不仅仅是这个落魄潦倒的远房侄子贾芸，还有贾芸的母亲。

本回接下来叙写的势利眼还有怡红院的秋纹、碧痕！秋纹、碧痕与林红玉（小红）不都是怡红院的丫鬟吗？读者可能会问秋纹与碧痕有什么资格瞧不起小红？秋纹、碧痕啐骂小红充其量只能算是底层人之间的互撕吧？不！这不是一般的互撕！这仍是一种势利眼的表现！因为，贾府的奴才也是分等级的！

秋纹、碧痕对小红的势利表现，你们自去阅读。我要提的倒是这个小红，她并没有被秋纹、碧痕的势利之语伤害以致陷入悲观的境地，反倒是被激发出了渴望抓住一切机会攀得比踩踏她的人更高的志气。这个在贾宝玉眼里"俏丽干净"、在贾芸眼中"生的倒也细巧干净""说话简便俏丽"的姑娘，后面真的得到了荣国府大当家王熙凤的赏识，至于她与贾芸的爱情故事，曹雪芹在之后的章回中还会有精彩的描绘，这自然是后话！

写到这里，作为读者，我一直在揣摩曹雪芹创作贾芸这个人物的动机。

我坚定地相信，曹雪芹是想将贾芸塑造成贾府的救赎者。"没有在深夜痛哭过的人，不足以谈人生"，每一个在暗夜里行过长路的人，读到贾芸的故事，也应当会对他心生敬意的！

至贵至坚的宝玉

——读《红楼梦》第二十五回

"魇魔法姊弟逢五鬼，红楼梦通灵遇双真"

> 《红楼梦》的主旨之四，是颂扬贾宝玉那样的"情不情"者，晓喻世人即使身在苦海，也须慈航。

在第二十二回中，黛玉曾笑问贾宝玉——"至贵者是'宝'，至坚者是'玉'。尔有何贵？尔有何坚？"而贾宝玉呢？——"竟不能答！"

宝玉当时不能作答，但在成长过程中，贾宝玉却在不断地以其言行来诠释"人至贵至坚的品性是什么"。

《红楼梦》第二十五回——"魇魔法姊弟逢五鬼，红楼梦通灵遇双真"，为我们描绘了一个多么恐怖的世界！

封建宗法制度统治下的世界，不是最讲究父慈、子孝、兄友、弟恭吗？可是与贾宝玉同父异母的弟弟贾环却出于内心无法遏制的嫉妒与怨恨之情，竟然在王夫人、王熙凤及众丫鬟的眼皮底下，"故意装作失手，把那一盏油汪汪的蜡灯向宝玉脸上只一推"。贾环的目的很直接，就是"要用热油烫瞎"他哥哥贾宝玉的眼睛！

在封建宗法社会，礼法不是规定嫡长子才是继承始祖的宗子吗？不是规定宗子才能继承更多的财产吗？不是规定嫡长子必须受到诸子的尊敬吗？封建宗法社会的统治者本以为这样的礼法能于家族内部起到以兄统弟、止纷息争的作用。

可是呢？侍妾赵姨娘却对这种秩序做出了反抗！贾环呢？更是在公然进行挑战！

其实，嫡子与庶子的冲突，在前几回的情节中就有描写。贾环曾与香菱、莺儿、薛宝钗掷骰子"赶围棋作耍"，贾环耍赖，被莺儿讥讽，又被宝玉责备了一番，回家就被赵姨娘数落——"谁叫你上高台盘去了？下流没脸的东西！那里玩不得？谁叫你跑了去讨没意思！"

赵姨娘的确够恶毒的！她刻意将贾宝玉与贾环的嫡庶子身份存在区别这个点加以挑明，不断地在贾环的心田种下仇恨的种子！

不过，根据当时的礼法制度以及对出身奴隶的人的社会身份的规定，赵姨娘的家奴出身决定了她即使后来升为贾政的侍妾，并且为贾政生育了贾探春、贾环一女一男，她仍是奴隶！

所以当时赵姨娘数落贾环的话被王熙凤听到后，王熙凤当即就教训赵姨娘——"你只教导他，说这些淡话作什么！凭他怎么去，还有太太老爷管他呢，就大口啐他！他现在是主子，不好了，横竖有教导他的人，与你什么相干！"

而这一次，王熙凤见贾环又烫伤了贾宝玉，她更不会忘记头一件事，于是王熙凤又当着她的姑妈即王夫人的面责备贾环——"老三还是这么慌脚鸡似的，我说你上不得高台盘。赵姨娘时常也该教导教导他。"

王熙凤的话，显然也激起了王夫人这位正妻对侍妾赵姨娘的敌意，于是赵姨娘被叫来，然后就是赵姨娘忍气吞声地接受了王夫人的一顿羞辱与警告！

于是，我们接下来就读到了赵姨娘被马道婆挑唆，两人密谋以魇魔之术欲置王熙凤与贾宝玉于死地的情节！

正当王熙凤与贾宝玉姊弟被马道婆的魔魇之法弄得气息奄奄之时，正当赵姨娘抱着庆幸的心理劝贾母说"哥儿已是不中用了，不如把哥儿的衣服穿好，让他早些回去，也免些苦"之时，正当贾府"闹的天翻地覆，没个开交"之时，癞头和尚与跛足道人出现了！

"双真"中的道人笑着对贾政说的那句话，在阅读时，我们可千万不要轻易地跳过，他是这样说的——"你家现有希世奇珍，如何还问我们要符水？"

然后，就有了和尚与道人指点贾政将贾宝玉的通灵宝玉"悬于卧室上槛"，用来退病消灾的情节。

我们读者更不要忽略癞头和尚对贾政说的另一句话——"长官你那里知道那物的妙用。只因他如今被声色货利所迷，故不灵验了。你今且取他出来，待我们持诵持诵，只怕就好了。"

这句话显然包含了中国佛教禅宗的思想。六祖慧能曾说："世人性本清净，万法从自性生……如是诸法在自性中，如天常清，日月常明，为浮云盖覆，上明下暗。忽遇风吹云散，上下俱明，万象皆现。"

癞头和尚称贾宝玉的通灵宝玉的妙处是什么？以六祖慧能的话来说就是贾宝玉的"自性"！贾宝玉身上的那块通灵宝玉如日如月般闪耀着光芒的"自性"又是什么呢？

此回所写的就是贾宝玉身上至贵至坚的品质——善良、无分别心。

你们注意到了吗？当贾宝玉的弟弟贾环用蜡烛油欲烫瞎他的双眼而未遂之时，当贾宝玉的母亲王夫人痛责赵姨娘之时，当他的表姐王熙凤奚落贾环之时，当王夫人不知道第二天如何向贾母回答宝玉脸上被烫伤之事时，贾宝玉是如何对他的母亲说的？

贾宝玉是这样说的——"有些疼，还不妨事。明儿老太太问，就说是我自己烫的罢了。"

读到这样的文字，你心里不会觉得温暖吗？这就是善良、无分别心的人性在闪光！也正是从这样的细节中，我们会觉得《红楼梦》是曹雪芹用文学的语言为我们构建的天堂！

人至贵至坚的品性是什么？答案有无数个！其中应该有善良！包括没有上下尊卑的"无分别心"！

这也正是宝玉来到这个世界本来就持有的"品性"，这有贾宝玉通灵宝玉上的八字为证——"莫失莫忘，仙寿恒昌。"

人至贵至坚的品性，在禅宗六祖慧能看来就是人的"自性"，这些也是人之所以成为人的美好品质。一个人如果能够做到"莫失莫忘"，他就不会被"邪祟"所侵，也不会被"冤疾"所伤，这也正是贾宝玉的通灵宝玉反面的字——"一除邪祟，二疗冤疾，三知祸福。"

《六祖坛经》还言："邪来正度，迷来悟度，愚来智度，恶来善度，烦恼来菩提度。"贾宝玉就是以"善良"与"无分别心"让自己渡过了一劫！

曹雪芹创作此回的目的，就是想以贾宝玉的遇劫与渡劫，告诉每一位读者——身在"苦海"，也应"慈航"！

一样的春心动，不一样的爱情传奇

——读《红楼梦》第二十六回

"蜂腰桥设言传心事，潇湘馆春困发幽情"

> 曹雪芹最爱用"对写法"来刻画人物与展开情节，在他的笔下，同样是初恋，却因人而异。

《红楼梦》不愧是曹雪芹的呕心沥血之作！每一回都值得爱它的读者细细品读！

第二十六回主要写的就是两个名字中带"玉"的人的故事。这两个"玉"，一是林红玉，一是林黛玉。一字之差，两人的命运却迥乎不同！

在第二十四回"痴女儿遗帕惹相思"的情节中，曹雪芹对林红玉的身世就曾有交代——

原来这小红本姓林，小名红玉，只因"玉"字犯了林黛玉、宝玉，便都把这个字隐起来，便都叫他"小红"。原是荣国府中世代的旧仆，他父母现在收管各处房田事务。这红玉年方十六岁。

同样是人，名字中同样有"玉"字，只因林黛玉、贾宝玉的名字中有"玉"字，大家称呼林红玉时就不能叫她"红玉"，这样的理由在现代人看来是何其荒唐！但是在那个年代，林红玉不能被称呼为林红玉却又是天经地义的，谁叫你林红玉是"荣国府中世代的旧仆"林之孝的女儿呢，奴才的名字怎能与主子的名相重？这不是冒犯是什么？于是贾府的人就改称她为"小红"。

本回前半部分叙写的就是林红玉与贾芸的初恋故事——他们爱得多么热烈，多么大胆，他们爱得又是多么小心翼翼。

本回后半部分的情节，曹雪芹完全是对比着贾芸、林红玉的初恋故事写的，叙写的是另一对少男少女爱情萌发的故事。这个故事就是"潇湘馆春困发幽情"。

这两段爱情故事，真可谓是一样的美好深情，却有着不一样的传奇！且让我们来对比欣赏一番。

首先，宝黛与小红、贾芸的年龄是不同的，前者是十二三岁小儿女的年龄，后者是比前者大好几岁的大龄少男少女。在贾母、王夫人、贾元春等人的眼中，贾宝玉仍是未知"儿女之事"的孩童，也正因为如此，贾元春才允准宝玉进入女儿国大观园；也正因为如此，众姐妹与宝玉交往时也没有太多的避嫌。而贾府的人则是以成年男孩来看待贾芸的，所以当贾芸被允准领人来大观园种树时，是必须设置许多帷幕来阻隔他与大观园中的小姐、丫鬟接触的。也正因如此，当人们读到蜂腰桥上贾芸与小红相见的场面时，会感叹他们的相会是多么不容易！

其次，宝黛是表兄与表妹的关系，贾芸、小红是贾府的旁支玄孙与荣国府的贵公子手下丫鬟之间的关系。宝黛由于是表兄妹，而且均是未成年人，所以他们之间的互相探访是很正常的事情，而贾芸与小红的交往则是不被允准的，这样的大龄男女独处，定然是"授受不亲"的。男女礼教之大防，就是他们面前的一堵高墙！

第三，所受的教育不同，使得这两对恋爱的人儿表达爱情的方式也迥然不同。贾芸与小红，是以最贴身的手帕为爱的信物，这是最寻常的表达爱意的方式。贾宝玉与林黛玉，一是贵公子，一是侯门千金，都受过良好的诗书礼乐教育，又皆偷偷读了禁书《西厢记》，于是矜持高贵的林黛玉内心即便对宝哥哥日有所思，她也只能是暗中相思，比如她在幽闺自叹《西厢记》中的"每日家情思睡昏昏"。当这一幕被宝哥哥撞见时，"自觉忘情，不觉红了脸，拿袖子遮了脸，翻身向里装睡着了"，这就是林黛玉最正常与最真实的情态。

好一句"翻身向里装睡着了"，这就是向宝哥哥表明我刚才说的是梦话，梦里的话你不能当真，以此来掩饰自己的"忘情"！当"宝玉才走上来要扳他的身子"，此刻，黛玉的奶娘并两个婆子的确也以为黛玉仍在睡觉，所以她们才会对宝玉说："妹妹睡觉呢，等醒了再请来"。正当宝玉差点被奶娘请出去之时，"黛玉便翻身坐了起来，笑道：'谁睡觉呢。'"——这样的描写，真是太细腻了！黛玉的矜持，黛玉对宝玉来探望她所表现出的喜悦，被淋漓尽致地展现了出来。

当然，更为精彩的文字还是下面的情节——先是贾宝玉借《西厢记》中的"好丫头，'若共你多情小姐同鸳帐，怎舍得叠被铺床？'"来调侃紫鹃。而紫鹃呢，因为根本不识字，当然就没有读过《西厢记》，这调侃显然是避开了紫鹃，直接向林妹妹表达爱的。而这种表白，潇湘馆的任何婆子、丫头听了，都会不明就里，能听得懂的人只有宝玉所表白的对象黛玉一人。

按理来说，林黛玉最希望听到的就是宝哥哥对自己表达这样的心声，可她作为贵族小姐所受的教育与矜持又决定了她不能接受宝玉这样的调侃，于是林黛玉"登时撅下脸来"说道："二哥哥，你说什么？"然后就是哭着说了一段话——"如今新兴的，外头听了村话来，也说给我听；看了混帐书，也来拿我取笑儿。我成了爷们解闷的。"黛玉是"一面哭着，一面下床来往外就走"，这边宝玉则是赌咒发誓，下次再也不敢，只求林妹妹"别告诉去"。

林红玉与林黛玉，一样的春心动，却经历了各自不一样的爱情传奇，这等"对写法"，真是绝妙！

宝钗只是偶尔"扑蝶"

——读《红楼梦》第二十七回

"滴翠亭杨妃戏彩蝶，埋香冢飞燕泣残红"

> 有不少读者不喜欢薛宝钗，这与她的"伪君子"人格有关，但作为文学作品中的人物，薛宝钗的形象是丰满的。

政治活动家、红学家王昆仑先生读《红楼梦》，对薛宝钗与林黛玉两个人物形象进行比较，曾作出了如下评价——

> 宝钗在做人，黛玉在作诗；宝钗在解决婚姻，黛玉在进行恋爱；宝钗在把握着现实，黛玉沉酣于意境；宝钗有计划地适应社会法则，黛玉任性自然地表现自己的性灵。宝钗代表当时一般家庭妇女的理智，黛玉代表当时闺阁中知识分子的感情。

第二十七回中"宝钗扑蝶"，其实也是在"作诗"。只不过，"扑蝶"这样诗性的行为，于薛宝钗来说，只是偶尔为之。

"宝钗扑蝶"的故事，曹雪芹将其发生的时间设定于芒种节。古代民俗"凡交芒种节的这日，都要设摆各色礼物，祭饯花神。言芒种一过，便是夏日了，众花皆卸，花神退位，须要饯行"，这是曹雪芹笔底交代的文字。

大观园中的群芳于芒种节饯别花神，这简直就是一场包含着许多行为艺术的表演，就是一场盛大的青春诗会。

大观园中的群芳，用春天的花瓣与嫩枝为花神编织美丽的仪仗，用彩线系下了自己对芳颜永驻的期冀。

这场青春的诗会，却有一个人，迟迟没有出现，这个迟迟不肯出场的人就是"花神"与"花魂"——林黛玉！

那么是谁去潇湘馆迎接"花神"出场的呢？是薛宝钗，而且薛宝钗是独自前往的，身边连一个随侍丫鬟都没有！

薛宝钗至潇湘馆门前见"宝玉进去了"，于是"便站住低头想了想"，最后决定放弃不进潇湘馆，理由竟是"宝玉和林黛玉是从小儿一处长大，他兄妹间多有不避嫌疑之处，嘲笑喜怒无常；况且林黛玉素习猜忌，好弄小性儿的"——这也是时时都在想着如何"做人"的薛宝钗的内心独白。

友情，往往是不排他的；爱情，则往往是不相兼容的。此回写到的薛宝钗、林黛玉二人，无疑对贾宝玉都已产生了朦胧的爱情，薛宝钗意识到此刻自己不应该进入潇湘馆，这种意识使她这个常吃"冷香丸"的大家闺秀清醒地觉得此刻最好的选择就是"抽身而退"！

从潇湘馆门前抽身回来的薛宝钗，正要"寻别的姊妹去"，这时，她见到了什么？她做了什么？

她看见"前面一双玉色蝴蝶"，然后她就做出了"扑蝶"的行为——

一双玉色蝴蝶，大如团扇，一上一下迎风翩跹，十分有趣。宝钗意欲扑了来玩耍，遂向袖中取出扇子来，向草地下来扑。只见那一双蝴蝶忽起忽落，来来往往，穿花度柳，将欲过河去了。倒引的宝钗蹑手蹑脚的，一直跟到池中滴翠亭上，香汗淋漓，娇喘细细。

这样的场景，当然是可以入画的！而且是一幅诗意盎然的画面！

你们看见了吗？独处的薛宝钗，也是天真烂漫的，也是童心未泯的，也是自由不羁的，完全没有稠人广坐时那般端庄稳重！——这才是在"作诗"的薛宝钗！

接下来的故事，一样精彩！地点是滴翠亭，人物是小红、坠儿及薛宝钗，故事是薛宝钗在偷听坠儿向小红要谢赏的对话。薛宝钗隔着糊了纸的雕镂槅子，是"煞住脚往里细听"的——这样的偷听，我仍然愿意相信，是薛宝钗在"作诗"。因为强烈的"好奇心"是谁都有的，儿童尤甚，能葆有这样的好奇心，正是诗人的特征之一。

《礼记·中庸》里说："君子戒慎乎其所不睹，恐惧乎其所不闻。莫见乎隐，莫显乎微，故君子慎其独也。"当然我们还知道儒家教化中有一项规训——非礼勿听，薛宝钗当然也知道，她不应该从始至终地听完这类"奸淫狗盗"者的对话。

戏剧性的故事仍在推进，当小红与坠儿推开"槅子"之时，薛宝钗就不再是一个人在偷听，她就必须面对小红与坠儿了。

在这极为慌乱的一瞬间，薛宝钗选择了"金蝉脱壳"，以求自保，不过，薛宝钗的"金蝉脱壳"之计，却是以损害林黛玉的声誉来实现的！

　　犹未想完，只听"咯吱"一声，宝钗便故意放重了脚步，笑着叫道："颦儿，我看你往那里藏！"一面说，一面故意往前赶。那亭内的红玉坠儿刚一推窗，只听宝钗如此说着往前赶，两个人都唬怔了。宝钗反向他二人笑道："你们把林姑娘藏在那里了？"坠儿道："何曾见林姑娘了。"
宝钗道："我才在河那边看着林姑娘在这里蹲着弄水儿的。我要悄悄的唬
他一跳，还没有走到跟前，他倒看见我了，朝东一绕就不见了。别是藏
在这里头了。"一面说，一面故意进去寻了一寻，抽身就走，口内说道：
"一定是又钻在山子洞里去了。遇见蛇，咬一口也罢了。"一面说一面走，
心中又好笑：这件事算遮过去了，不知他二人是怎样。

　　小红、坠儿"他二人"能怎样？小红听了是"信以为真"，大惊失色地说
"了不得了！林姑娘蹲在这里，一定听了话去了"，坠儿也是"半日不言语"。
最后，惊恐得无以复加的小红说："若是宝姑娘听见，倒还罢了。林姑娘嘴里
又爱刻薄人，心里又细，他一听见了，倘或走露了风声，怎么样呢？"

　　听听吧！由小红与坠儿的反应，大家就明白了，宝钗的金蝉脱壳之计大
获成功，但林黛玉"爱刻薄人""小性儿"等"坏名声"，在贾府众人的舆论
中是不是会得到强化？

　　儒家讲"慎独"，这也是一种"正身修己"的内修，可薛宝钗此举明显是
一种损人以利己的内修。这算是儒家所说的"君子"的修为吗？

　　读者中的"拥钗派"，不知会如何看待薛宝钗的这一"做人"之举？

宝黛之恋的模样

——读《红楼梦》第二十八回

"蒋玉菡情赠茜香罗，薛宝钗羞笼红麝串"

> 《红楼梦》的主旨之五，是讴歌为爱可以生、为情可以死的像宝黛之恋那样的圣洁之爱。

何谓"真正的爱情"？真正的爱情与婚姻的区别又在哪里呢？

第二十八回"蒋玉菡情赠茜香罗，薛宝钗羞笼红麝串"，即包含着曹雪芹对于爱情与婚姻的区分与理解。

婚姻，在曹雪芹生活的时代存在着多种形态，有一夫一妻，有一夫一妻一妾，也有一夫一妻多妾的。无论是哪一种，婚姻关系大多是两个门当户对的家庭之间的联姻，大多也是由"父母之命，媒妁之言"促成的。婚姻往往是现实的，是重视利益与门第的，至于"有情人终成眷属"的概率，则往往是像买彩票中大奖那样不可预测，男女当事人也往往默认"嫁鸡随鸡，嫁狗随狗"的命运安排。

爱情则不然！真正的爱情是一种精神上的契约，它应该是两个具有人格平等主体的男女灵魂相互吸引，相互理解，彼此依偎，爱情当事人可能也会在乎出身、门第，可能也会在乎世俗之人所看重的价值，但世俗意义上的价值与精神品性上的那些价值相比，追求真正爱情的人则更在乎后者。

第二十五回"魇魔法姊弟逢五鬼，红楼梦通灵遇双真"中就有一个极有趣的情节，那就是凤姐与林黛玉关于"茶叶"的对话——

> 凤姐笑道："你要爱吃，我那里还有呢。"林黛玉道："果真的，我就打发丫头取去了。"凤姐道："不用取去，我打发人送来就是了。我明儿还有一件事求你，一同打发人送来。"
>
> 林黛玉听了笑道："你们听听，这是吃了他们家一点子茶叶，就来使唤人了。"凤姐笑道："倒求你，你倒说这些闲话，吃茶吃水的。你既吃了我们家的茶，怎么还不给我们家作媳妇？"众人听了一齐都笑起来。林黛玉红了脸，一声儿不言语，便回过头去了。李宫裁笑向宝钗道："真真我们二婶子的诙谐是好的。"林黛玉道："什么诙谐，不过是贫嘴贱舌讨人厌恶罢了。"说着便啐了一口。凤姐笑道："你别作梦！你给我们家作了媳妇，少什么？"指宝玉道："你瞧瞧，人物儿、门第配不上，根基配不上，家私配不上？那一点还玷辱了谁呢？"

你看，这里王熙凤谈的就是婚姻，宝玉的门第，宝玉的长相，宝玉的家庭财产，宝玉的"根基"则更指向他是贾政的嫡子与皇贵妃元春的亲弟弟。

从婚姻的角度上看，宝玉当然不会玷辱林黛玉，用这个逻辑来衡量，我们也可以说薛宝钗也完全配得上贾宝玉啊！为什么贾宝玉要的只是"木石前盟"，而不要"金玉良缘"？答案就是"金玉"之间，有亲，有敬，但无爱情层面的"爱"；"木石"之间，有亲，有敬，还有"爱情"层面的"爱"，灵魂之间的相互吸引、相互理解与彼此依偎。

请看本回开篇描写宝玉立于山坡上远远地屏息谛听黛玉念《葬花吟》的情景——

　　话说林黛玉只因昨夜晴雯不开门一事，错疑在宝玉身上。至次日又可巧遇见饯花之期，正是一腔无明正未发泄，又勾起伤春愁思，因把些残花落瓣去掩埋，由不得感花伤己，哭了几声，便随口念了几句。不想宝玉在山坡上听见，先不过点头感叹；次后听到"侬今葬花人笑痴，他年葬侬知是谁""一朝春尽红颜老，花落人亡两不知"等句，不觉恸倒山坡之上，怀里兜的落花撒了一地。

宝玉听后，是"恸倒"！接下来还有曹雪芹对宝玉此刻心理活动的精彩描绘——

　　试想林黛玉的花颜月貌，将来亦到无可寻觅之时，宁不心碎肠断！既黛玉终归无可寻觅之时，推之于他人，如宝钗、香菱、袭人等，亦可到无可寻觅之时矣。宝钗等终归无可寻觅之时，则自己又安在哉？且自身尚不知何在何往，则斯处、斯园、斯花、斯柳，又不知当属谁姓矣！——因此一而二，二而三，反复推求了去，真不知此时此际欲为何等蠢物，杳无所知，逃大造，出尘网，始可解释这段悲伤。正是：花景不离身左右，鸟声只在耳东西。

黛玉的《葬花吟》，主题关乎生命的本质，指向对人生意义的终极之问。"正自伤感"的林黛玉，没想到"山坡上也有悲声"，更没想到发出这悲声的又恰恰是她为之倾心的宝哥哥，黛玉此刻不由得感叹："人人都笑我有些痴病，难道还有一个痴子不成？"

这样只有灵魂层面的知音之间的互相吸引、靠近与依偎的场景，曹雪芹将它写得实在是太传神了！

这样的"痴"情，曹雪芹于冯紫英的"花酒宴席"上也有淋漓尽致的描绘。

这场花酒宴上，妓女云儿的淫荡之词不堪入耳，薛蟠这个文盲兼流氓另加霸蛮之人所哼的蚊子苍蝇哼哼调使人捧腹，与他们相对的，则是贾宝玉的《红豆曲》——

滴不尽相思血泪抛红豆，开不完春柳春花满画楼，睡不稳纱窗风雨黄昏后，忘不了新愁与旧愁，咽不下玉粒金莼噎满喉，照不见菱花镜里形容瘦。展不开的眉头，捱不明的更漏。呀！恰便似遮不住的青山隐隐，流不断的绿水悠悠。

贾宝玉，作为王公贵族门第的公子，他即使身处大观园外的欢乐场上，即使身处污泥浊水之中，仍卓然独立，清醒地与薛蟠、云儿、冯紫英们保持着距离。

贾宝玉，连续用十个"不"字句，勾勒出了一个"情种""情痴"的形象，这个人物是谁呢？不是别人，正是林黛玉！

"滴不尽相思血泪抛红豆"，就是这个为爱可以生、为情可以死，以来这个世界"还泪"为使命的林黛玉的写照。

何为圣洁的爱情？那就是宝黛之恋的模样！

贾母的同理心，王熙凤的分别心

——读《红楼梦》第二十九回

"享福人福深还祷福，痴情女情重愈斟情"

曹雪芹将儒家所推崇的诗礼传家的教化观，展现于对贾母这个人物形象慈爱海涵的描写中。

阅读《红楼梦》第二十九回，对比贾母与王熙凤，我得出了这样两种判断——贾母有"同理心"，而王熙凤则有着很强的"分别心"。

我们先来说说"同理心"。

何谓"同理心"？同理心是设身处地地去理解他人。具有同理心的人，能进行换位思考，能将心比心、设身处地对他人的情绪和情感进行理性的认知与表达。

贾母就是这样的人！

读读第二十九回中贾母至清虚观打醮处理剪烛小道士的那段文字，我们就能很好地理解贾母的"同理心"了。

王熙凤对待来不及回避贾府女眷而冲撞了她的十二三岁的小道士，想都没想，"扬手"就是"照脸一下"朝小道士打去。而且出语粗鄙——"野牛肏的，胡朝那里跑！"这样的言语，这样的行为所显露的教养，哪像是一个出身金陵王氏贵族家庭的小姐？

再看这位挨打的小道士所受的伤害有多大？小道士被打得在地上翻了"一个筋斗"，可见王熙凤用力之猛，怒气之盛；小道士"也不顾拾烛剪，爬起来往外还要跑"，说明其惊惶至极；小道士爬到外面，慌乱中又冲进了另一个他本应该回避的地方，即被"围随的风雨不透"的贾府女眷下车下轿的地方，于是迎接这位小道士的又是一阵阵高声喝骂与叫打声。

这个贵族之家的每一个人，在王熙凤那"一扬手"朝小道士脸上打去的那一刻，在对小道士一阵阵的叫打声中，都失去了他们的尊贵！

贾府，好一个钟鸣鼎食之家，好一个诗礼簪缨之族，他们所受的儒家规训——"富而好礼"，又体现在哪里？

在这一刻，只有一个人，一个老人，为贾府扳回了一丝丝体面。她是谁？是贾母！就是她，闻声停下了脚步；就是她，问明了情况；就是她，告诫王熙凤"快带了那孩子来，别唬着他"；就是她，说出了"小门小户的孩子，都是娇生惯养的"。换言之，这个小道士虽是贫苦人家的孩子，或出于饥寒交迫，被迫出家当道士，但是他也是有父母爱的孩子。贾母话里有话，其实就是一个意思，一个做了母亲的人，一个有母性的人，想想如果那个小道士就是自己的孩子，会心疼吗？贾母对王熙凤是宠爱的，但这几句责怪王熙凤的话，已经算是很重很重的了！

贾母接着还说，这个小道士哪里见过"这个势派"，这分明是在为小道士冲撞了王熙凤开脱，又分明是在含蓄地训责王熙凤不能以贾府的贵族气势去欺凌这样一个十二三岁的孩子。

更令人感动的还在贾母说出的这一句话——"倘或唬着他，倒怪可怜见的，他老子娘岂不疼的慌？"

　　儒家先贤孟子认为一个君子，一定要有一颗"老吾老以及人之老，幼吾幼以及人之幼"的心，贾母对待被打的小道士就体现了这样的美德。

　　贾母面对恐惧惊惶得"跪在地上"颤抖的小道士，面对惊恐万分连话都不敢回答的小道士，应对得极为妥当，一方面交代贾珍将小道士带出，同时也交代任何人不得难为小道士，并吩咐"给他些钱买果子吃"。

　　而如果按政治标准高于人性标准的逻辑来分析，我们就会觉得贾母这个人物形象极不真实，一个贾府的"宝塔尖"式的人物，一个皇权帝制下的一品诰命夫人，怎么会做出具有同理心而俯下身子去安抚小道士的行为呢？贾母也应该像贾府其他人一样，对小道士呵斥与喊打才对啊！

　　其实，这就是曹雪芹的杰出与伟大之处，他将儒家所推崇的诗礼传家的教化观展现在了对贾母雍容大度、优雅从容、慈爱海涵的描写中。这样的品质正是人之所为人的最重要的德行。

　　而王熙凤呢？在她这个贾母的孙媳妇身上，这样的品性已成稀缺品了！

　　读书读到会心处的读者，一定会注意到本回中的一个细节。张道士作为贾代善的替身，作为依附贾府而如今获得了"现掌'道录司'印"的国家道教协会的掌门人，作为先皇与当今陛下都极为宠信的"大幻仙人""终了真人"，他没有忘记自己的"出身"。因此，他对来清虚观为皇妃元春打醮的贾母是献尽了殷勤。同时他也深知贾宝玉是荣国府的"凤凰"，是贾母的至爱，因此在对贾母大献殷勤之后，他又向贾母表达了对贾宝玉的挂念之情——"托老太太万福万寿，小道也还康健。别的倒罢，只记挂着哥儿，一向身上好？前日四月二十六日，我这里做遮天大王的圣诞，人也来的少，东西也很干净，我说请哥儿来逛逛，怎么说不在家？"接着又向贾母表示正想做一回月下老人，为贾宝玉的亲事效力。

　　正是在这个时候，王熙凤的醋意大发了——

116

　　只见凤姐儿笑道："张爷爷，我们丫头的寄名符儿你也不换去。前儿亏你还有那么大脸，打发人和我要鹅黄缎子去！要不给你，又恐怕你那老脸上过不去。"

　　你们听听，这不就是王熙凤对张道士在贾母面前只提贾宝玉而冷淡了她的女儿巧姐所进行的提醒？虽是"笑道"，但这几句笑语的伤害力量不可小觑。
　　王熙凤扬手就打冲撞了她的"小门小户的孩子"之时，她想到了分分钟之后张道士就会让她这只贾府高贵的凤凰去品味受人冷落的滋味吗？
　　她当时肯定没有想到！

龄官：写你的名字，画你的名字

——读《红楼梦》第三十回

"宝钗借扇机带双敲，龄官划蔷痴及局外"

> 贾宝玉这个人物形象是只念"木石前盟"的"情情者"，也是"爱博而心劳"的"情不情"者。

读《红楼梦》第三十回中"龄官划蔷痴及局外"的情节，我曾联想到著名诗人纪弦 1952 年创作的诗歌《你的名字》——

用了世界上最轻最轻的声音 / 轻轻地唤你的名字每夜每夜 / 写你的名字 / 画你的名字 / 而梦见的是你发光的名字 / 如日，如星，你的名字 / 如灯，如钻石，你的名字 / 如缤纷的火花，如闪电，你的名字 / 如原始森林的燃烧，你的名字 / 刻你的名字 / 刻你的名字在树上 / 刻你的名字在不凋的生命树上 / 当这植物长成了参天的古木时 / 呵呵，多好，多好 / 你的名字也大起来 / 大起来了，你的名字 / 亮起来了，你的名字 / 于是，轻轻轻轻轻轻轻地唤你的名字。

纪弦的诗歌很容易让人联想到陷入情网与极度相思之中的人儿！这是诗歌的笔法，不点明思念的对象是谁，以含蓄蕴藉为上。

小说家又会如何描摹这种相思呢？曹雪芹则是以"龄官划蔷"这样极具现场感的故事来描摹这种相思的。这个故事，有情节，有细节，为读者展现了一幅栩栩如生的画卷，即陷入相思的小伶童以发簪写相思之人的名字、划相思之人名字的画卷——"龄官划蔷"。

"龄官划蔷"，是借谁的眼睛来叙写的？——是贾宝玉！

是谁能弯下身子，于"烈日当空"停下脚步，于"树阴合地，满耳蝉声，静无人语"的环境中，立于"蔷薇花架"之旁，那样有耐心、那样沉浸式地观赏一个贾府的小女伶"划蔷"的行为？是贾宝玉！

鲁迅先生称贾宝玉的身上有一种品质——"爱博而心劳"。

曹雪芹于本回就是借用极细腻的笔法，写出了贾宝玉"爱博而心劳"的形象特征。

贾宝玉见龄官一边"悄悄地流泪"，一边抠土，一开始是有误解的——难道又是一个像颦儿一样葬花的"痴丫头"？"若真也葬花，可谓'东施效颦'，不但不为新特，且更可厌了！"

这是明写龄官的"痴"，又是在暗写林黛玉的"痴"，也更是写贾宝玉的"痴"。从爱情的角度评判，因为在贾宝玉的心中，他的林妹妹才是这个世界上爱得最深情、爱的表达方式最富有诗意的人儿，如果有人仿效他的林妹妹葬花，那恐怕就是对他的林妹妹的亵渎！

贾宝玉正要对那个女孩脱口喊出"你不用跟着那林姑娘学了"之际，他发现那个人"倒像是那十二个学戏的女孩子之内的"，但是"辨不出他是生旦净丑那一个角色来"，于是他生怕伤害了女孩，于是就"把舌头一伸，将口掩住"，这是对贾府最卑微的小戏子怎样的一份尊重啊！这样"无分别心"的体恤之情，竟是由贾府贵公子的身上生发出的，在那样的时代，这是何等可贵！

贾宝玉进而发现这个女孩"眉蹙春山，眼颦秋水，面薄腰纤，袅袅婷婷，大有林黛玉之态"，他的心态又是怎样的呢？贾宝玉"不忍弃他而去""只管痴看"！细心品读《红楼梦》，我们会发现曹雪芹是将龄官当作林黛玉的"影子"来写的。第二十二回"听曲文宝玉悟禅机"的情节中，曹雪芹就已经借王熙凤的那一句"这个孩子扮上活像一个人"，点出龄官就是黛玉的"影子"。如果说那一回还只是点出龄官与林黛玉"形似"，那么这一回就是在写龄官与林黛玉"神似"了！

这个"神似"中的"神"，就是"痴"。

就是在这第三十回，曹雪芹于"龄官划蔷"之后的情节中解释了龄官为何能得到机会单独至蔷薇架下"划蔷"，因为第二天是"端阳节"，所以"那文官等十二个女子都放了学"，所以她们才有机会被允准"进园来各处顽耍"。当"小生宝官、正旦玉官两个女孩子，正在怡红院和袭人玩笑"时，龄官此刻在干什么呢？她正一个人偷偷地立于人迹罕至的蔷薇架旁划她的"蔷"字，这多像芒种节时群芳都在园中相聚恣意欢笑之时，林黛玉却独自肩负荷花锄于沁芳桥畔葬花，并偷洒泪吟出她的《葬花吟》啊！

当龄官用簪子于地上划蔷时，宝玉"用眼随着簪子的起落，一直一画一点一勾的看了去，数一数，十八笔"，然后宝玉猜出了"原来就是个蔷薇花的'蔷'字"。贾宝玉于彼时彼地彼景，当然也只能联想到立于蔷薇花架旁的龄官用簪子在地上划出的"蔷"字是蔷薇花的"蔷"，殊不知龄官那时正是在借蔷薇花之"蔷"来表达她对自己暗恋的贾府公子贾蔷的思慕！这个谜底，直到第三十六回"识分定情悟梨香院"那一个章节，曹雪芹才向读者揭开！此刻的贾宝玉怎能想到眼前的女孩，正陷入一种不能自拔的相思之中呢？

在贾宝玉看来，"龄官划蔷"就是美好的，值得珍重的，值得怜惜的。于是当他看到龄官于地上划了几千个"蔷"字之后，他想到了这个女孩一定"有什么话说不出来的大心事，才这样个形景"，于是心生怜惜——"看他的模样儿这般单薄，心里那里还搁的住熬煎"，于是竟生出了这样的叹息——"可恨我不能替你分些过来！"于是当夏日的骤雨"唰唰的落下"之时，他"禁不住"提醒龄官赶快去避雨，而忘了自己也是一个科头立于暴雨之中的人。

何谓至情至性之人？贾宝玉就是！何谓情种？贾宝玉就是！何谓鲁迅先生所说的"爱博而心劳"之人？贾宝玉就是！

晴雯：现实秩序的挑战者与认同者

——读《红楼梦》第三十一回

"撕扇子作千金一笑，因麒麟伏白首双星"

> 晴雯这一人物形象是立体的，她敢于挑战"主奴有别"的封建礼法秩序，但又不得不认同。

《红楼梦》中的贾府，无疑是一个被纲常名教主宰的世界！

第三十一回写了无数种关系，而重点写的是主与奴之间的关系、女奴与女奴之间的关系。

宝玉参加了荣国府端阳佳节的"赏午"家宴，在宴席上，因金钏被逐这一事件，王夫人、薛姨妈、薛宝钗、林黛玉、迎春、探春、惜春等皆了无意趣，因此宝玉回到怡红院只有"闷闷不乐"，只有"长吁短叹"。

接下来的情节，曹雪芹运用"误会法"写出了本回第一个大的"冲突"——宝玉与晴雯之间的主奴冲突。

迎接"闷闷不乐"的宝玉归来的正是晴雯，这就是曹雪芹叙事的高妙之处。如果不是晴雯而是袭人、麝月来迎接，就不会产生后面的冲突了。所以曹雪芹于晴雯迎接宝玉的文句"晴雯上来换衣服"这七字前还着上了"偏生"二字，紧接着续上一笔——"不防又把扇子失了手跌在地下，将股子跌折。"

如果换了平日，扇子跌了就跌了，贾宝玉也不会动怒，可此时闷闷不乐的宝玉公子哥儿的脾气还是表现了出来，他迁怒于人，"因叹道：'蠢才，蠢才！将来怎么样？明日你自己当家立事，难道也是这么顾前不顾后的？'"。

晴雯不了解宝玉端午节赏午宴归来的心境，以为眼前的二爷还是平日可以在他面前恣意冲撞、撒气的二爷，于是"冷笑着"道出了如下的话——"二爷近来气大的很，行动就给脸子瞧。前儿连袭人都打了，今儿又来寻我们的不是。要踢要打凭爷去……要嫌我们就打发我们，再挑好的使。好离好散的，倒不好？"

此时，袭人不得不出场了。袭人出场，本想息事宁人，结果她讲的几句话更是招来了晴雯的讥讽。为什么？袭人一是不该说"可是我说的'一时我不到，就有事故儿'"，二是"推晴雯"回避宝玉时，不该说"好妹妹，你出去逛逛，原是我们的不是"。

这两句话，前一句是向晴雯显示自己是怡红院的"奴隶总管"，后一句则是无意中显示出了她与贾宝玉有着非同一般的亲昵关系，他们曾有过"云雨之情"。

晴雯是何等言辞锋利之人，当然不会错过反击的机会。"不觉又添了醋意"的晴雯于是"冷笑着"说出了让袭人"羞的脸紫胀起来"的话——"我倒不知道你们是谁，别教我替你们害臊了！便是你们鬼鬼祟祟干的那事儿，也瞒不过我去，那里就称起'我们'来了。明公正道，连个姑娘还没挣上去呢，也不过和我似的，那里就称上'我们'了！"

但是接下来的情节，却朝着对晴雯极为不利的方向发展下去了。由于晴雯揭穿了宝玉与袭人最隐秘的私情，平日的"护花使者"贾宝玉纵然脾气再怎么好，也会被晴雯激怒，更何况此刻宝玉正因金钏之事"闷闷不乐"。于是宝玉气极之下，发狠要去"回太太去"，准备将晴雯撵出怡红院。

袭人毕竟是袭人，此刻的袭人对贾宝玉只有死劝的份。不过，袭人的苦劝并没有让宝玉平息心头的怒火，贾宝玉还是决意要去回明王夫人而将晴雯撵走，宝玉的理由就是"太太必不犯疑，我只明说是他闹着要去的"。

解铃还须系铃人，此时，唯有晴雯服软才能让贾宝玉的心先软下来。但即使是服软，晴雯还是部分服软，只见晴雯哭道："我多早晚闹着要去了？饶生了气，还拿话压派我。只管去回，我一头碰死了也不出这门儿。"

好一句"我一头碰死了也不出这门儿"，道出了晴雯对怡红公子的依恋，更道出了一个女奴的无力感，因为事情闹到了王夫人那里就不是宝玉与袭人能够左右其发展的了；"只管去回"四字，又活脱脱地写出了晴雯"光风霁月"坦荡的一面。

在封建社会，奴才与主子之间，有理可讲吗？晴雯知道是无理可讲的，但她又希望此刻的二爷能像平日里那样放下主子的身份，听她讲理。正因为这样，她即便是求宝二爷开恩时仍在据理力争——"我多早晚闹着要去了？饶生了气，还拿话压派我。"这就是晴雯，诚如判词中所说的"心比天高"的晴雯！

一个人是无法选择其出身的，这是上天的安排！可晴雯竟要与主子争平等的对话权，要与主子评理，却偏偏忘了自己"身为下贱"的地位！

此刻，又是袭人表现出了惊人的冷静，她"见拦不住，只得跪下了"，怡红院的"碧痕、秋纹、麝月等众丫鬟见吵闹，都鸦雀无闻的在外头听消息，这会子听见袭人跪下央求，便一齐进来都跪下了"。

晴雯这位奴隶对主子的挑战，最后是以怡红院的奴隶集体向主子下跪结束。晴雯的膝盖虽然没有弯下，但她那一句"我一头碰死了也不出这门儿"，其实也让自己身处在袭人、碧痕、秋纹、麝月这一堆"跪族"中了！

　　面对着眼前一众跪下的丫鬟，宝玉"忙把袭人扶起来，叹了一声，在床上坐下，叫众人起去，向袭人道：'叫我怎样才好！这个心使碎了也没人知道。'说着不觉滴下泪来"。

　　这就是贾宝玉，为他人"心使碎了"的宝玉！也正是他这一颗常为群芳使碎了的心，才会有下面"撕扇子作千金一笑"的情节。这一情节，其实是贾宝玉在向晴雯道歉，也是值得细细品味的！

　　当从薛家赴宴微醺回到怡红院的贾宝玉误以为睡在院中乘凉枕榻上的晴雯是袭人时，宝玉招来了晴雯的反呛："怪热的，拉拉扯扯作什么！叫人来看见像什么！我这身子也不配坐在这里。"对此宝玉不但不恼怒，反而"笑道：'你既知道不配，为什么睡着呢？'"。晴雯此刻无话可答，"嗤的又笑了，说：'你不来便使得，你来了就不配了。'"。这话答得极妙，这是她与宝玉的和解，又是对宝玉俯身赔礼的感谢，更是对自己身份清醒的认知！

　　这张乘凉的枕榻是丫鬟们为赴宴归来的宝玉预先准备的，晴雯说"你不来便使得"，表明了在一众丫鬟中，她是与袭人、秋纹、麝月等一样平等的人，当主子不在时，她当然是可以坐的；"你来了就不配了"，则是承认了自己的奴仆身份，"不配"二字等于是为此前冲撞了二爷之事道歉。

　　这样个性化的言语，也只能属于"风流灵巧"的晴雯，她应急的智慧，她对公子宝玉的细心体贴，都在这简短的言语中呈现出来了。晴雯这样对自己奴仆身份的自我认同，其实也是对封建礼法中"主奴有别"的价值准则的认同与卫护。

曹雪芹是"湘粉""钗粉"，还是"黛粉"？

——读《红楼梦》第三十二回

"诉肺腑心迷活宝玉，含耻辱情烈死金钏"

> 从价值观的角度判断，作者曹雪芹的情感天平恐怕应该更愿意向林黛玉这一人物倾斜。

张爱玲于她的《红楼梦魇》中说："欣赏《红楼梦》，最基本最普及的方式是偏爱书中的某一个少女。"

张爱玲所言极是！因为书中不同的少女形象代表着不同的人生价值取舍类型。滚滚红尘，芸芸众生，家庭出身不同、所处阶层不同、所受教育不同、所处人生阶段不同、所获人生阅历不同，都会影响读者对红楼中少女的审美偏好！

你们或许也会好奇，这位像女娲抟土造人般塑造出红楼众金钗的作者曹雪芹，他最欣赏自己笔下史湘云、薛宝钗、林黛玉等金陵十二钗中的哪一位呢？面对这个问题，我想应该分两个层面判断——从作家创作的角度上说，金陵众钗中的每一位，其实都是他笔底最得意的人物，无欣赏与不欣赏之分；从价值观的角度判断，才可以说曹雪芹最欣赏哪一位金钗，因为这涉及的是曹雪芹最欣赏哪一位金钗的人生姿态的问题。

在明确了这样一个判断的大前提下，如果非得要在金陵十二钗中的史湘云、薛宝钗、林黛玉三位女子中选择一位，作为曹雪芹生命姿态的价值参照对象，那么我们就不难得出一个结论——曹雪芹既不是"湘粉"，也不是"钗粉"，而应该是"黛粉"！

《红楼梦》每一回的标题都是值得细细品味的！"诉肺腑心迷活宝玉"，是谁对谁诉肺腑？应该是宝黛互诉衷肠！

宝黛"诉衷肠"前发生了什么事？

一是林黛玉隔墙听见了史湘云力劝贾宝玉"如今大了，你就不愿读书去考举人进士的，也该常常会会这些为官做宰的人们，谈谈讲讲些仕途经济的学问，也好将来应酬世务，日后也有个朋友。没见你成年家只在我们队里搅些什么"。

二是林黛玉听到了贾宝玉对史湘云的"忠告"极为反感的回应。宝玉是这样向史湘云下逐客令的——"姑娘请别的姊妹屋里坐坐，我这里仔细污了你知经济学问的。"三国时期有管宁与华歆割席，魏晋时有嵇康不领朋友山涛的荐举之情而与之绝交，《红楼梦》中的贾宝玉向史湘云下逐客令，其实就是表明了他与史湘云于人生价值取舍上的精神分野。

三是林黛玉由袭人"打圆场"之语中，听出了薛宝钗也和史湘云一样，力主贾宝玉应该交结"为官做宰""讲些仕途经济"的那一类人。

四是林黛玉还听到了宝玉对希望他未来跻身仕途、致力于经时济世的薛宝钗的极度贬抑，而且这份贬抑还是同她林黛玉进行对比之后得出的——"林姑娘从来说过这些混帐话不曾？若他也说过这些混帐话，我早和他生分了"！

最美的爱情，应该是怎样的模样？彼此之间在精神维度上互为尊重、互为理解、互为认同、互为契合，是不是最重要的评判标准？如果答案是肯定的，那么我们就会认同贾宝玉与林黛玉的相恋是最美最动人的爱情！

如果你是林黛玉，旁听到了自己所欣赏的宝哥哥说这样的话，又会有着怎样复杂的情感呢？

曹雪芹以八字进行了回答——"又喜又惊，又悲又叹"！

林黛玉是又喜又惊，又悲又叹，"不禁滚下泪来""待进去相见，自觉无味"。为何"不禁滚下泪来"？那就是上述四种情感相作用的结果！为什么"待进去相见"，又"自觉无味"？因为那将置史湘云、袭人于何等尴尬的境地啊，于是我们看到的只是林黛玉"一面拭泪，一面抽身回去"。

这个背影，不正是曹雪芹要极力描摹的来这个世界只为"还泪"的林黛玉的背影吗？

接下来的情节，曹雪芹是这样描写的——"这里宝玉忙忙的穿了衣裳出来，忽见林黛玉在前面慢慢的走着，似有拭泪之状，便忙赶上来，笑道：'妹妹往那里去？怎么又哭了？又是谁得罪了你？'林黛玉回头见是宝玉，便勉强笑道：'好好的，我何曾哭了。'宝玉笑道：'你瞧瞧，眼睛上的泪珠儿未干，还撒谎呢。'一面说，一面禁不住抬起手来替他拭泪。"

这个贾宝玉为林黛玉拭泪的场景，不正是曹雪芹于第一回"梦幻识通灵"中，以诗意的文字所写的神瑛侍者日以甘露灌溉绛珠仙草的再现吗？

不过，人间毕竟有着人间的礼法，林黛玉见宝哥哥要为自己拭泪，"忙向后退了几步，说道：'你又要死了！作什么这么动手动脚的！'"。

可是当贾宝玉笑着答以"说话忘了情，不觉的动了手，也就顾不的死活"之后，林黛玉竟将自己的隐忧以她那林氏风格的话语向贾宝玉甩了出来——"你死了倒不值什么，只是丢下了什么金，又是什么麒麟，可怎么样呢？"

林黛玉的这一句话，当即就把宝玉惹急了，宝玉赶上来问道："你还说这话，到底是咒我还是气我呢？"

于是此刻出现了最具戏剧性的场景——"林黛玉见问，方想起前日的事来，遂自悔自己又说造次了，忙笑道：'你别着急，我原说错了。这有什么的，筋都暴起来，急的一脸汗。'一面说，一面禁不住近前伸手替他拭面上的汗。"

"前日的事"是什么？就是贾宝玉在众人面前称扬了史湘云——"还是这么会说话，不让人"，而林黛玉听了，曾"冷笑道：'他不会说话，他的金麒麟会说话。'一面说着，便起身走了"。而当时的情形是"幸而诸人都不曾听见，只有薛宝钗抿嘴一笑"。

贾宝玉对薛宝钗、史湘云、林黛玉三人的态度，被林黛玉试探出了她要的答案，而这个答案正是林黛玉所希望得到的答案！于是出现了林妹妹"禁不住近前伸手"替宝哥哥拭汗的情景。

这是对本回袭人前面那句话的有力回击——"那林姑娘见你赌气不理他，你得赔多少不是呢！"此刻竟然出现了林黛玉不顾死活给宝哥哥拭汗的场景。

于是就有了贾宝玉瞅了林黛玉半天之后的表白——"你放心！"

当林黛玉继续试探性地说出"果然我不明白放心不放心的话"之后，于是就有了贾宝玉的叹息："好妹妹，你别哄我。果然不明白这话，不但我素日之意白用了，且连你素日待我之意也都辜负了。你皆因总是不放心的原故，才弄了一身病。但凡宽慰些，这病也不得一日重似一日。"

林黛玉听了这话，是"如轰雷掣电，细细思之，竟比自己肺腑中掏出来的还觉恳切，竟有万句言语，满心要说，只是半个字也不能吐，却怔怔的望着他"。

此刻的贾宝玉呢？"也有万句言语，不知从那一句上说起，却也怔怔的望着黛玉"。

当"两个人怔了半天，林黛玉只咳了一声，两眼不觉滚下泪来，回身便要走"；此刻的宝玉则是"忙上前拉住，说道：'好妹妹，且略站住，我说一句话再走。'"。

林黛玉的反应呢？则是"一面拭泪，一面将手推开，说道：'有什么可说的。你的话我早知道了！'口里说着，却头也不回竟去了"。抛下了宝玉一个人站着，"只管发起呆来"，将赶过来送扇子的袭人"吓得魄消魂散，只叫'神天菩萨，坑死我了'"！

这就是两人互诉肺腑之言后，林黛玉对贾宝玉爱的表白场景，她一边"拭泪"一边说"你的话我早知道了"，给予默许后，贾宝玉仍痴痴地凝望着林妹妹的背影，并错将袭人当作林妹妹又说出了"睡里梦里也忘不了你"的表白之语。

这样的痴情，痴至呆傻，痴至将面前的袭人错当作林妹妹的故事，也只能发生在宝黛之间，这是怎样的一份真情？这是怎样的一份至性情感的流露？

这样的至情至性，也正是曹雪芹所要赞美的。

曹雪芹创作《红楼梦》，终极目的就是要创造出"开辟鸿蒙"以来的人间第一"情种"！

曹雪芹讴歌爱情，终极目的就是要否定世俗婚姻观念所看重的"金玉良姻"，而借贾宝玉之口道出"俺只念木石前盟"。

"木石前盟"的基石有无数块，但最重、最坚实的是贾宝玉与林黛玉所共同拥有的那一块，是他们基于共同的价值观而产生的灵魂相知相契的真情！而薛宝钗恰恰与贾宝玉达不到灵魂上的相知相契！

经过第三十二回中的"诉肺腑"，贾宝玉与林黛玉就进入了精神与灵魂层面上互不设防的相知相契的境界，而这份灵魂与精神层面上的互相坦诚，这份至情至性，于薛宝钗身上恰恰是欠缺的！

你看，当薛宝钗知道贾宝玉极不情愿去见贾雨村这类客人时，她这样感叹"这么黄天暑热的，叫他做什么！别是想起什么来生了气，叫出去教训一场"，当袭人答以"不是这个，想是有客要会"，薛宝钗竟也笑着说出了这样的话："这个客也没意思，这么热天，不在家里凉快，还跑些什么！"

你们听听，平日里的薛宝钗一方面像史湘云一样希望贾宝玉多去会一会"为官做宰"的，学些仕途经济上的学问，一方面今日又称像贾雨村这等攀附贾府的禄蠹"也没意思"；一方面为表弟"黄天暑热"的天也必须遵从姨父贾政之命去见客而感到怜惜，一方面却自己也"黄天暑热"地赶到怡红院探听史湘云与贾宝玉因金麒麟发生了什么样的故事。

这个薛宝钗活得太累了，她时时得保持端庄矜持的姿态，时时得戴着"稳重平和"的面具，有时竟为这样的姿态与面具而活成了一个人格分裂的人！这样的薛宝钗，当然不会成为贾宝玉的灵魂伴侣，作家曹雪芹怎能成为薛宝钗这等面具人的粉丝？

作家是一个讲故事的人，曹雪芹对面具人薛宝钗的贬抑也体现在他对"含耻辱情烈死金钏"这个故事不动声色的叙写中。

贾府的老婆子所讲的关于金钏儿之死的话，是宝钗与袭人亲耳听到的，请看曹雪芹的描写——

忽见一个老婆子忙忙走来，说道："这是那里说起！金钏儿姑娘好好的投井死了！"袭人唬了一跳，忙问"那个金钏儿？"那老婆子道："那里还有两个金钏儿呢？就是太太屋里的。前儿不知为什么撵他出去，在家里哭天哭地的，也都不理会他，谁知找他不见了。刚才打水的人在那东南角上井里打水，见一个尸首，赶着叫人打捞起来，谁知是他。他们家里还只管乱着要救活，那里中用了！"宝钗道："这也奇了。"袭人听说，点头赞叹，想素日同气之情，不觉流下泪来。宝钗听见这话，忙向王夫人处来道安慰。

那么薛宝钗是怎么去安慰她的姨娘的呢？金钏儿被撵，被王夫人掩饰为"把我一件东西弄坏了，我一时生气，打了他几下，撵了他下去"。这个王夫人真是一个连说谎都不会说的笨人！一个被王夫人称作"素日在我跟前比我的女儿也差不多"的最贴身的丫鬟金钏儿，会因为"一件东西弄坏了"而被撵出去？

冰雪聪明的薛宝钗难道不知道自己的姨娘是在撒谎？凭她的高智商，凭她的推理能力，她能不知道？

如果知道了，可不可以保持沉默？但她没有！

哪怕陪着姨娘落泪也行，但薛宝钗选择的是奉承王夫人，开口就称她的姨娘是"慈善人"！

连王夫人都说出了忏悔的话——"我只说气他两天，还叫他上来，谁知他这么气性大，就投井死了。岂不是我的罪过。"而薛宝钗却以金钏儿"并不是赌气投井"之语来宽慰姨娘。

老婆子已经说得非常清楚，金钏儿被撵之后，回到家中无脸见人，而且连家里人"也都不理会他"，这正是曹雪芹所讲的"含耻辱"。可是到了薛宝钗安慰姨娘的话中，却成了金钏儿"在上头拘束惯了，这一出去，自然要到各处去顽顽逛逛"，所以"失了脚掉下去的"。

可能说到这里，连薛宝钗自己也觉得自己说的话实在不近情理，于是她接着做了一个让步假设——"纵然有这样大气，也不过是个糊涂人，也不为可惜！"

这就是出自平日里吃多了"冷香丸"的薛宝钗之口的话，是多么冷酷啊。

一个人受辱而以死抗争，曹雪芹称她为表白自己的清白而视死如归，"谥"以"烈"字，但这一切在薛宝钗的眼中却是死得"不为可惜"！——真是太冷酷了！

王夫人听了薛宝钗的话后，其羞耻心都未曾泯灭，叹道："这话虽然如此说，到底我心不安。"

可薛宝钗接下来是怎么安慰王夫人的？她竟然说出了"姨娘也不必念念于兹，十分过不去，不过多赏他几两银子发送他，也就尽主仆之情了"。

好一个"钱人两讫"！冷酷如此，绝情如此！大家想想，且不说曹雪芹，就说你呢，你会成为"钗粉"吗？

"宝玉挨打"的叙事节奏

——读《红楼梦》第三十三回

"手足眈眈小动唇舌，不肖种种大承笞挞"

> 曹雪芹擅长根据人物之间的矛盾关系与冲突的不同，来调整叙事节奏的快与慢，使情节张弛有度。

小说的"叙事节奏"是有快慢之分的。

宝玉挨父亲贾政的痛打，是一段由多重矛盾关系不断激化而产生与展开的情节。

第一重矛盾就是皇室宗亲与皇帝外戚之间的矛盾。

奉忠顺亲王之谕来向贾府讨要琪官的长史官，竟然敢于荣国府的荣禧堂对贾宝玉进行讯问！"荣禧堂"这三个字，可是圣上的翰墨啊！这三个字意味着贾府也是蒙受圣恩眷顾的府第啊！可皇室的宗亲竟然能将贾府的会客厅当作逼迫式审讯的场地，这于贾政来说，无疑是莫大的羞辱！

当长史官从宝玉口中得到了琪官在离城二十里的紫檀堡的回复后，还不忘甩下一句"若有了便罢，若没有，还要来请教"，然后扬长而去！

受此奇耻大辱的贾政，此时能不"气的目瞪口歪"？事已至此，宝玉挨打是铁板上钉钉的事了！不过，当贾政"一直送那官员去了"之后，贾宝玉却并没有立刻得到一顿打。

为什么？因为贾环出现了！贾环的出现，看似是曹雪芹将叙事节奏"放缓"了，其实是为了节奏再度加快！

曹雪芹此刻是这样进行情节转换的——贾政"一直送那官员去了，才回身。忽见贾环带着几个小厮一阵乱跑。贾政喝令小厮'快打，快打'"！

在封建时代，儿子远远地见着父亲就得恭肃地站立在一旁，即使要走也得低头小步，《滕王阁序》中即有"他日趋庭，叨陪鲤对"之典。贾环此刻的疯跑，显然是对父亲贾政的不敬！

好一个贾政"才回身"，这就是作者在"带节奏"，使节奏加快！

这个坏小子贾环听到父亲要打他的喝令，虽然也被"唬的骨软筋酥"，但他接着就"乘机""贴膝跪下"说出了宝玉"拉着太太的丫头金钏儿强奸不遂，打了一顿。那金钏儿便赌气投井死了"等一连串的话。

听了贾环的这番话，贾政能不更加愤怒吗？贾环"话未说完"，就把贾政"气的面如金纸，大喝'快拿宝玉来'"！

你们看看这"话未说完"四个字，多么快的节奏，一下就从贾环转至对贾政的描写上了！

接下来的叙事节奏更是加快到了令读者惊叹的地步，曹雪芹是这样写贾政打宝玉的。

只听贾政"喘吁吁直挺挺坐在椅子上，满面泪痕"地发出指令——"拿宝玉！拿大棍！拿索子捆上！把各门都关上！有人传信往里头去，立刻打死！"

这等语句，全是祈使句，全是短句，全是斩截之语！而且是"一叠声"发出的！

宝玉当然也没有"坐以待打"，于是出现了滑稽的一幕！当贾宝玉急寻自己的小厮焙茗等人往里头去报信之时，竟一个小厮也寻不到，只遇到一个聋婆子！

从叙事的节奏上来说，相对于贾政发出的一连串的祈使句，宝玉与聋婆子对话的这个情节当然是一处"延宕"，是一种快节奏叙事进程中的"穿插"。

作者以一连串的快节奏为贾宝玉必遭父亲痛打作铺垫后，大板终于疾如骤雨般地落在了宝玉的身上。

紧接着是王夫人出场，这也是叙事的快节奏。一个国公府的贵妇人，竟然"不顾有人没人"，冲出二门，"忙忙赶往书房中来"。

而此刻痛打宝玉的贾政，并未因王夫人的到来而收手，这是由丈夫对妻子拥有绝对的支配权决定的。

王夫人能做的就是抱住贾政的板子，诉以如此痛打宝玉会让炎天暑日的老太太不自在，想以此劝止贾政，这是王夫人想以孝道来压制贾政对宝玉行使父权。结果呢？也没能生效。贾政呢？反而更加愤怒，竟要用绳索勒死宝玉。

此刻，曹雪芹仍然在将叙事节奏加快，此时的王夫人"连忙"抱住贾政板子下的贾宝玉继续哭诉，同时王夫人也打出了她的最后一张牌——几十年的夫妻情与死去的长子贾珠！

贾政终于收手了——"贾政听了此话，不觉长叹一声，向椅上坐了，泪如雨下。"

至此，这个情节似乎可以结束了。

曹雪芹却并没有让它结束，最精彩的部分出现了——贾母痛骂儿子贾政的场面来了！

贾母的出场，也是快节奏的表现——"正没开交处，忽听丫鬟来说：'老太太来了。'一句话未了，只听窗外颤巍巍的声气说道：'先打死我，再打死他，岂不干净了！'"

"正没开交处"，就五个字，一下将新的情节推出，节奏快吧？

"忽听"，就两个字，明白地告诉读者，新的情节所需要的人物出现了！

"老太太来了"，这是礼数，即吩咐该回避的男性要回避，该来迎接的人要来迎接。

丫鬟的"老太太来了"这五个字，还未传到贾政的耳中，贾母的声音继而也发出了——"先打死我，再打死他"，只有两句，四字一句，短促、节奏快吧？为什么"颤巍巍"？老人于急促且愤怒时发出的声音，当然是"颤巍巍"的！——仍是快节奏吧？

"岂不干净了？"此反问句一出，贾政"见他母亲来了"，只能是"又急又痛，连忙迎接出来"！

此前还是贾政痛打儿子，现在是贾母以她极其锋利的话语在鞭打儿子！——都是打儿子！

一开始贾政还能招架，没几个回合，他就认怂了！

为什么？

这两人交锋的对话，实在是太精彩了，你们还是自己去细细品味这一对母子唇枪舌剑般"快节奏"的交锋吧。

叙事对比：堪怜咏絮才与可叹停机德

——读《红楼梦》第三十四回

"情中情因情感妹妹，错里错以错劝哥哥"

> 钗黛的对比，在本回尤为集中，这是浪漫的诗意表达与现实的规行矩步的对照与映衬。

"咏絮才"，指称的是林黛玉，是象征诗意！

"停机德"，类比的是薛宝钗，是隐喻理性！

《红楼梦》第三十四回的核心情节就是"探病"，有王夫人使人"探病"，有薛宝钗、林黛玉、王熙凤的"探病"，有众管家媳妇的"探病"，但主要的聚焦点是宝钗与黛玉的"探病"。

曹雪芹对钗黛探病两个故事情节的叙写，是独立进行的，也是平行发展的，但始终遥相呼应，处处构成对比。为什么这样叙写呢？我想就是要将钗黛的人格特征互为映衬，借助这种双向的烘托，使钗黛的人格特征表现得更为鲜明。

言归正题，具备"停机德"的人，曹雪芹于本回主要写了两个，先写的是袭人，后写的是宝钗！

"停机德"，典出《后汉书·列女传》，特指妇人，是指具备儒家典范的妇德并能规劝丈夫仕进、具备封建社会所谓的贤淑之德的女子。

袭人就是以宝玉未来的准姨娘自居，正因为如此，所以她会对着宝玉挨打后留在腿上的"四指宽的僵痕"，感叹"你但凡听我一句话，也不得到这步地位"。接着"手里托着一丸药走进来"的宝钗，坐下不久也对着宝玉感叹："早听人一句话，也不至今日。别说老太太、太太心疼，就是我们看着，心里也疼！"

什么是"我们"？为什么说到这里，薛宝钗就将自己的话咽住，"自悔说的话急了，不觉的就红了脸，低下头来"？因为薛宝钗将自己与袭人联系起来了，袭人是宝玉未来的姨娘，这已经是半公开的秘密，第三十六回中将会得到"官宣"，那个时候湘云与黛玉都将会来向袭人道喜，那个时候薛宝钗也将会于绛云轩拿起袭人的针，为宝玉绣鸳鸯红兜肚。为什么？因为为了获得"宝二奶奶"的身份，薛宝钗也在积极地努力！

一个要争取成为"宝二姨娘"，一个要努力成为"宝二奶奶"，她们都在提醒宝玉没有听她们当日的规劝——读书，以及为未来的仕途做准备。

问题是她们的规劝，对宝玉起作用了吗？——一点也没有！

宝钗临别时还不忘笑着向袭人交代："你只劝他好生静养，别胡思乱想的就好了。要想什么吃的、玩的，你悄悄的往我那里取去，不必惊动老太太、太太众人。倘或吹到老爷耳朵里，虽然彼时不怎么样，将来对景，终是要吃亏的。"

可是宝钗转身不久，昏昏默默、半梦半醒中的宝玉梦见的仍是金钏儿与蒋玉菡。

就在宝玉这"半梦半醒""恍恍忽忽"的时刻，他被林妹妹推醒了，于是他听到了林妹妹的"悲泣之声"。

　　林黛玉听了宝玉的"我这个样儿，只装出来哄他们"等话语后，更是气噎喉堵，最后才抽抽噎噎地说道："你从此可都改了罢！"

　　你们或许会说，林黛玉怎么也会说出如薛宝钗、袭人一样的话来？

　　其实二者是有着本质区别的！

　　林黛玉的"你从此可都改了罢"，这一句话其中蕴含的情感是什么？

　　是理解，是安慰——你以前的行为并没有错！

　　是无奈，是怜恤——你继续那样，将会遭到更大的阻力，将会招来更多的压力！

　　你们只要再回头读一读第二十八回的情节，就会支持我的判断。就在那场社交宴会上，有粗鄙的薛蟠，有淫荡的妓女云儿，可宝玉在酒席上吟出的却是《红豆曲》，"滴不尽相思血泪抛红豆，开不完春柳春花满画楼，睡不稳纱窗风雨黄昏后……"，这一长串绝妙的曲词，其实全是为林黛玉而吟出的诗行与思念！

　　而经过了第三十二回的宝黛"诉肺腑"之后，林黛玉更是与宝玉达到了灵魂相知相依的境界。其实自那一刻起，谁也无法再动摇宝黛的木石之盟了！

　　本回宝玉病中托晴雯向林黛玉赠送旧手帕，黛玉悟出宝哥哥的用意，然后写下了"题帕三绝"。其中第三首尤为感人，绝句化用"泪染斑竹"之典，表达了宝黛之间的爱深情又忠贞！湘妃哭舜而泪洒斑竹之典，对应的是小说中的绛珠仙草幻化成人形，进入红尘以泪向神瑛侍者偿还情债的神话，这无疑是对宝黛之恋的神化与圣化。

　　至此，我们完全可以说，钗黛的对比就是浪漫的诗意表达与现实的规行矩步的对照与映衬！

　　初读《红楼梦》，我也会同不少读者一样，读至本回结尾"独立在花阴之下"的林黛玉对"无精打采""眼上有哭泣之状"的薛宝钗语出讥诮之辞，总会觉得林黛玉的心胸过于狭窄，出言也过于刻薄！

"姐姐也自保重些儿，就是哭出两缸眼泪来，也医不好棒疮！"——殊不知这不是林黛玉在讥诮薛宝钗，而只不过是曹雪芹借林黛玉之口道出了他对有着所谓的"停机德"一类女子的嘲讽！

站在"人"的这一边

——读《红楼梦》第三十五回

"白玉钏亲尝莲叶羹，黄金莺巧结梅花络"

> 爱自己所爱的人容易，超越血缘、亲情与"差等秩序"去爱实在是难，而宝玉却有一颗"无分别心"。

贾宝玉这个人物形象是立体、多元的，他有许多人格侧面，其中之一就是"无分别心"！这种"无分别心"，正是人世间的"人"之所以为人的最难能最可贵的品质。

而作者又正是借众人的"分别心"，将贾宝玉的"无分别心"衬托得更为鲜明！因此，我们可以说曹雪芹小说叙事的角度与焦点，都是站在"人"的这一边！

本回的前半部分曹雪芹主要采用"全局视角"与"有限视角"相结合的手法，写林黛玉的"分别心"！

林黛玉"立于花阴之下，远远的却向怡红院"凝望，她看到了什么？她先是看到了第一批去探望宝玉的人，这些人都是住在大观园中的，也就是说是地理空间离宝玉最近的人——李宫裁、迎春、探春、惜春。

　　林黛玉看到的第二批人有谁呢？是"贾母搭着凤姐儿的手，后头邢夫人王夫人跟着周姨娘并丫鬟媳妇等人"。

　　这批人的衣着是怎样的呢？因为是借林黛玉远眺的角度来写的，所以曹雪芹只用了"花花簇簇"四个字来形容，主要是也无法看清人物衣饰的具体特征。别小看了这看似不经意的"花花簇簇"四个字，它们却将"有限视角"的特点充分地显示了出来。小说能打动人，靠的往往就是这种"真实性"及禁得住读者细细品读与回味的细节。

　　而就在这第一批与第二批人物出现的间隙，曹雪芹重点用了几笔来描摹林黛玉的心理，也只有"心较比干多一窍"的林黛玉才会有如此细腻的心思——

　　　　只见李宫裁、迎春、探春、惜春并各项人等都向怡红院内去过之后，一起一起的散尽了，只不见凤姐儿来，心里自己盘算道："如何他不来瞧宝玉？便是有事缠住了，他必定也是要来打个花胡哨，讨老太太和太太的好儿才是。今儿这早晚不来，必有原故。"

　　林黛玉是一位"情情"的女子，她会"为谁暑热立花阴"？——她只为宝玉一人！而王熙凤呢？——即使来探望宝玉，竟然还包含"表演"的成分，为了"讨老太太和太太的好儿"！

　　本回所写的第二处"分别心"，曹雪芹则是将笔墨聚焦至薛宝钗这一人物身上。

　　儒家文化最讲尊卑秩序，最讲推己及人。儿女对父母的"晨省昏定"，于最知书识礼的大家闺秀薛宝钗来说，自然是不会忘了。你们注意没有，她虽然住在大观园的蘅芜苑中，但她没有随园中的李纨、迎春她们一起去探望宝玉，而是先至大观园外她母亲所住的家中，这是为什么？因为她早晨要去向母亲请安！

这样的"分别心"的表现，当然也有极温馨的场景，薛蟠向妹妹道歉的一幕幕，薛蟠要为妹妹添新衣裳、为妹妹炸一炸金项圈，这些都让人觉得极富戏剧性，而且很动人。

叙写完薛家的兄妹和好如初之后，当然就少不了叙写作为当日第三批进怡红院探望宝玉的薛姨妈与薛宝钗的故事。

对贾母、王夫人、邢夫人、薛姨妈、薛宝钗等众人探望宝玉的叙写，是本回用笔墨最多的部分，这一场景也或明或暗地点出了不同人的"分别心"。大家可以自己去细细品读，在此我只想特别关注本回接下来写"白玉钏亲尝莲叶羹"的文字。

白玉钏对贾宝玉态度的转变，在曹雪芹的笔下被写得那么细腻，又是那么合理，白玉钏从"满脸怒色"，至"三分喜色"，再至"忍不住起身说道"，至最后"哧的一声又笑了"，其实，这是一个因贾宝玉而失去了姐姐又身处奴婢地位的女孩对贾宝玉的怨恨与敌意逐渐消融的过程。

在这个过程中，贾宝玉的善良、真诚、善解人意、温存体贴都被充分地展现了出来。

本回三分之二的篇幅都是在极力铺叙与渲染贾宝玉的百般受宠，极力展现他这位荣国府的公子哥于众人心中的地位，可就是这位贵公子，他此刻正百般"虚心下气"，正百般对人"陪笑问长问短"，正百般"温存和气"，正百般"甜嘴蜜舌"。他之所以这样做，就是要达到一个目的——让白玉钏尝一口那莲叶羹。

当白玉钏被宝玉哄骗着"真就赌气尝了一尝"那莲叶羹时，当白玉钏对贾宝玉的所有努力"方解过意来"时，贾宝玉的那种"无分别心"的人物形象特征，便鲜明地得到了凸显！

傅试家的嬷嬷离开怡红院议论贾宝玉是"呆子"的笔墨，也是神来之笔！这些"鱼眼睛"，这些势利眼，竟将贾宝玉对奴婢的温情视为"连一点刚性也没有，连那些毛丫头的气都受的"！殊不知，这种"呆气"，这种"一点刚性也没有"，正是能够超越儒家最重"上下尊卑"秩序之弊的至刚至大的天地之气！

而人世间更多的人，依然时时被"分别心"支配着。如果你不信，请看本回最后一个情节，当黄金莺给贾宝玉打着汗巾子的络子时，打外头进来的薛宝钗笑着说了什么？

薛宝钗笑道："这有什么趣儿，倒不如打个络子，把玉络上呢！"

那一刻在薛宝钗的心中，什么最重？——金玉良缘最重！因为她要借络子将贾宝玉的通灵宝玉给络上！

这个曾对姨娘说多赏几两银子就可以发送金钏儿的薛宝钗，这个曾说多给金钏儿家几两银子就尽了王夫人与金钏儿之间主仆之情的薛宝钗，在要将表弟的通灵宝玉给络上的那一刻，她的心中什么最重呢？

"金玉良缘"，在薛宝钗的"分别心"中才是最重的！

各人各得各人的眼泪

——读《红楼梦》第三十六回

"绣鸳鸯梦兆绛芸轩，识分定情悟梨香院"

> 提醒世人若要获得生命的顿悟，前提是自身要有开悟的能力，这也是《红楼梦》的主旨之一。

为什么是贾宝玉"情悟梨香院"？

因为贾宝玉的身上，有一种能从"迷途"中觉醒的力量！——这就是他的"无分别心"，他拥有一颗没有被"我执"所束缚的心！

而本回所叙写的其他人呢？

先看贾母在忙什么？她在"命人将贾政的亲随小厮头儿唤来"，吩咐近几个月不要再让宝玉"会人待客"，她这个老祖母正在溺爱她最爱的孙子，因为贾宝玉就是她的命根子！她当时看到孙子宝玉挨打时，完全没有看到她的儿子贾政对自己的儿子宝玉的"恨铁不成钢"！——这就是贾母的"我执"！

王夫人在忙什么？她在吩咐王熙凤"把我每月的月例二十两银子里，拿出二两银子一吊钱来给袭人。以后凡事有赵姨娘周姨娘的，也有袭人的"！这个母亲也陷入了一种"我执"之中，她之所以给袭人以准姨娘的待遇，目的就是一个，希望她的儿子有"造化"，能够让袭人服侍她的儿子"长长远远的"一辈子。

薛宝钗呢？她在大观园里闲来无事，下意识地就"顺路进了怡红院"，见袭人手里的针线，"原来是个白绫红里的兜肚，上面扎着鸳鸯戏莲的花样，红莲绿叶，五色鸳鸯"。当袭人"到池子里去洗衣裳"之后，薛宝钗竟"一蹲身，刚刚的也坐在袭人方才坐的所在，因又见那活计实在可爱，不由的拿起针来"，为宝玉绣起了鸳鸯红兜肚！

这个侯门的大家闺秀，此时竟偏偏忘了男女之大防，为宝玉绣起了内衣红兜肚。在那个礼教森严的时代，薛宝钗此举显然是不妥当的！那么为什么她会有这样的行为？只有一个解释，薛宝钗陷入了她的"我执"之中，她不由自主的举止，透露出了内心的意愿——希望成为宝二奶奶！

而这样的场景恰恰又被林黛玉隔窗窥看到了，薛宝钗"绛芸轩中绣鸳鸯"，竟让林黛玉"连忙把身子一藏，手握着嘴不敢笑出声来"，并要"招手儿叫湘云"一起来观看！

不过，好在史湘云"忽然想起宝钗素日待他厚道，便忙掩住口"，拉了林黛玉去瞧正在外面池子边洗衣服的袭人，这才避免了薛宝钗处于尴尬之境。

可是戏剧性的情节还在后面，独自坐在那里为宝玉绣鸳鸯兜肚的宝钗，那一刻竟然听到了宝玉的梦中叫骂——"和尚道士的话如何信得？什么金玉姻缘，我偏说是木石姻缘！"贾宝玉这样的梦呓，于宝钗而言，无疑是那个夏日正午的一声惊雷，让她"听了这话，不觉怔了"！

薛宝钗的"我执"，就这样被贾宝玉的梦呓惊醒了。

薛宝钗沉浸于"鸳鸯戏莲"的风景时，她哪里知道隔着一卷湘帘，林黛玉在看她；以梦呓惊醒了薛宝钗鸳鸯梦的贾宝玉，他哪里知道换了一个环境，自己竟然也成了他人眼中风景的陪衬？

贾宝玉不愿也不相信这样的人生故事会发生，但偏偏就发生了！——梨香院的小戏子龄官竟拒绝为他唱《袅晴丝》！

贾宝玉可是贾府中的"凤凰"啊，他挨打之后，该来探病的谁不曾来？

可是贾宝玉至梨香院的遭遇，却颠覆了他以往的认知。

十二个戏子中的宝官玉官见宝玉来到梨香院内，"都笑嘻嘻的让坐"，宝玉进得房内，龄官竟"独自倒在枕上"，看见宝玉进了，竟然"文风不动"。宝玉"前来身旁坐下，又陪笑央他起来唱'袅晴丝'一套"，龄官竟然"忙抬身起来躲避，正色说道：'嗓子哑了。前儿娘娘传进我们去，我还没有唱呢。'"。当宝玉终于回想起眼前的小戏子，就是前些日子立于蔷薇花架下不顾暴雨即将来临的那个人，就是于地下划了数以百计的"蔷"字的那个人！

这个小戏子竟然可以"正色"拒绝他贾宝玉，这个小戏子竟然连娘娘的面子都不给！

此刻的宝玉是什么心态？他想到的是"从来未经过这番被人弃厌"！

此刻的宝玉是什么情态？宝玉"便讪讪的红了脸，只得出来了"！

可接下来他又看到了什么？他看到贾蔷进去向龄官笑道"你起来，瞧这个顽意儿"时，龄官竟"起身问是什么"；他看到龄官误会了贾蔷，他看到贾蔷以一两八钱银子买来的会在鸟笼的戏台上衔鬼脸旗帜的雀儿，被龄官认为是有意打趣她；他听到了贾蔷的百般解释，并"将雀儿放了，一顿把将笼子拆了"；他看到了龄官借病向贾蔷撒娇，以及贾蔷的诺诺连声，准备即刻去为龄官请大夫；最后，他听到的是龄官对贾蔷亦嗔亦怜的劝止声——"站住，这会子大毒日头地下，你赌气自去请了来我也不瞧。"

当贾宝玉作为梨香院的旁观者，沉入"不觉痴了"的心境，终于领会了为什么前些日子龄官会在蔷薇花阴中独自划蔷的深意时，贾宝玉"便抽身走了"！

　　为什么？梨香院是属于贾蔷与龄官爱的王国，此时此刻，贾宝玉就是一个多余者！因此，他唯一的选择，就是"抽身"而去！

　　于是回到怡红院中的贾宝玉，向袭人长叹着道出了他的"深悟"——"我昨晚上的话竟说错了，怪道老爷说我是'管窥蠡测'。昨夜说你们的眼泪单葬我，这就错了。我竟不能全得了。从此后只是各人各得眼泪罢了！"

以审美的姿态活着，是一件多么奢侈的事

——读《红楼梦》第三十七回

"秋爽斋偶结海棠社，蘅芜苑夜拟菊花题"

> 诗意地栖居，既要有审美的能力，还需具备闲暇、金钱、心境与允准审美的生命姿态存在的环境。

朱光潜先生曾提出一个美学观点：同一棵古松，在商人、植物学家与画家的眼里，其审美感受是不一样的。木材商人看到的是古松价值几何并盘算如何借它盈利；植物学家看到的是它叶为针状、果为球状、四季常青的生物特征，进而还会思考它如何活得这样苍老；画家呢，"他只在聚精会神地观赏它的苍翠的颜色，它的盘曲如龙蛇的线纹以及它的昂然高举、不受屈挠的气概"。

《红楼梦》"偶结海棠社""夜拟菊花题"中的探春、贾宝玉、林黛玉、李纨、薛宝钗与史湘云，其实就是朱光潜先生所说的"画家"那类人，即以审美的姿态活着的人。

不过，以审美的姿态活着可是一件奢侈的事情。因为一个人要拥有这种姿态的生活必须具备几个前提条件——闲暇、金钱、心境与允准这种审美的

生命姿态存在的环境，当然还必须具备一个最重要的条件——"审美地生活"的主体必须具有审美的能力。

贾探春有感于"前夕新霁，月色如洗，因惜清景难逢，讵忍就卧，时漏已三转，犹徘徊于桐槛之下"，这多像苏东坡月夜不寐访张怀民，又多像王子猷雪夜访戴。这说明探春有一颗诗心，有一双对良辰美景异常敏感的眼睛！探春的邀帖以"若蒙棹雪而来，娣则扫花以待"作结，这是多么清雅的邀约呀，她分明是在以戴安道自况！

李纨呢？她又何尝没有一双审美的眼睛！但她的孀居处境、长嫂身份又决定了诗社的发起人不可能是她。不过，你们千万不要忽略了她受邀入社时的兴奋——"一语未了，李纨也来了，进门笑道：'雅的紧！要起诗社，我自荐我掌坛。前儿春天我原有这个意思的。我想了一想，我又不会作诗，瞎乱些什么，因而也忘了，就没有说得。既是三妹妹高兴，我就帮你作兴起来。'"

李纨"不会作诗"，是事实，更是谦抑！"前儿春天我原有这个意思的"，倒是她的一颗诗心于极度兴奋之际的自然坦露。为什么李纨不曾发起诗社，我想主要是因为作为长嫂，她在大观园中最主要的职责，是督促众位妹妹"纺绩针黹"。纵然督促妹妹们读书，也是读读女四书之类的，起诗社是她万万不敢的！这就是她自幼所受的教育与贾府的环境使然。

贾宝玉当时也不能成为诗社的发起人，为什么？他刚挨过父亲贾政的毒打。而吟诗作对，与读四书五经相比，显然是有点不务正业。不过，响应结社最热烈的却又要数宝玉！

再说林黛玉，性喜独处的林黛玉也说"你们只管起社，可别算上我"，不过林黛玉这句话的前半句"此时还不算迟，也没什么可惜"，却又流露出了她还是愿意入社的心思。曹雪芹接着借迎春笑回林黛玉的话——"你不敢谁还敢呢"，道出了在海棠诗社中林黛玉所居的"花魂""诗魂"的地位，也道出了"二木头"迎春原来也对入社有点怦然心动！

林黛玉的提议，真是格外值得关注的。她说"既然定要起诗社，咱们都是诗翁了，先把这些姐妹叔嫂的字样改了才不俗"。

好一句"才不俗"！林黛玉道出了以"审美的、诗意的生命姿态"建立起来的青春共和国所应有的法则——诗的境界应高于俗世的礼法秩序。你们注意到了没有，是谁率先支持林黛玉的提议？竟然是李纨！这个在礼法世界沉默罕言的李纨，却成了海棠诗社积极的响应者与支持者。诗社中的李纨，竟然可以那样妙语如珠，与众姊妹在一起，她竟然是那般诙谐幽默，让人感觉到那一刻她仿佛又回到了少女时光！

海棠诗会真是大观园中的欢乐时光！白海棠在薛宝钗的眼里是"珍重芳姿昼掩门"的姿态，在林黛玉的笔底是"秋闺怨女拭啼痕"的愁容，在探春的心中是"玉是精神难比洁"的俊逸，在贾宝玉的纸上是"捧心西子玉为魂"的倩影！

那一刻，他们都在以审美的眼光借海棠花打量着世界，寄寓自己的审美趣味，并道出了自己的人格追求。

可与此同时，你们注意到了以下情节吗？

贾芸，这个贾府远房中年少失怙的人儿，送来了两盆白海棠，正以"不肖男芸恭请"的"字帖儿"来向比自己年纪小四五岁的堂叔贾宝玉请安。这个"最伶俐乖觉"的贾芸，竟"乖觉"到了认宝玉为干爹的程度，以如此牺牲自己尊严的方式取悦宝玉，难道不是曹雪芹对贾芸的讽刺？如果不是讽刺，那么是不是同情呢？为了生存，人竟然可以自轻自贱至此等地步，此等文字，想必任何一位读者读来都会发出一声深长的叹息。

这样的笔墨绝不是曹雪芹的闲笔，这分明是在告诉我们：一个人要以审美的生命姿态活着，是一件多么奢侈的事！当一个人仍在为获得他最起码的生存权而鹅争鸡斗的时候，是很难有诗意栖居的资格的！

其实，且不说贾芸很难以审美的姿态活着，就是对史湘云这个侯门千金来说也非易事！

海棠诗社成立的首场诗会，史湘云是错过了的。第二天题咏了两首《咏海棠诗》而获得入社资格的湘云，在受到众人夸赞后兴奋得昏了头，脱口就说出了"明日先罚我个东道，就让我先邀一社可使得"的话。可史湘云有没有做东的经济实力呢？没有！是谁提醒湘云的？是薛宝钗！

这个宝钗，她的诗才足以与林黛玉比肩，她的海棠诗被李纨定为第一；这个宝钗，她的创新思维能力也绝对不逊于林黛玉，就是她提出了"以菊花为宾，以人为主"的策划方案，继而与史湘云拟出了十二道咏菊花的诗题。

她是最有实力做诗社首个东道主的人，但她绝对不会开口，这就是薛宝钗！湘云与宝钗一比，是不是还稚嫩了些？

这个史湘云，借助那个皇商千金小姐薛宝钗的精心策划，让第二天中午的大观园有了一场雅俗之人皆大欢喜的螃蟹宴，也有了一场诗意盎然的"菊花诗题咏大赛"。

试想，如果没有薛家的那"几篓极肥极大的螃蟹"，没有薛家铺子里的那"几坛好酒"，没有用薛家的银子所备的那"四五桌果碟"，大雅大俗之人都能皆大欢喜吗？那一场菊花诗会，能不减色几分？

因此，一个人要以审美的姿态活着，有时还真的是一件挺奢侈的事！

李纨为何让林黛玉独揽菊花诗会前三名?

——读《红楼梦》第三十八回

"林潇湘魁夺菊花诗，薛蘅芜讽和螃蟹咏"

> 李纨这一人物形象也是立体的，谦和、守拙、甘居人下、与人为善的她，也有孤傲自信的一面。

李纨，在《红楼梦》中是一个独特的精神个体!

安分，不事张扬，是李纨;谦和，与人为善，是李纨;守拙，甘居人下，是李纨!

不过，大家千万别忘了，李纨还真的有另一面，那就是孤傲与自信的一面。

对我的这一判断，或许有不少朋友持有异议，因为曹雪芹于第四回中就早早地给李纨定了"人设"——

原来这李氏即贾珠之妻。珠虽夭亡，幸存一子，取名贾兰，今方五岁，已入学攻书。这李氏亦系金陵名宦之女，父名李守中，曾为国子监祭酒，族中男女无有不诵诗读书者。至李守中承继以来，便说"女子无才便有德"，故生了李氏时，便不十分令其读书，只不过将些《女四书》《列女传》《贤媛集》等三四种书，使他认得几个字，记得前朝这几个贤女罢了，却只以纺绩井臼为要，因取名为李纨，字宫裁。因此这李纨虽青春丧偶，居家处膏粱锦绣之中，竟如槁木死灰一般，一概无见无闻，惟知侍亲养子，外则陪侍小姑等针黹诵读而已。

当然我们明白，"女子无才便有德"，这是礼法社会给李纨进行的框定；青春丧偶，使她即使居于"膏粱锦绣"丛中，也必须"如槁木死灰一般"地去"侍亲养子"；作为寡居的长嫂，"陪侍小姑等针黹诵读"也是她应做与能做的事情。

不过，我们也别忽略了曹雪芹给李纨的"人设"定义中，出现了"竟如"二字！

"竟如"二字，蕴含着曹雪芹对李纨命运的同情。在曹雪芹看来，一个正处人生芳华岁月的女子，却因丧偶必须压抑自己的天性，活成"槁木死灰"一般，这无疑是对人性的无情戕害！

这样的"人设"，其实是为李纨个体生命另一个侧面的展现预留了空间！

这个空间，就是"海棠诗社"！

第三十八回中的李纨，最让人觉得惊艳的就是她点评林黛玉、薛宝钗、史湘云、贾探春、贾宝玉的菊花诗的那一刻——

李纨笑道："等我从公评来。通篇看来，各人有各人的警句。今日公评：《咏菊》第一，《问菊》第二，《菊梦》第三，题目新，诗也新，立意更新，恼不得要推潇湘妃子为魁了；然后《簪菊》《对菊》《供菊》《画菊》《忆菊》次之。"宝玉听说，喜的拍手叫"极是，极公道。"黛玉道："我那首也不好，到底伤于纤巧些。"李纨道："巧的却好，不露堆砌生硬。"

"等我从公评来"，李纨称自己的评论至公至正，可以见出她对自己的诗歌鉴赏力何等自信啊！别忘了，她可是国子监祭酒的千金，她有这样的鉴赏力，毫不让人怀疑。国子监祭酒，何许人也？士林首领之一啊。虽然李纨的父亲让她从小只读《女四书》之类的作品，但她身处"族中男女无有不诵诗读书者"的文化氛围之中，从小受到这等家庭文化的熏陶，因此李纨具有这等不俗的诗歌鉴赏力，也就不应该会是一件令人觉得意外的事情！

李纨将林黛玉所作的《咏菊》《问菊》《菊梦》，依次排列于众人所作的十二首诗作的前三，丝毫不给薛宝钗于前三名留下任何位置，不但不给，还竟将薛宝钗的《画菊》《忆菊》排在了贾探春与史湘云之后，置于第七、第八名的位置。

李纨当然也给出了理由——潇湘妃子的作品"题目新，诗也新，立意更新"！并以毋庸置疑的口吻对众人说："恼不得要推潇湘妃子为魁了！"

这样近乎霸蛮的评定，按理说绝对不应该出自李纨之口！

这还不够，李纨竟然还让林黛玉一人包揽菊花诗大赛的前三名。这让其他四人情何以堪啊！

这个名叫"守中"的国子监祭酒之女，本应该懂"中庸之道"，可待人处事怎么就一点都没有"守中"的圆融与智慧呢？让薛宝钗得个第二名，让贾探春得个第三名，这样不也可以吗？

为什么李纨将前三名都给了林黛玉呢？我看原因至少有如下几个。

一是林黛玉的三首诗，均围绕着"以菊花为宾，以人为主"的命题要求，其"咏菊"突出了"赋事"，即"咏花"的同时突出了"咏人"，更胜一筹的是在"问菊"的同时展现了其非凡的修辞能力。

在《问菊》中，林黛玉将人与菊花合二为一，诗人即菊花，菊花即孤傲的林黛玉的化身。林黛玉自信地说自己可以成为旷世孤独的花之隐者菊花的知己，其实这又何尝不是她在向世人展示自己的人格宣言——宁可孤独，也不能失去人格的芬芳；宁可归隐，也不会趋时媚世！

不过，这还无法解释李纨为什么要让林黛玉独占前三名。

在我看来，最有说服力的理由就是林黛玉的孤傲与自信赢得了李纨的敬意；林黛玉诗歌中所抒发的情感引发了李纨的强烈共鸣。

李纨，是多么想活成自信而孤傲的林黛玉啊！而正是林黛玉将孤傲与自信的生命姿态借诗歌表达得那么美好，在那一刻，于是李纨就成了林黛玉《咏菊》《问菊》《菊梦》中"美"的俘虏，于是她就将自己的这一分敬意表现于手握的裁夺权上了。

李纨，如前所述，她本身也有着孤傲与自信的一面，只不过她不肯轻易露出峥嵘罢了，阅读完《红楼梦》第四十五回中她如何奚落王熙凤的情节，你们自然会相信我的这一判断。而林黛玉诗歌中所展现的孤傲与自信，在那一刻，恰恰引发了内心孤傲与自信的李纨的强烈共鸣。

因此，李纨毫不犹豫地将菊花赛诗会前三名的殊荣都颁发给了林黛玉！

刘姥姥的生存逻辑

——读《红楼梦》第三十九回

"村姥姥是信口开河，情哥哥偏寻根究底"

> 刘姥姥能二进荣国府并打到那么多"秋风"，这与中国封建社会"伦理本位"的文化逻辑相关。

刘姥姥为什么能"二进荣国府"？二进荣国府为什么还能打到比第一次多得多的"秋风"？

我觉得这与中国封建社会的文化有关，换言之，作为社会最底层的刘姥姥二进荣国府背后是有其必然的文化逻辑的。

这一文化逻辑与生存法则，就藏在《红楼梦》第六回刘姥姥与女婿、女儿的对话中！

我倒替你们想出一个机会来。当日你们原是和金陵王家连过宗的，二十年前，他们看承你们还好；如今自然是你们拉硬屎，不肯去亲近他，故疏远起来。想当初我和女儿还去过一遭。他们家的二小姐着实响快，会待人，倒不拿大。如今现是荣国府贾二老爷的夫人。听得说，如今上了年纪，越发怜贫恤老，最爱斋僧敬道，舍米舍钱的。如今王府虽升了边任，只怕这二姑太太还认得咱们。你何不去走动走动，或者他念旧，有些好处，也未可知。要是他发一点好心，拔一根寒毛比咱们的腰还粗呢。

刘姥姥这一段话的逻辑是：你狗儿的爷爷是与金陵王家连过宗的，你的爷爷曾经拜现在的荣国府贾二老爷的夫人王夫人的父亲为伯父，他们金陵王家也曾"看承"照顾过你们家。他们既然以前肯照顾你们，那么现在也应该会照顾你们，因为从前金陵王家的二小姐就"会待人，倒不拿大"，今日成了贾家荣国府二老爷太太的那个从前的王家二小姐，又"已经上了年纪，越发怜贫恤老，舍米舍钱"的，因此如果能争取让她念及旧情，我们就必然能打到"秋风"。

且看曹雪芹是如何评价刘姥姥的，曹雪芹写下了这样的文字——"那刘姥姥虽是个村野人，却生来的有些见识，况且年纪老了，世情上经历过的。"

什么是"世情"？这就涉及对中国儒家传统文化的认知了。

写到这里，我很自然地联想起梁漱溟先生的《乡村建设理论》中关于中国旧社会"伦理本位社会"的一些观点——

伦理关系，始于家庭，而不止于家庭。何为伦理？伦即伦偶之意，就是说：人与人都在相关系中。人一生下来就有与他相关系的人（父母兄弟等），人生将始终在与人相关系中而生活（不能离社会）。既在相关系中而生活，彼此就发生情谊。亲切相关之情发乎天伦骨肉，乃至一切相关之人，莫不自然有其情。因情而有义。父义当慈，子义当孝，兄之义友，弟之义恭，夫妇、朋友乃至一切相关之人，随其亲疏、厚薄，莫不自然互有应尽之义……人类在情感中皆以对方为主（在欲望中则自己为主），故伦理关系彼此互以对方为重；一个人似不为自己而存在，乃仿佛互为他人而存在者。这种社会，可称为伦理本位的社会。

…………

家庭与宗族在中国人身上占极重要位置，乃至亲戚、乡党亦为所重。习俗又以家庭骨肉之谊准推于其他，如师徒、东伙、邻右，社会上一切朋友、同侪，或比于父子之关系，或比于兄弟之关系，情义益以重。

兄弟乃至宗族间有分财之义；亲戚、朋友间有通财之义。以伦理关系言之，自家人兄弟以迄亲戚、朋友，在经济上皆彼此顾恤，互相负责；有不然者，群指目以为不义。故在昔中国人生计问题上无形有许多保障。

真正明白了梁漱溟先生对中国旧社会是一个"伦理本位社会"的这些观点的阐析后，我们就不难理解刘姥姥二进荣国府见到贾母、王夫人之后，为什么会带出"半炕东西"——青色"软烟罗"一匹、实地子月白纱一匹、两匹茧绸、两匹绸子、一盒皇宫出品的点心、两斗御田粳米、大观园的百色果子、王熙凤赠的八两银子、王夫人赠的一百两银子。

我们不禁要问，面对二进荣国府的刘姥姥，王夫人、贾母只要像第一次王熙凤那样施舍她二十两银子，不就得了吗？不就够了吗？为什么这次如此大手笔？

还是让我结合梁漱溟先生的"伦理本位社会"的观点来简要地阐述一番——

王狗儿的祖父与王夫人的父亲，原来虽然同为京官，也就是"同侪"关系，但因为与金陵王家"连了宗"，这就成了"宗族"关系；既然成了宗族关系，且王狗儿家是侄辈，且现在王狗儿家又衰败到了孙辈亲自种田耕地的地步，因此按照旧中国的"宗族间有分财之义"的伦理义务，王夫人必须对王狗儿家进行"顾恤"，如果不这样做，社会舆论就会对荣国府"群指目以为不义"。

明白了这一点，当刘姥姥为吃了不够还又拿了那么多钱物走而不安时，我们就会读懂王熙凤劝解与叮嘱刘姥姥的这句话——"也没有什么，不过随常的东西。好也罢，歹也罢，带了去，你们街坊邻舍看着也热闹些，也是上城一次。"

王熙凤为什么强调要刘姥姥回去让她的"街坊邻舍看着也热闹些"，因为王熙凤要使社会舆论没有理由"群指目"贾府是"不义"之贵族府第。

王夫人如此慷慨，为什么？因为这是她在帮她王家宗侄的后人，虽然这个宗侄，是个为了攀附她王家而"连宗"的宗侄，但按旧中国"伦理本位社会"的"世情"，金陵王家与王狗儿家就是如梁漱溟先生所说的"比于父子之关系"。既然是"比于父子之关系"，她王夫人就必须对王狗儿家施予援手，加以接济。而让王狗儿家置办些田地或有足够的本钱做些买卖，则是能让王狗儿家迅速从衰败中重新振兴起来的最好的办法。

当我们懂得了这些文化逻辑之时，就会对世道人心多一分了解！

金鸳鸯：分析人性的一个标本

——读《红楼梦》第四十回

"史太君两宴大观园，金鸳鸯三宣牙牌令"

> 以故事呈现人性的复杂与幽暗，展示人心的坚硬与柔软，也是《红楼梦》的主旨之一。

何谓"人性"？"人性"的本质是什么？

读《红楼梦》第四十回，我总觉得曹雪芹是在借金鸳鸯向我们表明他的人性善恶观，并借鸳鸯告诉我们，人性似一条奔涌于地下的河流——是多么幽暗，又是多么复杂。

刘姥姥进大观园，首先捉弄刘姥姥的是谁？猜都不用猜，一定是王熙凤。为了帮闲逗趣讨贾母开心，她竟给刘姥姥插了满头的菊花，存心要将刘姥姥扮成众人眼中的"老妖精"，故意制造笑料。因为贾母最喜热闹，也最喜看热闹！

见王熙凤这样捉弄与作践刘姥姥，鸳鸯也参与进来了，而且是主动参与的，下面的文字就是对贾母于秋爽斋设宴的场面描写——

> 凤姐听说，便回身同了探春、李纨、鸳鸯、琥珀带着端饭的人等，抄着近路到了秋爽斋，就在晓翠堂上调开桌案。鸳鸯笑道："天天咱们说外头老爷们吃酒吃饭都有一个篾片相公，拿他取笑儿。咱们今儿也得了一个女篾片了。"

有组织、有剧本地恶搞刘姥姥的策划人竟然就是鸳鸯！

鸳鸯是谁？

她是暂时"做稳了奴隶"的人！她是荣国府金字塔塔尖上的人物贾母身边的人，是最被贾母倚仗与宠信的丫鬟，她是贾母身边最懂贾母又最会讨贾母欢心的人。

见鸳鸯主动要策划恶搞刘姥姥，王熙凤哪有不积极响应的理由？王熙凤天天都在琢磨如何讨贾母这位老祖宗欢心。在王熙凤看来，正愁找不到这样的"戏码"呢，所以她与鸳鸯两人一拍即合！

早宴即将开始，贾母对刘姥姥仍是尊重的，贾母是这样吩咐的——"把那一张小楠木桌子抬过来，让刘亲家近我这边坐着。"贾母是将"老亲家"刘姥姥拉到身边坐的，称呼还是"亲家"！

可此时呢？王熙凤与鸳鸯在忙什么？——

> 凤姐一面递眼色与鸳鸯，鸳鸯便拉了刘姥姥出去，悄悄的嘱咐了刘姥姥一席话，又说："这是我们家的规矩，若错了我们就笑话呢。"调停已毕，然后归坐。

由后面的情节可知，鸳鸯与王熙凤她们商量的就是要让刘姥姥用老年四楞象牙镶金的筷子，并给她一碗鸽子蛋吃，以便让刘姥姥大出其丑！

当刘姥姥说出"这里的鸡儿也俊，下的这蛋也小巧，怪俊的。我且肏攮一个"之时，贾母笑得眼泪都出来了，只得让琥珀在后面捶着。此时，贾母也意识到"这定是凤丫头促侠鬼儿闹的"。

实际上，刘姥姥这笑星的剧本的第一编剧，还真不是王熙凤，是鸳鸯！

写到这里，曹雪芹其实是在借贾母之口告诉读者——鸳鸯纵然再爱闹，也不至于恶搞到她"刘亲家"的头上啊！

其实，这就是曹雪芹在对鸳鸯的人性进行褒贬！——鸳鸯这个丫头，心底不该有这等"恶念"，更不能付诸行动！

因为按理来说，鸳鸯对刘姥姥本该会送去同情心的，因为她父母的处境与刘姥姥是相似的。

至第四十六回"鸳鸯女誓绝鸳鸯偶"的情节，曹雪芹会详细地将鸳鸯的父母介绍给我们。那一回先有王熙凤向邢夫人介绍鸳鸯的父母："他爹的名字叫金彩，两口子都在南京看房子，从不大上京。"后有贾琏向贾赦的回复："上次南京信来，金彩已经得了痰迷心窍，那边连棺材银子都赏了，不知如今是死是活，便是活着，人事不知，叫来也无用。他老婆子又是个聋子。"

金鸳鸯的父母皆为荣国府的家奴，金鸳鸯即荣国府的奴才的后代，即荣国府的"家生子儿"，也就是贾府世世代代的家奴，这样的身份是连人身自由都没有的啊！更何况金鸳鸯的父母，也已经是贫病交加之人。既然如此，金鸳鸯见到刘姥姥，应该最能体会到这个风烛残年的乡下老妪进荣国府打秋风的悲苦。可是呢，金鸳鸯却成了恶搞刘姥姥的策划人！

好一个连最起码的同理心都没有的金鸳鸯！

"刘姥姥以象牙镶金筷子吃鸽子蛋"的表演完毕，鸳鸯有没有于心不忍呢？——当然也有！

这就是曹雪芹的高明之处，他写出了人性的幽暗与复杂。

曹雪芹让鸳鸯于无人处向刘姥姥解释——

　　一言未了，鸳鸯也进来笑道："姥姥别恼，我给你老人家赔个不是。"刘姥姥笑道："姑娘说那里话，咱们哄着老太太开个心儿，可有什么恼的！你先嘱咐我，我就明白了，不过大家取个笑儿。我要心里恼，也就不说了。"

原来鸳鸯的心，也有柔软之处！原来这就是人性的复杂！

妙玉：那一株遭劫的槛外红梅

——读《红楼梦》第四十一回

"栊翠庵茶品梅花雪，怡红院劫遇母蝗虫"

> 妙玉这个人物形象，是身在佛门"修行"却仍"带发"、超尘但终未能脱俗的少女。

栊翠庵，如果要以一株植物来象征它，那么应该选择什么呢？我想，是红梅！

贾母至栊翠庵，见到的是满院"花木繁盛"，于是送去一番赞美，称赞妙玉修行之勤，这是客人搅扰了主人之时，借赞美景致来间接夸奖主人的客套之语，贾母这样做无疑是对主人表示尊重。

贾母入得栊翠庵，生怕冲撞了菩萨，不敢贸然进入禅堂，当然这是贾母有自知之明，有敬畏神佛之心，而贾母至栊翠庵还得亲自开口才能喝上妙玉烹的香茗，这就很让人意外了！

可妙玉就是妙玉，这就是孤傲的妙玉所能做出的事！

妙玉是王夫人下帖子请进来的，按王夫人的安排客居在贾府大观园，妙玉竟然能对王夫人的婆婆如此倨傲，这当然也绝对是王夫人想象不到的。妙玉虽说是"忙接了"贾母进栊翠庵，也是笑着邀请贾母至东禅堂的，但这是最基本的待客之道，并不能完全说是妙玉格外礼待贾母。

接下来的情节，当然是所有阅读《红楼梦》的人都不会走马观花错过的，大家会读到妙玉"亲自捧了一个海棠花式雕漆填金云龙献寿的小茶盘，里面放一个成窑五彩小盖钟，捧与贾母"，也会读到妙玉给贾母上的是"老君眉"而非"六安茶"的细节描写，还会读到妙玉吩咐她的道婆"将那成窑的茶杯别收了，搁在外头去罢"中的"分别心"！

不过，大家也别忘了，贾母辞别栊翠庵之时，妙玉对贾母"亦不甚留"，将贾母"送出山门"，"回身便将门闭了"！

我们不能否认妙玉对贫富贵贱的确是有着"分别心"的，但也必须关注到妙玉并非专门针对刘姥姥，在妙玉的骨子里，她对贵贱并无强烈的分别心。这由她对贾母的"亦不甚留"的礼节性的、客套式的送别即可见出。妙玉对刘姥姥的轻贱，也并不完全是因为刘姥姥贫困，更多的是因为她无法理解刘姥姥以完全丧失自尊的表演来乞求豪门施舍这一行为，这一点与林黛玉戏谑地称刘姥姥为"母蝗虫"倒是完全一致。

那么，有人可能会问，作为栊翠庵的主人，为何妙玉给贾母上茶之后，便自顾自地离开，"把宝钗和黛玉的衣襟一拉"，带着两人至她的耳房里去喝体己茶了呢？

这个情节，正是曹雪芹要为我们塑造出一个性格、形象丰满的妙玉而描写的。如果没有这样的情节，妙玉便不成为妙玉，妙玉便成了有着扁平性格的妙玉了！

在妙玉看来，林黛玉与薛宝钗二人，其学识、人品均足堪与她为友，这是原因之一；她平日闭门不出，那无边的寂寞难以排遣，今日有缘与钗黛结缘，怎能不对钗黛礼待，以得一见，这是原因之二。

黛玉、宝钗、妙玉"栊翠庵茶品梅花雪",是金陵十二钗中才情最出众的三位少女的雅聚。以梅花枝头之雪煮茶于禅院,这样的雅聚即使编入《世说新语》,其风雅也毫不让与雪夜访戴!

这次雅聚还因有了怡红公子贾宝玉的主动加入,更给情节增添了不少值得品读的意趣!

宝玉趣问"常言'世法平等',他两个就用那样古玩奇珍,我就是个俗器了",问出了妙玉的嘲笑——"这是俗器?不是我说狂话,只怕你家里未必找的出这么一个俗器来呢!"面对妙玉的嘲笑,宝玉不但不恼,答话也谦卑至极:"俗话说'随乡入乡',到了你这里,自然把那金玉珠宝一概贬为俗器了。"听了此言而十分欢喜的妙玉随后竟又寻出了一只"九曲十环一百二十节蟠虬整雕竹根的一个大盉出来",亲向宝玉手中的"盉内斟了约有一杯",还引出了妙玉对宝玉的调笑——"你虽吃的了,也没这些茶糟踏。岂不闻'一杯为品,二杯即是解渴的蠢物,三杯便是饮牛饮骡了'。你吃这一盉便成什么?"

在佛门修行的妙玉对贾府公子如此调笑,当然与佛门弟子所应有的仪容仪规不相符,以珍藏的名贵茶具向宝玉炫耀就更不是佛门弟子所应有的言行了。

而妙玉呢,她的栊翠庵中竟仍收藏着那么多她自家中带来的名贵茶具,这一件件茶具分明承载着她对自己曾拥有的富贵家庭的留恋。

有这等俗念,至第六十三回"寿怡红群芳开夜宴"之时,便出现了妙玉使人向宝玉偷送写着"槛外人妙玉恭肃遥叩芳辰"的粉笺的情节,大家也就不必太过惊讶!

对于本该静心于庵中修行的妙玉为何会做出此等为佛门所不容的举止,曹雪芹借与妙玉有过十年之交的邢岫烟给出了解释,其中邢岫烟贬抑妙玉最重的一句话就是"僧不僧,俗不俗,女不女,男不男,成个什么道理"!

好一个"欲洁何曾洁,云空未必空"的妙玉!

　　这也正是曹雪芹所要描摹的金钗——于佛门"修行"却仍"带发"的妙玉！

　　妙玉所有的纠缠，所有的挣扎，所有的嗔喜怨怒，所有的"不合时宜"，所有的"放诞诡僻"，曹雪芹是怎么叙写的？难道不就是在借着她"修行"却仍"带发"的矛盾展开的？

　　妙玉，是栊翠庵的一树红梅！但是她所处的环境，又怎能容许她永远成为超脱红尘的一树红梅呢？

林黛玉与薛宝钗的"智斗"

——读《红楼梦》第四十二回

"蘅芜君兰言解疑癖，潇湘子雅谑补馀香"

薛宝钗的"停机德"遭遇林黛玉的"咏絮才"，宝钗的道德优越感顷刻间就不复存在了。

在第四十回"金鸳鸯三宣牙牌令"的酒席上，林黛玉应对鸳鸯的牙牌令，因为"只顾怕罚"，竟先后脱口说出了《牡丹亭》与《西厢记》中的句子。其实，林黛玉说出《牡丹亭》中的"良辰美景奈何天"时，"宝钗听了"，就"回头看着"黛玉，黛玉当时也注意到了宝钗在看着她。可林黛玉为应对下一个酒令，不但没有收住，竟又化用了《西厢记》中张生的台词，说出了"纱窗也没有红娘报"。

刘姥姥回家的当天早上，宝钗与黛玉等人按惯例去贾母处完成了"晨省"，薛宝钗本该回她的蘅芜苑，林黛玉回她的潇湘馆。可是，薛宝钗迫不及待地要做一件事，就是"审讯"林黛玉。

这个情节太富有戏剧性了！

宝钗审问黛玉，是以什么身份呢？——父母！何以见得？——当时她的语气！以什么态度？——严肃又不失戏谑。"颦儿"，是林黛玉初入荣国府时，贾宝玉为她所取的号，薛宝钗以此相称，显得亲昵，"有一句话问你"，则是"发难"，这是只有父母等长辈审问儿孙时才有的声口。

宝钗审问林黛玉时，她先端坐，却吩咐黛玉"你跪下"，这当然又是"堂前责子"才有的场景。宝钗"便坐了笑道"，一个"笑"字又道出了这是闺中平辈才有的戏谑之态。

面对薛宝钗严肃与戏谑的一笑，林黛玉很是摸不着头脑，也"不解何故"，于是林黛玉也"笑道"——"你瞧宝丫头疯了！审问我什么？"林黛玉当然不会跪下，她在称呼中回以"宝丫头"三字，也是大人的口吻，以"疯了"回击，断定薛宝钗审问她是悖情逆理的，"审问我什么"，更是以一个反问句质疑——我林黛玉何过之有？

薛宝钗为林黛玉设的这个"局"，显然是经过了一晚上的精心设计，她当然知道林黛玉会有这等反应，于是她"冷笑"着说出了一番话——"好个千金小姐！好个不出闺门的女孩儿！满嘴里说的是什么？你只实说便罢。"

不知你们注意过没有，曹雪芹特别喜欢用"冷笑"这两个字，只不过不同情节中不同的人物的"冷笑"，其心态是各不相同的。此刻，薛宝钗"冷笑"着的提醒，当然不无得意之情，当然也不无道德优越感，当然也是不无善意的。"得意"，是因为颦儿的把柄被她捏得实实的；"提醒"，是因为在宝钗看来，同住大观园、同为侯门千金，我的这些姊妹中竟有偷看禁书的人，若被老太太、太太诸人看破，自己其实也是不清不白的，因为在大人们看来，大观园中有一位姑娘在看禁书，极有可能是一群姑娘在传阅。

面对薛宝钗"冷笑"式的逼问——"你只实说便罢"，林黛玉的确不知要"招供"什么，这由"黛玉不解，只管发笑，心里也不免疑惑起来"可以见出。前一日应对酒令，林黛玉脱口而出的那两句"禁书"中的话，可能连她自己都快忘了。更"不解"、更"疑惑"的是，她林黛玉绝对想不到宝钗的"审讯"是因为自己说出了《牡丹亭》《西厢记》中台词的事。

为什么？因为在林黛玉看来，当时满席的人似乎没有一个人觉得她接鸳鸯的令有什么不妥，那是因为贾母、王夫人、薛姨妈、李纨、探春等人虽不曾读过《牡丹亭》与《西厢记》等书，但这些荣国府的贵妇人及小姐们还是听过《牡丹亭》《西厢记》的，戏中的《游园惊梦》那一折也有"良辰美景奈何天"，贾府小戏班中的龄官、文官、芳官等就曾排演过《牡丹亭》，龄官最擅长演唱的就是《牡丹亭》中的《袅晴丝》。

于是林黛玉疑惑地问薛宝钗"我何曾说什么？你不过要捏我的错儿罢了。你倒说出来我听听"！

接着，薛宝钗先指出林黛玉是"装憨儿"，即认为林黛玉是知错而拒不认错，并进而直接指出林黛玉在酒令席上的言辞有失贵族千金小姐的身份。

不过，薛宝钗的话中是有"圈套"的，她紧接着就以向林黛玉讨教的口吻来审问——"昨儿行酒令你说的是什么？我竟不知那里来的。"

薛宝钗，竟然称自己不知那两句戏文是哪里来的？可是她万万没有想到这一问，反而授人以柄，要知道林黛玉可是"心较比干多一窍"的啊！

林黛玉经薛宝钗一提醒，"方想起来昨儿失于检点"，也"不觉红了脸"，并"上来搂着宝钗"，示以最亲密的肢体语言，笑道"好姐姐，原是我不知道随口说的。你教给我，再不说了"。

林黛玉的逻辑是什么？我不知道那两句话出自哪里，也不知道那两句话为什么不该说，如果真不能说，真有失贵族小姐的身份，那我下次就再不说了。

至此，尴尬的反而成了薛宝钗！

为什么？因为薛宝钗认为林黛玉所说的那两句戏文不该说，前提是她薛宝钗自己看了《牡丹亭》与《西厢记》。林黛玉是不该看，更不该说，问题是你薛宝钗也看了啊，你薛宝钗自己有同样的污点，怎么对与自己有一样污点的人行使道德审判权呢？因此，薛宝钗虽然将黛玉"审讯"了一番，但也让她自己陷入了窘境！

　　接下来的情节就有薛宝钗的"夫子自道"，原来薛宝钗还真的早已读过《牡丹亭》与《西厢记》，比林黛玉早得多呢！

按人伦差序给人编号排队

——读《红楼梦》第四十三回

"闲取乐偶攒金庆寿，不了情暂撮土为香"

> 每一个人都是生活于特定的社会文化环境中的，儒家的伦理文化又尤为看重"人伦差序"。

有人说贾母是一个享乐主义者，其实她所享受的倒不完全是吃喝，她希望所享受到的还有家庭子顺孙孝、父严祖慈所带来的欢乐，这也正是儒家伦理文化中最为看重的。

真亏了这位贾母想得出，当然也只有她拥有这样的权力，谁让她是贾府宝塔尖上的人物呢！她竟想出一个"又不生分，又可取乐"的"新法子"——"凑份子"攒钱给王熙凤操办一场生日庆典。

这"凑份子"的一幕幕，其实就是给贾府众人进行编号排队的过程，真是一场好戏！

我们且看她们是怎么来定名分、辨尊卑、别贵贱、分亲疏、明上下的。

费孝通先生曾于其《乡土中国》一书中提出了一个社会学概念，用以概括中国这种定名正分的人伦间的结构关系，这个概念就是"差序格局"。费先生说："我们社会中最重要的亲属关系就是这种丢石头形成同心圆波纹的性质。亲属关系是根据生育和婚姻事实所发生的社会关系。从生育和婚姻所结成的网络，可以一直推出去包括无穷的人，过去的、现在的和未来的人物。"

费先生还说"这个网络像个蜘蛛的网，有一个中心，就是自己"。

现在我们来看看荣国府关系网中的"中心"——贾母起居的大厅。在这个大厅中，贾母就是那个扔石子的人，她就是那个于水面击石形成"同心圆"的中心，她眼前的人，真是"老的，少的，上的，下的，乌压压挤了一屋子"，而这一屋子的人中最尊最贵的当然就是贾母了。

既然是"凑份子"，肯定是居于"中心"的贾母先定调。只听贾母说"我出二十两"，贾母定了调，座中客居贾府的薛姨妈肯定不能沉默，因为她是王熙凤的姑姑，她必须也应该是第一个回应贾母的，只听薛姨妈笑道"我随着老太太，也是二十两了"。客居贾府的薛姨妈于王熙凤是姑姑，于贾母又是姻亲，她出二十两，亮出的是自己的身份，以及她对贾母的敬重与对内侄女王熙凤的喜爱——此刻，她薛姨妈就是离黑压压的人群这个"同心圆"的圆心贾母最近的人。

邢夫人是贾母的大媳妇，王夫人是贾母的二媳妇，辈分低于贾母，因此她们说出的话是"我们不敢和老太太并肩，自然矮一等，每人十六两罢了"。好一个"不敢和老太太并肩"，呼应的是薛姨妈出了二十两银子，潜台词是如果按贾府的辈分，薛姨妈原本不必出二十两的，因为薛姨妈的辈分与自己这做儿媳妇的是并肩的，但薛姨妈自愿与老太太并肩，那是作为亲戚的一份美意，邢、王二位夫人这样说当然是对薛姨妈慷慨的委婉道谢。"自然矮一等"，当然也是以自己的辈分定位来表达对婆婆的敬重。

下面该轮到尤氏与李纨这两位孙媳妇了，只听她们笑道"我们自然又矮一等，每人出十二两罢"。好一个"自然又矮一等"，这就是名分，这就是尊卑！

王熙凤接着牵扯出的自然是迎春、探春与黛玉、宝玉等人的"份子钱"，对此，贾母的定夺是"姑娘们不过应个景儿，每人照一个月的月例就是了"。这些未出阁的小姐、未成家的公子自己还没有收入，虽然他们与尤氏、与李纨在辈分上是"并肩"的人，但拿出一个月的生活费即二两银子的月例钱，于他们而言，其实也是数额不少的贺仪了。

主子们"凑份子"，因为有了王熙凤这个"帮闲而不露媚迹"的幽默高手的调笑，在一阵接一阵的笑声中完成了，这正是贾母所希望享受到的家庭亲人之间的和谐与温馨，也是儒家"修齐治平"文化所推崇的一乐——"齐家"之乐。

按尊卑有别的程序，主子们凑完份子之后，按差序格局的排位，就该轮到以贾母为中心的这个同心圆外围的人物凑份子了，这些外围人物就是贾府的女性奴才们。

按差序格局排列，不仅主子有上下尊卑，其实奴才也分高低亲疏。你看，以荣国府的奴隶总管赖大的母亲赖嬷嬷为例，她就有着不一般的地位，她可是"年高服侍过父母"的几个"高年有体面的妈妈"之一。她服侍过谁的父母？她是服侍过贾宝玉的父亲贾政这些人的奶嬷嬷，所以"尤氏凤姐儿等只管地下站着"的时候，她在贾母的面前是可以享有"坐在小杌子上"的资格的。最后由贾母发话，让赖嬷嬷比照尤氏、李纨出十二两银子。

这就是差序格局下的中国式人情，各人的名分，各人的地位都有区分，这是多么复杂，却又能区分得那么清楚。在这样的人情社会中，你必须拥有清醒地定位自己与他者中的每一个人亲疏远近关系的能力。

就在这一场谈笑风生、给人编号排队的热闹戏中，有一个人作者却没有给出一句完整的话语来描摹他的反应，但我觉得他又是这场活动中唯一不完全认同如此按人伦差序给人编号排队的人！

　　这个人，就是贾宝玉！为什么？在这里，我还是给你们一些留白吧！我只想说一句，从某种角度上来说，正是宝玉一个人完成了对贾府那一群高贵的太太、小姐"闲取乐"的救赎与超越！读完"不了情暂撮土为香"这一情节，大家就明白了。

此人只应天上有

——读《红楼梦》第四十四回

"变生不测凤姐泼醋，喜出望外平儿理妆"

> 有罪孽的贵族公子哥儿，面对社会良知法庭的审判，他们也没有任何豁免权！这就是曹雪芹的道德判断。

贾宝玉，只能说，此人只应天上有！

他，不属于这个凡俗的世界；他，是美的俘虏，是曹雪芹以纸与笔构建的理想国中美的俘虏；他，是善良与正义的侍者；他，是这个凡俗世界中的异类！

凤姐泼醋大闹荣国府，输家有王熙凤，有贾母，有贾琏，蒙受冤屈的人却只有一人，那就是平儿。王熙凤打她，骂她淫妇；贾琏踢她，骂她娼妇。

好在贾府还有仗义执言的人！当贾母一开始错怪平儿时，尤氏就为平儿辩诬——"平儿没有不是，是凤丫头拿着人家出气。两口子不好对打，都拿着平儿煞性子"。

当平儿于李纨的稻香村"哭的哽咽难止"时，薛宝钗力劝平儿——"你是个明白人，素日凤丫头何等待你，今儿不过他多吃一口酒。他可不拿你出气，难道倒拿别人出气不成？别人又笑话他吃醉了。你只管这会子委屈，素日你的好处，岂不都是假的了？"

薛宝钗一连串的话，一言以蔽之，就是平儿为了主子而受冤是应该的，而且即使受了冤还不许表现出委屈来，否则就是在播扬主子的丑事。

这个吃冷香丸长大的冷美人，即使在劝慰平儿时，仍是一副道貌岸然的模样。薛宝钗与其说是在安慰平儿，倒不如说是在威胁平儿——你不许哭，如果再哭，那就证明你昔日对我表姐凤丫头所表现出的忠诚是虚假的！

薛宝钗的"冷"，其实是"热"，她热诚地捍卫着一种秩序——主奴有别的秩序！

贾母派琥珀来稻香村安慰平儿的话倒是能抚慰平儿，因为贾母首先肯定平儿"受了委屈"，还说第二天要"叫凤姐儿替他赔不是"，平儿这才渐渐地"自觉面上有了光辉"！

就在平儿的情绪得到了一些平复之后，贾宝玉向稻香村的长嫂李纨提出了"让平儿到怡红院"去暂避的请求，因为此刻的李纨还要和宝钗到贾母、凤姐那里送安慰。

在怡红院，宝玉对平儿说出了与薛宝钗完全不同的劝慰之语——"好姐姐，别伤心，我替他两个赔不是罢。"平儿回以"与你什么相干"，此刻的宝玉笑道："我们弟兄姊妹都一样。他们得罪了人，我替他们赔个不是也是应该的。"

宝玉的逻辑是我和贾琏、王熙凤是兄弟姐妹，也都是这府第的主子，我们是一个荣辱共同体，他们的污行其实也等于是我的污行，他们使你受了委屈，也等于是我使你受了委屈，尽管污行是他们做出的，但我仍应该代他们向你赔不是。

在这样的逻辑下，没有主子的居高临下，也没有薛宝钗话语中的主奴有别，有的只是诚恳的道歉，有的只是主子为自己的污行而向受辱一方所表现出的谦恭，有的只是作为主子群体中的他向受侮辱、受损害的人请求宽恕的真诚。

接下来的情节就是宝玉劝平儿"理妆"，平儿先是换衣与净脸，再是接受了宝玉捧来的用紫茉莉花种子调成的胭脂来补妆，最后是将宝玉亲手剪给她的并蒂秋蕙簪于发鬓。这一切的一切，怎能不让平儿暗忖"素习只闻"这位荣国府的公子"专能和女孩儿们结交"，原来"果然话不虚传"，原来他是如此"色色想的周到"！

好一个"喜出望外"，这是平儿的喜出望外。

一个与事件毫无干系的荣国府的公子，为一个奴婢蒙冤受辱而"洒然泪下"。这泪光中的"痛"，与金钏的蒙冤受辱而死联系在一起，其实就是宝玉受内心的良知驱遣而"赎罪"的伤痛！

当薛宝钗、袭人她们认为平儿必须为了主子的颜面不再受进一步的伤害而隐忍时，当薛宝钗、袭人她们觉得平儿即便受辱也必须隐忍，这是十分正常并符合那个时代的礼法秩序时，只有宝玉感到了不安，感到了有罪，这是一份难得的清醒与超拔。

贾宝玉的泪，其实就是曹雪芹的泪，贾宝玉与曹雪芹用文学建构了另一种秩序，与那个主奴有别的秩序进行对抗。曹雪芹没有只关心自己所处的贵族阶层的荣辱，他在借宝玉之泪唤醒他人的良知。在曹雪芹的良知法庭，其道德宣言就是：人的高贵不取决于门第、出身、财富、地位，而更取决于人的善良、正直等品性。在曹雪芹的良知法庭中，有罪孽的贵族公子哥儿，面对良知法庭的审判，他们也没有任何豁免权！

行笔至此，不禁让我想起了当代著名画家戴敦邦先生。戴先生曾写有一篇短文《女中君子——平儿》，戴先生于文中感叹平儿曾对自己的灵魂产生过巨大的触动——

在吾心中定位时，以林黛玉为神化了的艺术形象；薛宝钗是封建道德理想的化身；平儿则是古往今来现实生活中的善良者。吾在画平儿的过程中常自愧不如。特别是在涉及自身利益或有关身家性命之时，下意识地推诿保命就会显露出来了。

戴先生的"自愧不如"，戴先生的"汗颜"，戴先生的"忏悔之痛"，与贾宝玉为平儿的"洒然泪下"，与贾宝玉为平儿的"落了几点痛泪"，其动机及表现出的德性，何其相似？

蔡元培先生认为，美育有着与宗教一样的教化功能，以贾宝玉的"洒然泪下"与戴敦邦先生的"忏悔之痛"为证，看来此并非虚言！

最难风雨故人来

——读《红楼梦》第四十五回

"金兰契互剖金兰语，风雨夕闷制风雨词"

> 众金钗的人物形象，各有其美，薛宝钗有雍容大度之美，林黛玉有遇知音而重情知恩之美。

何为"金兰契"？"金兰契"，比喻情投意合的知心朋友。"金"，比喻朋友之间牢不可破的关系；"兰"，比喻芬芳，形容友情的美好动人；"契"，谓契合之意，说的是朋友之间意气相合。

很多人读到第四十五回会感到疑惑：前几回中，林黛玉"雅谑补馀香"还在用"嫁妆单子"暗讽薛宝钗，怎么这一回她们就成了"金兰之契"呢？

当代著名的红学家马瑞芳也对此不解，马教授于她的《红楼梦风情谭》一书中于《宝姐姐送燕窝》一文也曾这样发问——

> 宝钗教育黛玉不要看邪书，是虚伪的说教还是真心关心黛玉？宝钗给黛玉送燕窝是作秀还是真心关心好姐妹？一般小说中的情敌总会争风吃醋、你死我活、对掐到底，《红楼梦》写了三分之一，黛玉和宝钗却成

了好朋友，"木石姻缘"和"金玉良缘"是就此休战？还是在更加复杂的情况下更加曲折、更加紧锣密鼓地进行？

对于上述问题，马瑞芳教授于其《宝姐姐送燕窝》一文的分析文字中提出了几个观点：一是黛玉并非因为看《西厢记》《牡丹亭》被宝钗抓住短处，而就"心中暗服"宝钗"不可读邪书移了性情"的教导，然后就与宝钗做了好朋友；二是黛玉之所以会被宝钗送燕窝等语言及行为感动而向宝钗倾诉肺腑之语，只是因为"黛玉太单纯"；三是送燕窝的事件发生之后，并不意味着"黛玉就此被宝钗纳入封建思想正途"。

马瑞芳教授的三个观点，第一个与第三个我均认同，对于第二个我则有不同的看法。

其实，并不是如马瑞芳教授所言林黛玉"连想问都不想，还真心认为宝钗为她好"，当日薛宝钗"冷笑着"审问林黛玉酒席上"满嘴里说的是什么"时，黛玉明白过来后，当即就"搂着宝钗，笑道'好姐姐，原是我不知道随口说的。你教给我，再不说了'"。聪明的黛玉当即就将"脏球"踢回给了薛宝钗，让薛宝钗说清楚她林黛玉"随口说的"曲词出自哪一部不该看的书。林黛玉何其聪明，如果薛宝钗说是出自《牡丹亭》与《西厢记》，就证明她也是读过"千金小姐"不该读的书的人。薛宝钗如果是此等千金小姐，自然也就失去了审问林黛玉的资格。

诚如马教授所言，林黛玉的确有"单纯得如水晶"的一面，但林黛玉又是何其机智，其实当时，她就明白了薛宝钗也是偷看过《西厢记》《牡丹亭》等禁书的。

正因为如此，后面李纨、探春、黛玉、宝钗众金钗议论该给惜春添买什么画具时，林黛玉才会嘲笑薛宝钗不应该列出那么多画具。为什么？因为懂那么多绘画理论也并不是一个贵族家的千金小姐所必备的素养。

那么，问题来了！既然薛宝钗与林黛玉仍然是两条铁轨上跑的火车，那么她们为何于那天能结为"金兰契"？又能"互剖金兰语"呢？

答案就是薛宝钗具有极强的"化敌为友"的能力，她能洞悉他人的一切弱点，而能够与他人"求同存异"，这是她能化敌为友的社交法宝。

薛宝钗太了解林黛玉了，她清醒地认识到林黛玉是一个孤弱的人，是一个孤独的人，是一个孤傲的人，同时又是一个内心极为柔软的人！

林黛玉是"仙草"，但毕竟只是一株草，草是她生命的质地，这是她最为柔弱之处，即她的阿喀琉斯之踵！

就在林黛玉犯了"嗽疾"之时，在林黛玉正因嗽疾而"总不出门，只在自己房中将养"之时，在林黛玉觉得"不中用。我知道我这样病是不能好的了"之时，在林黛玉处于病中更容易想着自己"不是他们这里的正经主子，原是无依无靠投奔了来的，他们已经多嫌着我了"之时，薛宝钗出现了。

此时出现于林黛玉面前的薛宝钗不再是"庭训"林黛玉不该读《西厢记》《牡丹亭》的薛宝钗，而是只探问黛玉病情的薛宝钗，只是劝林黛玉不能吃太多人参肉桂的薛宝钗，只是建议黛玉以"平肝健胃为要"、以燕窝冰糖熬粥来滋阴补气的薛宝钗，只是那个为了安慰林黛玉竟然说出了"我虽有个哥哥，你也是知道的，只有个母亲比你略强些"的薛宝钗。

当林黛玉道出自己不是这里的正经主子之时，薛宝钗又成了答应为林黛玉送燕窝的薛宝钗。这样的薛宝钗当然能瞬间使孤傲的林黛玉放下对她的一切戒备，一吐自己内心的烦恼。于是林黛玉道出了以前对薛宝钗的误会，当然也只是道及误会，并没有承认自己有何过错。如果说有过错，那么薛宝钗与林黛玉所犯的错是一样的。林黛玉进而还向薛宝钗道出了自己的不幸命运，即"母亲去世的早，又无姊妹兄弟"的遭际，也敬服薛宝钗的大度包容，宝钗最后告辞时，黛玉甚至还道出了希望薛宝钗当晚再来看她的话。

这样的彼此关心，彼此慰藉，彼此取暖，是何等温馨，何等动人！这样的交往，散发着君子之交的芬芳！

《红楼梦》"闺阁"中的众金钗之美，各有其美，而"金兰契互剖金兰语"中的薛宝钗有雍容大度之美，林黛玉有遇知音而珍重友情的重情知恩之美。

尴尬岂独邢夫人?

——读《红楼梦》第四十六回

"尴尬人难免尴尬事,鸳鸯女誓绝鸳鸯偶"

> 《红楼梦》的叙事特征之一,是围绕一个核心事件,塑造人物群像,"鸳鸯抗婚"即是如此。

何谓"尴尬"?"尴尬"就是处境艰难,就是面对人与事让人感到为难,不好处理。何谓"尴尬人"?尴尬人,就是处境艰难的人,面对人与事处理不好的人。

鸳鸯抗婚这一情节,荣国府中谁是这等尴尬人?

邢夫人是,贾母是,王熙凤是,王夫人是,薛姨妈也是!

邢夫人是一位智商极低、心理偏执、贪婪吝啬、对夫卑怯、对亲人薄情寡义的人,这样的人当然是喜剧、闹剧主人公的不二人选!她遭遇尴尬倒是咎由自取。

已经是"上了年纪"且又"左一个小老婆右一个小老婆"的贾赦,垂涎上了鸳鸯的美色,想要讨鸳鸯为妾。这等事,贾赦自己是不敢开口的,于是"托"邢夫人去向贾母讨要鸳鸯。这本来应该是一件让邢夫人极为尴尬的事,可是不见邢夫人对贾赦有任何进言，她竟选择了绝对顺从。因此，当贾母批评邢夫人"你倒也三从四德，只是这贤慧也太过了"时，邢夫人的尴尬情状只能自己兜着了。

再说贾母，她被封建伦理赋予了其是在贾府拥有最高权威的人，被儒家孝道文化决定其是不可被儿子儿媳妇冒犯尊严的人，可是她的儿子竟然打起了她最宠信、最得力的丫鬟的主意。由此说来，贾母能不尴尬吗？

王熙凤更是尴尬之人！

邢夫人在贾母面前是儿媳妇，而她在王熙凤面前又是婆婆。可她这个做婆婆的在儿媳妇王熙凤面前，又是不顾体面到了何等程度呢？邢夫人"替老爷说媒"的事最不该找王熙凤商议，可邢夫人问计，竟然首先问的还偏偏就是王熙凤。

对于婆婆如此不顾体面的举动，王熙凤尴尬不尴尬呢？

还有呢，王熙凤的丈夫贾琏荒淫无耻，是跟谁有样学样的？不就是他的父亲贾赦吗？

儒家的伦理教化，是最讲"修身""齐家"的。做父亲的"修身"以求自己身正，才能以上率下，才能更好地影响与约束儿女。可"左一个小老婆右一个小老婆""官儿也不好生作去""成日家和小老婆喝酒"的贾赦，能使荣国府和谐向上吗？贾琏能不受他的影响吗？

鸳鸯的尴尬，更不用说！鸳鸯是吉祥鸟，常被人用来比喻相爱的夫妻双栖双宿，永不分离。《红楼梦》中的丫鬟鸳鸯不但无法为自己的爱做主，觅得她心仪的夫君终生相守，命运竟然还偏偏捉弄她，让她最后只得以死明志来抗婚！

当鸳鸯的嫂子被她拉至贾母的上房之时，当鸳鸯见"王夫人、薛姨妈、李纨、凤姐儿、宝钗等姊妹并外头的几个执事有头脸的媳妇，都在贾母跟前凑趣儿"之时，属于鸳鸯的时间开始了。

那一刻，时间在为鸳鸯凝固，在场的人目光也都聚焦于鸳鸯身上。只见鸳鸯拉了她的嫂子于贾母跟前跪下，"一行哭，一行说"。她控诉邢夫人，控诉贾赦，将荣国府的丑事一一抖落出。贾赦这个荣国府的大老爷，邢夫人这个大太太的丑言丑行，在上上下下、里里外外、长辈晚辈面前，毕现无遗！

那一刻，鸳鸯的勇气与决绝，让贾府所有的人都失去了颜面与尊严！

王夫人在贾母"气的浑身乱战"之时，也成了尴尬之人，因为她也躺枪了！当时，贾母"见王夫人在旁，便向王夫人道：'你们原来都是哄我的！外头孝敬，暗地里盘算我。有好东西也来要，有好人也要，剩了这么个毛丫头，见我待他好了，你们自然气不过，弄开了他，好摆弄我！'"——那一刻，邢夫人不在场，王夫人正好成了代邢夫人受刑的人！那一刻，面对盛怒的婆婆，王夫人能怎么样呢？她能说这与我有什么干系吗？她能做的，只有"忙站起来，不敢还一言"！

冤哉枉也的王夫人，当然尴尬，可她的妹妹薛姨妈当时也在场呢！薛姨妈也成了尴尬之人！亲家老太太当着贾府上下的人痛骂她那受了冤枉的姐姐，并丝毫不顾及她这个在场的亲戚的面子。薛姨妈呢，由于自己是晚辈，又碍着亲戚的情分，她又能怎么样呢？也只能忍着，"反不好劝的了"。那一刻，薛姨妈尴尬不尴尬？当然尴尬！

还有尴尬的人儿呢——是谁？是李纨、迎春、探春、惜春、薛宝钗及贾宝玉。那一刻，贾府这个钟鸣鼎食之家、诗礼簪缨之族的尊严与体面，在他们这一代人的面前也荡然无存了！

"情侠" 柳湘莲

——读《红楼梦》第四十七回

"呆霸王调情遭苦打,冷郎君惧祸走他乡"

> 大家莫惊讶于"可使闺阁昭传"的《红楼梦》中会出现柳湘莲这样的人物,因为塑造"情侠"也是其主旨之一。

《红楼梦》中的柳湘莲这一人物,是大家极容易误读的。你们很可能会问,一个"赌博吃酒,眠花卧柳"的柳湘莲,为什么曹雪芹会以褒扬的情感态度去叙写呢?

读薛蟠挨打这一回,我第一时间联想到的是司马迁与他《史记》中的《游侠列传》。

何谓"侠"? 侠,就是凭借勇力去抑强扶弱、仗义而为的人。

司马迁曾于《游侠列传》开篇就引用韩非子的话"儒以文乱法,而侠以武犯禁",然后引出自己的评述:"二者皆讥,而学士多称于世云。"在司马迁看来,韩非子对儒生与游侠都是持讥讽态度的,因为韩非子认为儒生会用文章扰乱法治,而游侠会借助武力触犯禁令。在司马迁看来,游侠与儒生二者于现实社会中,儒生还是被世人所称道的。

关于游侠的价值不被世人肯定这一点，司马迁是极为感慨的，他是为游侠抱屈的！这当然与司马迁身罹"李陵之祸"、面对汉武帝刘彻的淫威亲友却无一人敢出手相救的经历有关。正因为如此，在遭祸的那一段日子里，司马迁深切地意识到对一个无辜却陷入绝境的人来说，侠义之人及时施予援手是何等重要，何等可贵！正因为如此，司马迁才会于《史记》中，专列一卷《游侠列传》，为游侠正名！

创作《石头记》之时的曹雪芹，虽不曾像司马迁遭受宫刑那等大辱，但"赖天恩祖德，锦衣纨绔之时，饫甘餍肥之日"，这些早就成了他追忆中的旧时光，创作《石头记》的曹雪芹已经穷困到了"茅椽蓬牖，瓦灶绳床"的地步。百无一用是穷书生，为了度日，他只得像《红楼梦》中未发迹前的贾雨村那样靠卖字卖画卖风筝度日，生活难以为继之时，还常得敦敏、敦诚等一些好友接济方能续命。

了解了这样一段背景，我们就不会为《红楼梦》这部以叙写家庭"闺阁琐事"为主、旨在"可使闺阁昭传"的小说中，会出现一位"侠"客柳湘莲而感到惊讶了！

正因为如此，评价"侠"是不是一位"正经人"，当然可以评判他的私德，但更要关注的是这位"侠"是不是在凭借其勇力去仗义轻财、抑强扶弱，后者才是"侠"之大者，而"赌博吃酒，眠花卧柳"，在那个年代实在只是"侠"之小节。

《史记·游侠列传》中的侠客剧孟就是"好博，多少年之戏"（喜爱赌博，喜爱青年人的游戏）之人，"好博"，即喜爱赌博，这是很好理解的，至于"多少年之戏"，则为读者留下了巨大的想象空间，我也不想多饶舌。可就是这样的剧孟，司马迁不是照样将其与朱家、田仲、郭解并举，将其视为侠客，载入其《游侠列传》。

　　至于"眠花卧柳",我则又联想到了元代戏剧天才关汉卿。且看他于《南吕·一支花·不伏老》中是如何为自己画像的?他这位"蒸不烂、煮不熟、捶不扁、炒不爆、响珰珰一粒铜豌豆",一辈子的行为举止是不是也有会让今人诟病的地方?读他的《不伏老》,我们会发现原来关汉卿竟是"半生来折柳攀花,一世里眠花卧柳"之人,竟是一位"除是阎王亲自唤,神鬼自来勾。三魂归地府,七魄丧冥幽。天哪,那其间才不向烟花路儿上走"的风流才子!

　　关汉卿生活的元代,是统治者将知识分子与乞丐、娼妓视为同类的时代,元代立国很长一段时间都没有实行科举取士,关汉卿向上的通道完全被堵绝了,而他的戏剧创作生活则又让他有更多的机会接触那些包括女艺人在内的身处最底层的受侮辱受损害之人。关汉卿的《不伏老》,无疑包含着其对朝廷鄙弃知识分子的愤激,但他直率大胆地向世人明示他的"眠花卧柳"行迹,同时也说明了关汉卿的确有过此等放浪形骸之举。

　　现在我们再将视线转向柳湘莲,这位"爽侠"为何会被人"误认作优伶一类"的人?这就不得不提及柳湘莲的门第出身与教育背景了。对此,曹雪芹交代得十分清楚——"那柳湘莲原是世家子弟,读书不成。"

　　柳湘莲原来也是"世家子弟"!何谓"世家"?"世家",即世代显贵的家族或大家。何谓"子弟"?"子弟"指年轻人。《管子》之中即有"子弟以孝闻于乡里者几何人"的文句,《荀子·非十二子》中也有"遇长则修子弟之义,遇友则修礼节辞让之义"这等对年轻人进行道德训诫的教条。

　　曹雪芹于叙写柳湘莲出身的"世家子弟"前添以"原是"二字,则是说明柳湘莲的家族已经败落,而且至柳湘莲这一辈更因"读书不成"已经败落至身无分文的境地。柳湘莲的这种境地,曹雪芹也于本回借柳湘莲与宝玉谈论秦钟的对话中明确地写出——"你知道我一贫如洗,家里是没的积聚,纵有几个钱来,又随手就光的。"可正是这样一贫如洗的柳湘莲,也没有忘记已经去世的朋友秦钟，还会去为秦钟修坟，原来这是一位特别珍重友情的情侠！

每每读到柳湘莲与宝玉于赖尚荣书房告别时的那段对话，我便会有一种莫名的感动——

> 湘莲道："你那令姨表兄还是那样，再坐着未免有事，不如我回避了倒好。"宝玉想了一想，道："既是这样，倒是回避他为是。只是你要果真远行，必须先告诉我一声，千万别悄悄的去了。"说着便滴下泪来。柳湘莲道："自然要辞的。你只别和别人说就是。"说着便站起来要走，又道："你们进去，不必送我。"一面说，一面出了书房。

宝玉与柳湘莲，一个是荣国府最尊贵、最受宠的贵公子，一个是沦落至身无分文之境的世家落魄子弟，他们为何能成为洒泪而别的至交？

因为，宝玉与柳湘莲之交，有超越门第出身的彼此尊重，有朋友之间真正的彼此欣赏，有超越人性弱点的灵魂相知，有对尘世间真情的珍重与眷顾！

曹雪芹曾借"冷子兴演说荣国府"的情节，向我们展现了他的"文化人格类型观"。在我看来，柳湘莲无疑可以归入曹雪芹所欣赏的"寒士""奇侠"之列，即使他沦落天涯，沦为优伶，也将会是"名优"；即使他被逼成为"强梁"，也将是"奇侠"。

问世间情为何物？问世间"友情"为何物？曹雪芹其实是在借这一回尝试为读者做出他的回答！

诗人，就是那画中人

——读《红楼梦》第四十八回

"滥情人情误思游艺，慕雅女雅集苦吟诗"

> 曹雪芹笔下的香菱，是身处污泥浊水也仍要努力活出独特的清逸之气、"有棱有角"的香菱。

读到"慕雅女雅集苦吟诗"中以下情节，我就在想，曹雪芹写至这里时，他自己也一定是极为得意的——

> 至暖香坞中。惜春正乏倦，在床上歪着睡午觉，画缯立在壁间，用纱罩着。众人唤醒了惜春，揭纱看时，十停方有了三停。香菱见画上有几个美人，因指着笑道："这一个是我们姑娘，那一个是林姑娘。"探春笑道："凡会作诗的都画在上头，快学罢。"说着，顽笑了一回。

为什么曹雪芹会得意？因为曹雪芹笔底所要塑造的诗意的香菱、"根并荷花一茎香，平生遭际实堪伤"的香菱的形象即将完成，他就如惜春面对那一幅正待完成的、"立在壁间，用纱罩着"的大观园青春韶华图一般得意！

何谓画中人？画中人，就是以脱俗的生命姿态行走在尘世中的人。他们虽然活在尘世中，但是始终以诗意对抗平庸，对抗污浊，对抗孤独，对抗邪恶！

大观园是一座青春的大观园，也是一座诗意的大观园。栖居于大观园的薛宝钗是诗人，林黛玉是诗魂，惜春描画笔下的大观园诗意图，当然不能缺少她们！

贾探春也是诗人，大观园的海棠诗社就是由她发起成立的。探春笑着为香菱送去肯定与赞叹——"凡会作诗的都画在上头，快学罢。"这于生活在恶俗的薛呆子身边的香菱来说，是多么大的鼓励。

其实，香菱本就是一颗诗歌的种子！她如一颗沉埋于水塘淤泥之底的千年不腐的古莲种子，只待某一时日，终将冲出淤泥，亭亭玉立地绽放，摇曳于风中，飘散着属于自己的清香！香菱多么渴慕能像薛宝钗、林黛玉及贾探春那样以诗意的生命姿态行走于大观园内，她进入大观园，拜得林黛玉为师，终于学有所成，尽管遭到探春、宝钗善意的戏谑，但对于香菱来说，真可谓是求仁得仁，终偿所愿。

香菱之所以葆有一颗向善向上向美、渴望诗意栖居的心，这首先源于她的出身，她原本就是乡宦甄士隐的女儿。甄士隐是一位有诗心的读书人，身上有着一股清逸之气，他早已在自己年幼的女儿心田种下了一粒诗歌的种子。他为女儿取名"英莲"，也寄寓着对女儿要活成"出淤泥而不染"的莲之生命姿态的期冀。

但是命运总爱捉弄人，甄英莲却成了"真应怜"的命途多舛之人。她先是被人贩子拐走，又被呆霸王薛蟠自冯渊身边抢走。入得薛家后，并不记得自己的名字的甄英莲又被薛宝钗取名为"香菱"，后来又被夏金桂强行改名为"秋菱"。一个女奴，一个连姓名权都被剥夺了的女奴，却仍葆有梦想，竭力想活出尊严，展现自己的生命意志。而事实上，她在现实庸常的生活中，是很难有机会去实现这样的梦想的，而作诗于她来说简直就是奢望，若这份奢望一旦得以实现，那于她来说无疑是一种补偿！

在中国人的文化辞典中，一提及"菱"，我们就不得不正视其审美意趣的高雅程度是不及"莲"的这一事实，但香菱呢，她却从不自弃。以中国传统的审美来看，菱花之雅，菱花之品，的确不及桂花，更不及兰花，香菱却不卑不亢地在女主子夏金桂面前朗声宣告菱角也自有"一股清香"！

这样的告白，其实就是好一个有"棱"有"角"的香菱的人格宣言！

即使命运之神将她置身污泥浊水之中，她仍葆有要活出独特的清逸之气的心志，她仍拥有想努力挣脱污泥浊水以求绽放的坚韧意志。这样的一份坚忍与坚韧，这样的一份自重与自赏，怎能不让人生出敬重之心！

对香菱有了这样的了解之后，我们就不难理解这位心底埋藏着一颗诗心的香菱，经宝钗提议、被薛姨妈允准可以进入大观园陪侍女主人薛宝钗，一得到机会，她最先想到的是什么？——是作诗！

对香菱有了这样的了解之后，我们就会明白一个人是不是选择以诗意的生命姿态活着，更多的是一种个体的选择！

本回中有一处细节，极为值得欣赏，那就是贾宝玉在见了香菱的第一首吟月诗后的感叹——

这正是"地灵人杰"，老天生人再不虚赋性情的。我们成日叹说可惜他这么个人竟俗了，谁知到底有今日。可见天地至公。

在贾宝玉看来，人生于天地间，是万物之灵，原本就不应该辜负造物主所赋予人的"性情"，这份"性情"不正是每一个人应该葆有的诗性吗？

曹雪芹这样写宝玉深长的叹息，是不是也是在告诉我们读者，生活在现实的、庸常的尘世中，人是不是不能失去那一颗诗心？

　　"平生遭际实堪伤"的香菱尚且憧憬着要成为青春的、诗意的大观园中的画中人，那么我们有什么遁词为自己自甘平庸作辩护呢？

青春之歌的最美乐章

——读《红楼梦》第四十九回

"琉璃世界白雪红梅，脂粉香娃割腥啖膻"

> 《红楼梦》的又一主旨，是赞美令人称羡的才情、易逝的韶华及人与人之间相交的和谐与温馨之景。

　　《红楼梦》中有追忆，有伤悼，正如第五回太虚幻境所演《红楼梦·引子》中所言——"趁着这奈何天，伤怀日，寂寥时，试遣愚衷。因此上，演出这怀金悼玉的《红楼梦》。"

　　追忆什么呢？在种种的追忆之中，当然有人间美好而又纯真的情愫，当然有人人称羡的才情，当然有最值得眷恋却又转瞬已逝的青春韶华，当然还有人与人之间相交的和谐与温馨。

　　可以说，《红楼梦》第四十九回，是诗，是前八十回中最明媚的诗篇；《红楼梦》第四十九回，又是《红楼梦》的青春之歌，它与第五十回"芦雪广争联即景诗，暖香坞雅制春灯谜"共同组成了这一曲"青春之歌"最动人、最欢快、最明媚、最美好的乐章！

　　这一乐章的主题，没有明争，没有暗斗，没有彼此间的嫉妒，没有设防，没有试探，没有猜忌，没有八面玲珑，没有逢场作戏，没有嫁祸于人，没有煽风点火，没有落井下石，没有惶恐惊惧，更少有垂泪哭泣！

无怪乎曹雪芹为这一章取名"琉璃世界白雪红梅，脂粉香娃割腥啖膻"。"琉璃世界"就是透明的、纯洁的、敞亮的、开阔的世界；"白雪红梅"，在一片白茫茫的洁净的大地上，数枝红梅凌寒吐艳的生命姿态，就是这些正值韶华、才情过人、性情各异的"脂粉香娃"恣意展现其青春活力的象征。

这样一个"琉璃世界"，是借一双懂得欣赏、懂得呵护美丽与善良的宝玉的清澈眼眸呈现的——

　　一面忙起来揭起窗屉，从玻璃窗内往外一看，原来不是日光，竟是一夜大雪，下将有一尺多厚，天上仍是搓绵扯絮一般。宝玉此时欢喜非常，忙唤人起来，盥漱已毕，只穿一件茄色哆罗呢狐皮袄子，罩一件海龙皮小小鹰膀褂，束了腰，披了玉针蓑，戴上金藤笠，登上沙棠屐，忙忙的往芦雪广来。出了院门，四顾一望，并无二色，远远的是青松翠竹，自己却如装在玻璃盒内一般。于是走至山坡之下，顺着山脚刚转过去，已闻得一股寒香拂鼻。回头一看，恰是妙玉门前栊翠庵中有十数株红梅如胭脂一般，映着雪色，分外显得精神，好不有趣！

这样的琉璃世界，就是《红楼梦》第四十九回中故事展开的背景与色调，也是"脂粉香娃"所演绎的青春之歌的背景音乐。

这一曲青春之歌，其乐章最为和谐！

李纨与王熙凤是妯娌，李纨策划芦雪广即景联诗，她即使一边忙着"打发人笼地炕"，一边也还不忘"给凤丫头个信儿"，邀请王熙凤这个"监社御史"与会。第二日"为发放年例正忙"的王熙凤，也没有怠慢这场诗会，她虽然先是打发平儿"回复不能来"，但最后她还是"披了斗篷"来参加了诗会，兑现了她不做"大观园的反叛"的承诺。在这一回，你是读不到第四十五回王熙凤与李纨之间那种"进钱的铜商"与"给平儿拾鞋也不要"的心机语与嘲讽话的！

宝钗与黛玉，曹雪芹于前四十八回，曾多次叙写她们之间的彼此设防与猜忌，可这一回曹雪芹先是借"年轻心热，且本性聪敏"的宝琴之眼，看出了林黛玉等人"和姐姐皆和契"，还让宝琴发现林黛玉"是个出类拔萃的"姑娘。林黛玉独特的生命姿态也让宝琴"更与黛玉亲敬异常"。曹雪芹这样叙写之后，又借宝玉在私底下笑问黛玉"是几时孟光接了梁鸿案"之语，引出了黛玉对宝钗的评判——"谁知他竟真是个好人，我素日只当他藏奸"。宝钗、黛玉、宝琴之间亲如胞姊妹的温馨与和谐之美，曹雪芹于此回也写得足以让人动容。

这一回中的黛玉，的确也曾落泪，但这是人之常情。黛玉也曾随宝钗、李纨、探春去王夫人的上房，迎接远客薛宝琴、李纹、李绮、邢岫烟，在这样"乌压压一地的人"的欢喜场合中，她首先是为众人"欢喜"，而后才是"垂泪"。曹雪芹对林黛玉流泪的场面描写，是用心良苦的，他笔下的林黛玉"先是欢喜"，"次后想起众人皆有亲眷，独自己孤单，无个亲眷"，才"不免又去垂泪"。你们想一想，林黛玉的"先是欢喜"，于她来说，是她性格上的一个巨大的变化，此时，她不再是完全活在孤傲的世界中的"情情"者，她也开始为他人的欢乐而欢乐了。只是面对此团聚之景，黛玉想起自己父母双亡，才"不免"落泪，而且是"又去垂泪"，回到自己的潇湘馆垂泪。曹雪芹笔下的"不免"二字，写出了孤女林黛玉心中的万般心酸，"又去"二字，则又勾勒出林黛玉不愿搅了他人团聚的欢乐而选择悄悄地离开的落寞及自尊！

美丽得让贾母逼着王夫人当即认作干女儿的薛宝琴的出现，的确让大观园众金钗心中生起了波澜，连宝钗也不例外。宝钗也的确对堂妹薛宝琴一来就得到贾母的特别宠爱而生出了一丝丝嫉妒之意。宝钗甚至还刻意拿宝琴身穿的由贾母所赐的"金翠辉煌"的凫靥裘开起了玩笑——"你也不知是那里来的福气！你倒去罢，仔细我们委屈着你。我就不信我那些儿不如你"，宝钗的话引得湘云接嘴——"宝姐姐，你这话虽是顽话，恰有人真心是这样想呢。"豪爽憨直的湘云的矛头显然是直指黛玉，而之后湘云看到的情景，却让宝玉也诧异万分——"一时林黛玉又赶着宝琴叫妹妹，并不提名道姓，直是亲姊妹一般。"显然，在这一回中，曹雪芹保留了人物丰满的个性，落笔所竭力展现的却是钗黛湘之间和谐相处的一面。

曹雪芹借探春与湘云之口着力称扬薛宝琴，更加突显了钗黛湘之间的和谐关系。且看湘云是如何赞美穿着贾母所赐凫靥裘的薛宝琴的——"这一件衣裳也只配他穿，别人穿了，实在不配！"这是多么由衷的赞美啊！当袭人笑问探春说"他们说薛大姑娘的妹妹更好，三姑娘看着怎么样"时，再看探春是怎么回答的——"果然的话！据我看，连他姐姐并这些人总不及他！"探春的评语，又哪有一丝丝嫉妒？有的只是清醒的自我认知，有的只是由衷的欣赏！

那一天，红楼众金钗，分别从稻香村、蘅芜苑、秋爽斋款款走出，踏雪向我们走来，为的是奔赴一场青春的诗歌盛会！那一天的她们，都是诗神的化身，她们以天地为纸，以酒为墨，以飞雪为灵感，争联即景诗，尽情地挥洒着她们心中的大自由、大奔放！

即景联诗，诗如其人

——读《红楼梦》第五十回

"芦雪广争联即景诗，暖香坞雅制春灯谜"

> 如何展现人物的个性？曹雪芹借即景联句这个情节将众金钗独特的才思、性情与人格都展现出来了。

就如《闻官军收河南河北》是杜甫平生第一欢快的诗篇一样，"芦雪广争联即景诗"，应该也算得上是曹雪芹创作《红楼梦》整部书时下笔最欢愉的一回吧？

即景联句，是最能见才思才情的！争联即景诗，那就还不只是见才思与才情了，更能照见诗人的人格！在这一回，众金钗不同的性情与人格，都淋漓尽致地被曹雪芹刻画了出来。

薛宝钗是做什么事都最有规矩意识的，她守秩序，都守到了骨子里。

李纨定了诗题为"即景联句，五言排律一首，限二萧韵"，并声明她"不大会作诗"，"我只起三句罢"，"然后谁先得了谁先联"。结果呢？宝钗当即就对李纨的赛制提出异议，建议"到底分个次序"。

试想想，一分次序，哪里还有"争"联的场面呢？从这一角度来说，宝钗这等人，在热闹场合中是一个不太能给人带去欢乐的人！

而李纨呢？她是一个极有亲和力的"社长"，岂能不依薛宝钗的提议？结果是"众人拈阄为序"。

此时，李纨都已经声明由她来为"五言排律"联诗开篇，此刻的王熙凤却不甘寂寞，爱表现、爱出风头的她，虽斗大的字不识几个，但还偏偏要求说："我也说一句在上头"！善做顺水人情的宝钗当即就于"稻香老农之上补了一个'凤'字"，于是李纨将即景连缀五言律诗的题目与规则讲给了王熙凤听。王熙凤那是"想了半日"啊，"想了半日"这是多么庄敬的神情啊，好在她终于憋出了一句"一夜北风紧"。这还真是难为她了，不过倒赢得了众人的称赏不已！其实，王熙凤也是一个有夙慧的人，她能关注到"一夜北风紧"，说明她也有一颗诗心。王熙凤说她"听见了一夜的北风"，才"有了一句"，这很容易让我们联想到"小楼一夜听春雨"。她的"一夜北风紧"用在五言排律的开篇，的确也"留了多少地步与后人"，虽是无意插柳，却成了后面来续联的众金钗特别愿意接受的开篇。

好戏一开头，精彩一一在后头！

一开始，众金钗还是按照抓阄的次序轮流来联句的。

李纨先是以"开门雪尚飘"应对王熙凤的"一夜北风紧"，然后留下出句"入泥怜洁白"。这显然是寡居持重的长嫂的声气，"入泥怜洁白"就是李纨的心志告白。

入会不久的香菱以"匝地惜琼瑶"对李纨的"入泥怜洁白"，以琼瑶为喻，形容白雪落入污泥，犹如琼瑶抛撒遍地，令人怜惜。以诗言志，"匝地惜琼瑶"其实也是"根并荷花一茎香"的香菱，以雪为喻，表白自己虽落入呆霸王这等蠢俗之辈的掌心，仍葆有自我珍重之心。这是香菱第一次于诗歌雅聚中展示性情，她能顺利续上，就已经不俗，更让人惊奇的是她道出的"有意荣枯草"，还逗出了探春的佳句"无心饰萎苕"——无心为秋天枯萎的苇花作点缀。探春的诗是冬日之雪对秋的诉说，也是对秋的颓败的告别。如果说香菱的"有意荣枯草"道出了雪的牺牲精神，那么探春的"无心饰萎苕"则显露出了她勇于面对现实、乐观憧憬未来的性格特征，这等旷达语、豪迈语恐怕也只有探春与湘云方能道出。

探春的出句"价高村酿熟"，展现出了雪日大地上的烟火气——雪大天寒，围炉聚饮、借酒御寒的人，相较于往日自然更多，因而酒价也比平日里涨了不少。李绮是李纨的堂妹，一个出身于官居国子监祭酒之位的家族千金，她以"年稔府粱饶"——瑞雪兆丰年，来年官仓中的粮食将会异常充实——来对探春的"价高村酿熟"，不仅对得工整，而且那种盛世太平的气象也被展现了出来，着实展示出了出身诗礼大家的李绮的文化素养。李绮的出句是"葭动灰飞管"——律管里的葭灰飞动，这等诗句一出，已经表明李绮在带节奏了，她带起了下面众金钗"用典抒情"的节奏。李纹很自然地对上"阳回斗转杓"——斗柄已转，正是阴极阳回的冬至节气。李绮、李纹姐妹，将那十月里的头场大雪置于斗转星移的大自然的时序轮转之中，自有其开阔的视野，也展露了其不凡的气度。

李纹的出句"寒山已失翠"，以远观的角度，写出了大雪之厚，意境之阔大；岫烟对以"冻浦不闻潮"，则是诉诸听觉，极写冰封之厚，同样渲染出了雪天之寒。

岫烟续以出句"易挂疏枝柳"——柳枝因雪天大寒，平日里稀疏柔弱的枝条也因冰冻变得坚硬，而得以承托迅速凝聚的雪花。这等诗句不仅显露出了抒情主人公岫烟观察自然景物的心思之密，而且也展现出了她于大观园众金钗中虽家境相对贫寒却能承受风雪之欺的生命韧度。湘云的对句"难堆破叶蕉"——蕉叶软滑，更兼破败，飞雪更难于其上聚积，这一诗句极写雪的气节与矜持，此句与探春的"无心饰萎苔"，展露的性情是一致的，伤感、颓败之美绝不是湘云所爱，这又恰恰与她"英豪阔大宽宏量"的气质是相吻合的！

湘云的出句"麝煤融宝鼎"——燃鼎炉以取暖，引出了宝琴的对句"绮袖笼金貂"——笼两袖于貂皮中以御寒。这里场景由户外转向室内，借细节写出了贵族之家的闺阁千金雪天的日常生活，富贵之气扑面而来，这也正是曹雪芹笔下所要绘就的宝琴的形象。

宝琴的诗才，是可以与湘云、黛玉相匹敌的，且读读她的对句"绮袖笼金貂"与出句"光夺窗前镜"——雪夺窗前之镜光，是不是很容易让我们联想起白居易《夜雪》中的"已讶衾枕冷，复见窗户明。夜深知雪重，时闻折竹声"？白居易分别以触觉与视觉写雪之重、雪之寒，将侧面烘托的手法运用得极为娴熟。宝琴诗句的意趣之妙，已经达到这等高度，恐怕只有林黛玉或宝钗才能续上！

果不其然，曹雪芹推出了林黛玉！黛玉先对以"香粘壁上椒"——雪附在富贵之家的壁上，因而也沾得了那室内的椒香。你看，雪借助风的力量，没有什么地方不能成为其领地，而为了展现雪的这种力量，黛玉既能够借助视觉还能够倚仗嗅觉来表达，而且与宝琴一样写出了闺阁之气。同样是五个字，想想看，黛玉的对句是不是更胜宝琴、湘云一筹？

黛玉的出句是"斜风仍故故"——风吹阵阵。倒是平白如话！为什么黛玉的出句如此浅易？因为按抓阄的次序排列，下面该是宝玉出场了，黛玉对宝玉的体贴就体现在这样的细节之中，她这样做为的是不难为宝玉。宝玉很顺利地接上了一句"清梦转聊聊"——雪夜天寒，夜深难眠，因而清梦也较往日少了许多。

宝玉的出句是"何处梅花笛"——是谁家响起了吹奏《梅花落》的笛声？

宝玉显然是在借听觉以落梅来隐喻飞雪。按次序最后出场的应该是宝钗，宝钗对的是"谁家碧玉箫"——箫截竹制成，以碧玉比喻翠竹，同时碧玉也是女子名，"碧玉箫"与"梅花笛"相对，工巧到了极致，而且还给人留下了极大的联想空间——金玉最终能否结成良缘？箫笛能否如琴瑟一般和鸣？

宝钗以"谁家碧玉箫"对宝玉的"何处梅花笛"之后，她的出句却是难度极高的诗句"鳌愁坤轴陷"——大海龟因为担心雪压塌地面而发愁！这句诗的境界是何其开阔，意象是何其独特，用典是何其古雅，笔势是何其有力，诗境又是何其蕴藉！

第一轮按抓阄次序排定的十二位大观园诗人的联诗结束了，按规则该进行第二轮了，王熙凤已经早早告退，这下该李纨出场了。面对薛宝钗的"鳌愁坤轴陷"，李纨还真的犯了愁。可李纨自有应对的办法，只见她从容地说道："我替你们看热酒去罢。"这样的话也只有李纨才能说出来，她的"不争"就是她品性中标志性的符号。

李纨没有接招，按顺序就该香菱了。或许是薛宝钗知道香菱的诗力不够，或许是薛宝钗存心要让其堂妹借机大显诗才，既然李纨看热酒去了，李纨让贤了，薛宝钗就"命宝琴续联"。可是呢？——"只见湘云站起来道：'龙斗阵云销。'"好一句"龙斗阵云销"！以玉龙战罢，其鳞片纷纷飘落飞舞来比喻大雪之密、之洁、之气势，这等对句与薛宝钗的"鳌愁坤轴陷"相较，无论工整度，还是气势、笔力、意象之美，均不逊色。湘云之诗才，湘云之自信，湘云之豪气，皆在那舍我其谁的"只见湘云站起来"七个字中充分展现！

湘云对以"龙斗阵云销"之后，出以"野岸回孤棹"——晋代名士王子猷雪夜乘舟访戴，兴尽而返。刚才已被湘云抢了先，此刻宝琴怎能再让？于是她"也站起"吟出了"吟鞭指灞桥"，此诗句显然也巧妙地化用了典故——善诗的唐代相国郑綮应对朋友"相国近为新诗否"的对语："诗思在灞桥风雪中驴子背上，此处何以得之？"

湘云于第四十九回就曾揶揄黛玉是"假清高"，说她史湘云现在是"腥膻大吃大嚼"，吟诗时必定是"锦心绣口"，并声称"是真名士自风流"，现在她引东晋名士王子猷雪夜访戴以状雪天冻地中温暖的人间友情，所要极力张扬的也是她率真旷达的个性！

薛宝琴以唐代相国为喻应对湘云，在诗兴诗趣之外，显露的则是一种闲适气与富贵气，这与她即将嫁入梅翰林府第成为贵妇人的气质倒是十分吻合。

宝琴的出句"赐裘怜抚戍"——皇帝怜恤将士雪中辛勤抚边戍守而赐以过冬的衣裘，这是暗用《唐诗纪事》中唐玄宗的宫女制棉袍赐边军之典，这位宫女后被唐玄宗赐离皇宫嫁与那一士兵。这样的诗句，分明是颂圣之语。只见湘云"那里肯让人，且别人也不如他敏捷"，"都看他扬眉挺身"地吟出了对句"加絮念征徭"——制衣者惦念正在边境服徭役的征人寒冷，于是在衣中多加了些棉絮。这样的对句，又是何其贴切！

湘云的出句"坳垤审夷险"——大雪铺平了洼坑和高坎儿，走路时需要细察路面的高低不平，这是由"用典抒情"至生活日常，形容雪之大。大雪天出行，人们必极度谨慎，以这样的生活日常景状入诗，是作诗时另一种新巧的角度。怪不得宝钗"连声赞好"，并讲出了自己的对句"枝柯怕动摇"——行人雪地行走，担心被雪压塌掉下来的树枝砸伤。宝钗对湘云，对的也是生活寻常事，且写出了雪日行走于大树下每一个人的心理，真可以说是平中见奇。

宝钗接着吟出"皑皑轻趁步"——人行于皑皑白雪之途，谨慎小步向前。这是以行人之态，形容雪之厚，也是稳重的宝钗所对的诗行；黛玉对以"翦翦舞随腰"——白雪随风飞旋，轻盈曼妙，这一诗句不仅状写雪之色，还摹画雪之姿，且语言清丽，正是喜爱王维的黛玉的诗风。

黛玉出句"煮芋成新赏"——苏东坡曾赞其子苏过以山芋做成玉糁羹，

赞语有"香似龙涎仍酽白"之句，如果用此句来比喻雪之洁白，这当然是另一种新奇的赏鉴；被黛玉推着应对的宝玉对以"撒盐是旧谣"——晋代谢安的侄子谢朗曾以"撒盐空中差可拟"，来应对叔父的"白雪纷纷何所似"之问，这样的典故用于大观园芦雪广即景联诗，两者相较，谢安与谢朗的问对，自然是昔日的歌谣了。

可为什么宝玉的对句，却招来了湘云的嘲笑？——"你快下去，你不中用，倒耽搁了我！"湘云之所以嘲笑宝玉，除了宝玉不集中注意力来联句而被"黛玉推他"之外，还因为宝玉以谢朗自比，则等于承认自己落败于曾以"未若柳絮因风起"来应对谢安之问的谢道韫。如果说谢朗是代指宝玉，那么"咏絮才"指的就是林黛玉，故湘云说贾宝玉不争气，竟自甘失败，因而说宝玉"不中用"。不过，这正是贾宝玉所乐意的，在大观园的群芳面前，他永远只愿做一个欣赏者，永远愿意承认自己不及身边的这些姊妹们有才情。

宝玉吟出了"苇蓑犹泊钓"——长着芦苇的水中犹有蓑衣人泊舟垂钓。这之后轮到湘云展示高光时刻了。结果宝琴先抢着以"林斧不闻樵"——林间已不闻樵夫的斧声，来应对宝玉的出句，以这样的景语极力从侧面状写雪天的酷寒。宝琴接着吟出"伏象千峰凸"——被积雪覆盖的山峰如伏卧的白象，能吟出这样具有恢宏的气度，又有如此阔大的境界，且比喻又如此新奇的诗句，怎会不让人称赏？湘云接以"盘蛇一径遥"——此句从字面上理解是，雪地小路似盘曲的长蛇，也可以理解为雪覆大地，足印使小径上曲曲弯弯的痕迹更加显露。这等诗句也是有虚有实，虚实相生，蕴含无限的妙趣！一生酷爱《红楼梦》的一代伟人毛泽东就曾将这两句化用至其《沁园春·雪》中，填出的诗句就是"山舞银蛇，原驰蜡象"，可见曹雪芹笔下宝琴、湘云的诗句足可以不朽！

湘云再以出句"花缘经冷聚"——由于天冷雪花才凝聚而成，来挑战众金钗。此刻探春挺身应对，续以"色岂畏霜凋"——洁白的颜色哪里会因怕霜冻而消退？这等诗句当然仍是探春的性情流露。探春出以"深院惊寒雀"——大雪雀饥，噪声如惊，道出的虽是寻常雪天的景象，但于景中生出诗意却并非易事；湘云正渴，就在她"忙忙的吃茶"的那一刻，岫烟对以"空山泣老鸮"——雪光照得夜色如同白昼，怕光的鸥鸮因不能捕食而哀泣，回应了探春的出句。

岫烟出以"阶墀随上下"——雪随台阶上下覆盖。湘云应声对的是"池水任浮漂"——在池水中任意漂浮。以生活日常对生活日常之景，仍是在描摹雪之色，雪之姿！

湘云再出以"照耀临清晓"，与黛玉的对句"缤纷入永宵"构成互文，极力渲染雪下的时间之久，纷纷扬扬，扯天扯地，自昏及晓，绵绵不绝。

黛玉出以"诚忘三尺冷"——戍守边关的将士因忠诚而忘却了手中所持三尺剑的寒冷，这仍是极力渲染雪带给人的苦寒之感；湘云对句"瑞释九重焦"——瑞雪兆丰年，可以消除居处在九重高天的皇帝的焦虑。读到此等诗句，我们千万不能以今律古，苛责黛玉怎么也会吟出这等颂圣之句。我们一定要明白，这是诗会雅集，何况还必须应对他人的出句，或主动或被动，"从众"的心理都会于其诗句中显露出来。儒家对于诗教的追求就是"兴于诗，立于礼，成于乐"，诗礼之乐的最高境界就是要臻于哀而不怨、乐而不淫、温柔敦厚。

湘云续以出句"僵卧谁相问"，借用汉代袁安卧雪的典故，仍在极力渲染雪之大、雪之厚——汉代时，有一次，大雪积地，深达丈余，洛阳令外出巡察，见百姓都除雪开路，方能出门，袁安却闭门不出，人问其故，袁安说"大雪，人皆饿，不宜干人"。湘云化用此典，令诗句寒气逼人！而薛宝琴对的"狂游客喜招"，也暗用典故，即唐代王元宝雪天招客宴饮的故事——每逢大雪，王元宝就让仆人从巷口到家门，扫雪开路，招客饮宴，名为"暖寒会"。薛宝琴的对句也是在极力渲染雪之大，但宝琴诗句的色调，相较于湘云，更显温暖。

薛宝琴随即又吟出"天机断缟带"——飘落的白雪，犹如从天上织女身边飞落下的缟带，湘云急忙接以"海市失鲛绡"——那飘落的白雪，又何尝不像海市移来的鲛绡？其用典之妙，对仗之工，比喻之巧，自不待言。

诗魂林黛玉的诗兴，此刻也完全被激发了出来，她竟然破坏了李纨定下的联句规则，竟然不等湘云出句，吟出了"寂寞对台榭"之句。湘云岂能甘心相让，应声对以"清贫怀箪瓢"——穷苦之士由于大雪封门饮食无着，连像先贤颜回那样的"箪食瓢饮"的清贫生活也怀念起来了。

薛宝琴也没有等着湘云续吟出句，成了第二个破坏联诗规则的人，她"也不容情"地抢着吟出了"烹茶冰渐沸"之句，湘云却并不气恼，反"自为得趣"，赶忙笑着对以"煮酒叶难烧"。先是林黛玉没有让史湘云生畏，后是薛宝琴也无法让史湘云语塞，于是黛玉再吟出"没帚山僧扫"，这时，接句的不是湘云了，而是宝琴迎战黛玉，只听宝琴对以"埋琴稚子挑"。此刻，已经"笑的弯了腰"的湘云终于抓住时机吟了一句出句——"石楼闲睡鹤"，"笑的握着胸口"的黛玉也不等他人思虑，以"锦罽暖亲猫"一句来"高声"回应了湘云。

此时，众金钗已形成混战了。宝琴出以"月窟翻银浪"——以月光普照喻白雪遍地。湘云立即回以"霞城隐赤标"——用隐没的仙山赤城山这样的高峰也被积雪覆盖，状写雪之深、之厚。黛玉再吟出"沁梅香可嚼"以对——传说，宋代有一铁脚道人"常爱赤脚走雪中，兴发则朗诵《南华·秋水篇》，嚼梅花满口，和雪咽之。曰：'吾欲寒香沁入肺腑。'"黛玉用此典入诗，已经将主题转向"雪之趣""雪之爱"了，当众人还没有反应过来之时，谁听明白了黛玉的用意？——是薛宝钗！宝钗当即"笑称好"，随后对以"淋竹醉堪调"——醉闻雪压竹之声的时候，正是抚琴的最好时刻。宝钗用的是何典？正是宋代王禹偁《黄冈竹楼记》的典："冬宜密雪，有碎玉声；宜鼓琴，琴调虚畅。"

黛玉与宝钗，对雪天之景的欣赏，已经完全达到了审美的高度！联句至此，宝琴再出句"或湿鸳鸯带"，湘云对以"时凝翡翠翘"，这句虽然也状写出了雪日贵族妇女出游赏景时衣饰摇动的情态，但已经无法与前面钗黛的"沁梅香可嚼，淋竹醉堪调"相匹敌了。黛玉再出以"无风仍脉脉"，宝琴对以"不雨亦潇潇"，以雪之飘飞的潇洒暗点雪中赏景之人的洒脱与从容，如一曲音乐作品，逐渐在向尾声部分收束了。

联句至此，会心的读者都知道，在这一场十二人参与的即景联诗大赛中，如果非得要分出轩轾的话，自然应该还是钗黛湘琴四人更胜一筹！

联诗至此，"湘云伏着已笑软了"，"众人看他三人对抢，也都不顾作诗，看着也只是笑"，黛玉仍未尽兴，推着湘云往下联，并对湘云施以激将法——"你也有才尽之时，我听听还有什么舌根嚼了！"湘云此时已"只伏在宝钗怀里，笑个不住"，宝钗也正要推湘云继续联句："你有本事，把'二萧'的韵全用完了，我才服你。"湘云答得极妙："我也不是作诗，竟是抢命呢。"本回标题"争联即景诗"中的一个"争"字，就这样于湘云的笑声中淋漓尽致地道出了。

最后还是李纨出场收尾，只听李纨吟出"欲志今朝乐"，李绮对以"凭诗祝舜尧"，大观园芦雪广争联即景诗的乐章，终于在二李的"颂圣"之音中完美地画上了休止符。

至于贾宝玉的"访妙玉乞红梅"与李纨、李绮、李纹拟制"观音未有世家传——虽善无征"等典雅的春灯谜，当然也是曹雪芹精心构思的第五十回中的重要情节，虽然也不乏可圈可点之处，对《红楼梦》后续的情节展开也极为重要，但这些情节与"芦雪广争联即景诗"相比，如果仅从渲染大观园中浓郁的诗意及展现人物性格的角度看，"乞红梅"与"制灯谜"，实在也只能算是"争联即景诗"场面的余波！

袭人的脸

——读《红楼梦》第五十一回

"薛小妹新编怀古诗，胡庸医乱用虎狼药"

> 于故事中不动声色地进行反讽，描摹人情与人性，是曹雪芹最常用的写作技巧。

树活一张皮，人活一张脸！而中国人又是尤其看重"脸"的！

"脸"是什么？"脸"可以是上下尊卑的设定，可以是权力大小的象征，也可以是财富多寡的体现！

"脸"是尊严！也是自我认同与来自他人及社会的认同！而中国人又尤其看重来自他人及社会的认同。

第五十一回中曹雪芹写了许多涉及人的"脸面"的故事，其中就有怡红院的头号大丫鬟袭人以什么样的"脸面"回家探望她病危的母亲的情节。

我总觉得曹雪芹是一个特别具有幽默感的人，当然他也是一个反讽高手！

花袭人的哥哥花自芳来荣国府请求主子们开恩，放袭人回娘家一趟，理由是袭人的母亲"病重"，当然袭人的母亲也特别希望能于生命的弥留之际见上女儿一面。

这是太正常不过的请求了，为何还要求得贾府恩典？只因袭人是花家与贾府签了"死契"的女奴，因而袭人的人身自由全得听命于贾府。

可是，袭人虽然为奴，但她毕竟还是人啊！是人，就应该有人性，有人情。病危的母亲想与女儿见最后一面，这是人之常情；反之，女儿听得母亲病危，最符合人情与人性的反应恐怕也应该是不顾梳洗打扮，希望第一时间赶赴生命垂危的母亲的病榻之前；贾府的主子呢，如果有人性，知人情，也应该于第一时间做出满足袭人这一心愿的安排才合乎人情。

可事实呢？——却不是这样！王夫人答应了花自芳的请求，然后就交由王熙凤"酌量去办理"。我们且看王熙凤有怎样的反应以及是如何处理这件事的。

王熙凤的第一反应倒不是袭人的母亲此刻是死是活，她第一时间想到的是袭人出门的排场，因为袭人的随从多少、车马大小都关乎荣国府的"脸面"，袭人的穿戴当然更关乎荣国府的"脸面"！

一边是花家病危的母亲望眼欲穿地等待与女儿死别；一边却是荣国府的当家媳妇王熙凤交代周瑞家的——"临走时，叫他先来我瞧瞧！"

这一瞧的时间，真长啊！我看少则有个把时辰——

半日，果见袭人穿戴来了，两个丫头与周瑞家的拿着手炉与衣包。凤姐儿看袭人头上戴着几枝金钗珠钏，倒华丽；又看身上穿着桃红百子刻丝银鼠袄子，葱绿盘金彩绣绵裙，外面穿着青缎灰鼠褂。凤姐儿笑着："这三件衣裳都是太太的，赏了你倒是好的。但只这褂子太素了些，如今穿着也冷，你该穿一件大毛的。"袭人笑道："太太就只给了这灰鼠的，还有一件银鼠的。说赶年下再给大毛的，还没有得呢。"凤姐儿笑道："我倒有一件大毛的，我嫌风毛儿出不好了，正要改去。也罢，先给你穿去罢。等年下太太给作的时节我再作罢，只当你还我一样。"

袭人这次回娘家，自己本来就收拾了"半日"，而凤姐儿对袭人却先是从头看到脚，接着评头论足，再是赐衣，最后才是让袭人换衣，这些时间加起来没有个把时辰？而最让人费解的还是王熙凤评说袭人身上"这三件衣裳都是太太的，赏了你倒是好的"等话语时，竟是笑着说的。这还不打紧，尤其让人费解的是这个即将要去与母亲死别的袭人，此刻竟然也没有一丝戚容，她是笑着来应对王熙凤关于穿什么衣服的话语的。

好一个被卖了个"死契"的袭人，她也真是将荣国府当成了自己的家，与生身母亲似乎是恩断情绝了；她回去与病危的母亲相见，似乎也只是在应王夫人之命去完成一件寻常的差事。

《红楼梦》的读者中，有不少"袭人粉"，不过，我想这样的袭人怎能让人生出敬意来呢？

袭人对亲身母亲都那样薄情寡义，对旁人自然更是冷血。当王熙凤拿自己的大毛衣服让袭人穿去时，再看曹雪芹是如何描写这些冷血的荣国府的奴仆那一张张"脸"的——

众人都笑道："奶奶惯会说这话。成年家大手大脚的，替太太不知背地里赔垫了多少东西，真真的赔的是说不出来，那里又和太太算去。偏这会子又说这小气话取笑儿。"凤姐儿笑道："太太那里想的到这些。究竟这又不是正经事，再不照管，也是大家的体面。说不得我自己吃些亏，把众人打扮体统了，宁可我得个好名也罢了。一个一个像'烧煳了的卷子'似的，人先笑话我当家倒把人弄出个花子来。"众人听了，都叹说："谁似奶奶这样圣明！在上体贴太太，在下又疼顾下人。"

大家看看，众奴仆都在忙着干什么事？在忙着以肉麻的奉承话往王熙凤的脸上贴金！

王熙凤呢，也恬不知耻，竟然照单全收，全收之后，还不忘自夸一番！

曹雪芹描摹人性与人情，就是这样出神入化，细腻至极，这恐怕也是《红楼梦》能常读常新的重要原因之一。

怎样解读晴雯？

——读《红楼梦》第五十二回

"俏平儿情掩虾须镯，勇晴雯病补雀金裘"

> 分析《红楼梦》中的人物形象，不拒斥哲学家式的理性分析，也没必要摒弃自己阅读时与文本所产生的情感上的共鸣。

读欧丽娟的《大观红楼》，受益颇丰。她的一些关于如何阅读《红楼梦》的观点，绝大多数都不乏可取之处。比如阅读文学作品不能"以自己的当下直觉和好恶情绪给予本能的反应"，比如要重视文本中的细节，比如不能完全以今人今时的价值观去评判两百多年前《红楼梦》中所叙写的人与事，比如不能带着"同情弱者""现实补偿""投射与认同"等先入为主的心理去阅读《红楼梦》，比如不能将作者曹雪芹对他笔下的小说人物的看法当成衡量人物好坏的"最高依归"。

欧丽娟主张阅读小说，要以哲学家式的"理性"去分析文本，这固然是必要的。不过，也没有必要摒弃读者阅读时与文本所产生的强烈情感共鸣。且不说事实上读者无法摒弃阅读文学作品时产生的强烈情感共鸣，更主要的是因为情感虽然有可能会遮蔽理性认知，但是我们必须并且不得不理性地认识且坦率地承认：情感有时也能启迪智慧，并催生欧丽娟所说的人的"慈悲"之心，甚至警醒读者"超越自我"。

真正读懂了《红楼梦》的人，真正理解了曹雪芹文心的人，都会承认曹雪芹时刻在暗示我们读者，读他的《红楼梦》要有"情感"上的强烈共鸣，请看一看曹雪芹所拟写的《红楼梦》目录中的标题即可印证我的观点。第二十九回的标题是什么？"痴情女情重愈斟情"。第三十四回的标题是什么？"情中情因情感妹妹"。第三十六回的标题又是什么？"识分定情悟梨香院"。尤其是"情悟梨香院"那一回，完整而细腻地展现了龄官与贾蔷动人的恋情给予贾宝玉的心灵震动，让宝玉明白了世界上还另有一种能超越阶层阻隔的主奴之爱，还另有一种身为下贱却仍努力保持自尊的生命姿态，就在那动情的一幕幕中，让贾宝玉对"真爱"有了"超越自我"的认知。事后，贾宝玉曾长叹着对袭人说："我昨晚上的话竟说错了，怪道老爷说我是'管窥蠡测'。昨夜说你们的眼泪单葬我，这就错了。我竟不能全得了。从此后只是各人各得眼泪罢了。"贾宝玉之所以能得出这样的结论，就是"情悟"的结果，"情悟"让他得以破除贵族公子哥以自我为中心的人格。当然，这一"情悟"的过程，我们也必须承认其中有着理性的思索。阅读文学作品尤其是文学名著的过程，与贾宝玉"情悟梨香院"何其相似？所以我们说"哲学家式的阅读境界"并不能成为阅读文学作品的最高境界，"情悟"与"理悟"是完全可以兼容的，也是不可分离的，称其中的任何一种解悟方式为最高境界，我看都不合适。

不知你们是否注意到了本回中"俏平儿情掩虾须镯"的情节有这样一个细节，平儿是怎么叮嘱麝月的？平儿在叮嘱的话语中又是如何评价晴雯的？曹雪芹是这样叙写的——

究竟这镯子能多少重，原是二奶奶的，说这叫做"虾须镯"，倒是这颗珠子还罢了。晴雯那蹄子是块爆炭，要告诉了他，他是忍不住的。一时气了，或打或骂，依旧嚷出来不好，所以单告诉你，留心就是了。

可是在平儿眼中的"爆炭"晴雯，面对坠儿母亲的逼问，反而被呛得十分尴尬。坠儿的母亲嘲讽晴雯时是这样说的——"我有胆子问他去！他那一件事不是听姑娘们的调停？他纵依了，姑娘们不依，也未必中用。比如方才说话，虽是背地里，姑娘就直叫他的名字。在姑娘们就使得，在我们就成了野人了。"这几句话也的确将晴雯逼得"急红了脸"，但她仍然没有道出坠儿是窃贼的话！

因此，当人人说晴雯是"爆炭"时，我们必须认同，这是不假的！但她又的的确确是一块善良的"爆炭"，是一块疾恶如仇的"爆炭"，是一块透明得不能再透明的"爆炭"！

读懂贾府的礼治秩序

——读《红楼梦》第五十三回

"宁国府除夕祭宗祠，荣国府元宵开夜宴"

> 贾府是既受皇权庇护又由礼治秩序主宰的公爵府第，这也正是《红楼梦》中人物所处的社会环境。

不同的读者欣赏小说，其审美趣味与审美偏好是有偏差的，这是事实。不过，阅读小说不能只将自己的审美趣味完全落在情节与人物这两点上，否则阅读《红楼梦》第五十三回，就很容易让人觉得兴味索然。因为这一回没有跌宕起伏、冲突强烈的情节，作者曹雪芹也没有浓墨重彩地集中去描写某一两个人物。

殊不知《红楼梦》的厚重，决定了我们不仅仅要能够欣赏其情节与人物，还要能读懂决定小说情节走向与人物性格的最主要的力量——文化力量。

这种文化力量之强大，之无边，之无形，在《红楼梦》第五十三回中，得到了最形象、最生动、最集中的展现！

"除夕祭宗祠"，就集中地展示了中国古代贵族的"祭祀"之"礼"，而这种"祭礼"是数千年前即已形成并经一代代"教化"、相传沿袭而来的。

在贾府，按照这种古老的祭礼去祭拜列祖列宗时，你能读到上自贾母下至荣宁二公及一众玄孙贾菖、贾菱、贾芝等人对"礼"的"敬畏"。

为何要将所有建于宁国府中轴线上的房屋"正门"全都"大开"？因为要让列祖列宗的魂灵由大门直入府第来接受子孙的祭拜，这是子孙祭祀时对列祖列宗必持的礼敬之道，即《礼记》中所说的"事鬼神之道"。

次日，由贾母有诰封者，皆按品级着朝服，先坐八人大轿，带领着众人进宫朝贺，行礼领宴毕回来，便到宁国府暖阁下轿。诸子弟有未随入朝者，皆在宁府门前排班伺候，然后引入宗祠。

大年三十除夕之前，贾府众人为何必须先进皇宫？必须先向皇帝"行礼"？必须先于皇宫"领宴毕"方至贾府宗祠举行祭礼？——因为宁荣二公为臣，臣子及其后裔的尊荣全都来自君王的恩赐，行家祭之前谢皇恩，这可以"见君臣之义"。

曹雪芹借薛宝琴之眼，将读者的目光聚焦于贾府宗祠的御笔牌匾"星辉辅弼"，也聚焦于御题的两副对联"勋业有光昭日月，功名无间及儿孙"与"已后儿孙承福德，至今黎庶念荣宁"，其目的是什么？这也是在提醒读者这牌匾、这对联，可以"见君臣之义"。

里边香烛辉煌，锦幛绣幕，虽列着神主，却看不真切。只见贾府人分昭穆排班立定：贾敬主祭，贾赦陪祭，贾珍献爵，贾琏贾琮献帛，宝玉捧香，贾菖贾菱展拜毯，守焚池。

贾府的与祭之人，为何要"分昭穆排班立定"？"昭穆"是什么意思？为何是贾敬而非贾赦主祭？对此，《礼记·祭统》也有明确的阐述——

夫祭有昭穆，昭穆者，所以别父子、远近、长幼、亲疏之序而无乱也。是故有事于大庙，则群昭、群穆咸在、而不失其伦，此之谓亲疏之杀也。

译文：祭祀要按昭穆制度排位，昭穆，就是用来区分父子、远近、长幼、亲疏的关系而不会发生混乱。所以在太庙中举行祭祀时，同宗中所有的昭辈和穆辈都在，但不会发生排位次序的紊乱。这就是体现亲属关系远近的差异。（胡平生、张萌译注，《礼记》，中华书局，2017年，第938页）

天子于太庙祭祀要分昭穆，王公贵族家祭又岂能例外？"昭穆"，就是古代宗法制度对于宗庙祭祀排列次序的规定：始祖居中，始祖的下一代为昭，居左；昭辈的下一代为穆，居右；穆辈的下一代又为昭，居左；以后各代，依此类推。清代画家孙温所绘的《红楼梦》第五十三回的插图很直观地向我们展现了贾府"昭穆"分列家祭的场景，只见贾敬立于贾氏宗祠祭堂供桌左侧，位在贾母之下。为什么？因为他的爷爷宁国公贾演相较于荣国公贾源年长，是兄，宁国府是长房，所以贾氏宗祠也设于宁国府而非荣国府。而贾敬又拥有贾氏家族长房嫡长孙的身份，所以贾氏祭宗祠就得由贾敬来主祭，贾赦虽是荣国公的嫡长孙，但不是贾氏家族的长房，因此贾赦只能"陪祭"。这样的排列，既见"贵贱之等"，也见"长幼之序"。

贾珍为何只能"献爵"，不能主祭？贾琏、贾琮只能"献帛"，而不是由他们"献爵"？这也是由祭祀必须"见父子之伦""见贵贱之等"所决定的。因为贾珍是贾敬之子，贾琏不是长房的嫡长重孙。

宁荣二祖的子孙们祭拜之后，随后的仪式就是给列祖列宗"献供品"，这时贾府的女眷就是主角，按礼制规定该她们上场了。此时，谁是领祭？自然是贾母，因为她居于贾氏家族的宝塔之顶——

众人围随着贾母至正堂上，影前锦幔高挂，彩屏张护，香烛辉煌。上面正居中悬着宁荣二祖遗像，皆是披蟒腰玉；两边还有几轴列祖遗影。贾荇贾芷等从内仪门挨次列站，直到正堂廊下。槛外方是贾敬贾赦，槛内是各女眷。众家人小厮皆在仪门之外。

这是何等的尊卑上下有序！何等的男女内外有别！那么是什么力量能产生这样的秩序？就是"礼"的力量！

中国数千年的封建统治，就是依仗王权，这是强制的力量；中国数千年的封建统治，更注重礼治的力量，使人人自觉服膺其力量，使天下安于这种礼治之力而稳定下来。

贾府的秩序固然是有多种力量维持着的，但使有数百人之多的贾府秩序得以维持的主要力量还是礼治！理解了这种维系贾府的礼治的力量之强大、之无形，更有助于我们读懂《红楼梦》。

一边掰谎，一边成为谎言的俘虏

——读《红楼梦》第五十四回

"史太君破陈腐旧套，王熙凤效戏彩斑衣"

> 贾母这个人物形象有两个侧面：一边维持贾府的礼治秩序，一边对宝黛"二玉"充满溺爱与担忧。

第五十四回中，写贾母一边掰谎，一边又成为谎言的俘虏，这个情节十分有趣！

"史太君破陈腐旧套"，就是贾母的一出"掰谎记"。事件关涉对象是林黛玉，事件的起因却是贾宝玉敬酒。

宝玉给黛玉敬酒时，黛玉却违礼了。宝玉至黛玉前，"偏他不饮"，林黛玉竟然不饮，这不是同外祖母对着干吗？黛玉的外祖母不是特意交代宝玉"都要叫他干了"吗？不仅如此，黛玉"不饮"也就罢了，她还于众目睽睽之下做出了与表兄宝玉很亲昵的行为——"拿起杯来，放在宝玉唇上边"，宝玉也不避嫌，竟"一气饮干"了！

一边是极宠溺的孙子，一边是极宠爱的外孙女，他们的言行竟然显得如此"轻浮"。对此，贾母当时心底起了怎样的波澜呢？曹雪芹没有写！不过，他借王熙凤的话表现出来了——

> 凤姐儿便笑道:"宝玉,别喝冷酒,仔细手颤,明儿写不得字,拉不得弓。"宝玉忙道:"没有吃冷酒。"凤姐儿笑道:"我知道没有,不过白嘱咐你。"

凤姐真是冰雪聪明的人!她提醒宝玉"别喝冷酒,仔细手颤"等语,其实就是无话找话,就是为了提醒而提醒,宝玉竟然还没听出表姐兼堂嫂的弦外之音,竟然还回以"没有吃冷酒"。王熙凤只好再"笑道"——"我知道没有,不过白嘱咐你!"王熙凤所说的话,其实正是当时贾母想要提醒宝玉黛玉的,但在当时恐怕也只有她这个表姐来提醒才是最合适的!

贾母当时能说什么?李婶、薛姨妈在场呢!自己的外孙女林黛玉又是一个极有"小性儿"的女孩儿,再说对这个外孙女爱还爱不过来呢,怎么忍心责备?更何况这又是元宵夜热闹欢喜的场合!所以外孙女即使在亲戚面前做出了有损公侯千金女德的事,她也不忍心责怪!

作为外祖母的贾母,对外孙女给孙子宝玉"喂酒"的情景是爱在眼里,又忧在心里,但是她对这一双"玉儿"的担忧却又不能直接形之于色!

不过,贾母毕竟是贾母,她又是一个何等有智慧的外祖母啊!

于是她借批驳女先儿所说的书——《凤求鸾》,含蓄地批评了宝黛的失礼之举。贾母的那一段辩谎的话,是在说给何人听呢?首先是宝玉,其次是黛玉,当然还包括席间的宝钗、湘云、迎春、探春、惜春等人。

贾母委婉地提醒宝玉、黛玉,你们绝对不能中了编那些"才子佳人"类故事的说书人的毒,因为这些"才子佳人"的故事完全不符合现实生活,简直是胡编乱造的陈腐旧套。接着,贾母进一步分析了编写这类故事的人分两类:

一是"妒人家富贵"的，编出以富贵人家的才子与佳人为题材的故事来"污秽"抹黑富贵人家的子弟；二是自己中了才子佳人之书的毒，然后"也想一个佳人，所以编了出来取乐"。

贾母接着就警告席上所有的人："别说他那书上那些世宦书礼大家，如今眼下真的，拿我们这中等人家说起，也没有这样的事，别说是那些大家子。可知是诌掉了下巴的话。所以我们从不许说这些书，丫头们也不懂这些话。"

在贾母看来，我们家的公子小姐也要像那些世宦书礼大家的公子小姐一样，必须"知礼"。既然如此，陈腐旧套式的才子佳人戏文中自己为爱情做主的故事是绝对不能出现于我们贾府的。

这样的一番叮嘱与警告，贾母是借掰碎女先儿《凤求鸾》中的谎言来进行的。不过，我们不禁又要问，贾母掰碎了这些"谎言"，她自己是不是也成了这些"谎言"的俘虏呢？

答案是肯定的！你看，兴之所至，在这场元宵夜宴上，贾母招来了她贾府私人戏班的文官、芳官、葵官等十二个女伶童，她让芳官、葵官唱的是哪两出戏？一是《寻梦》，二是《惠明下书》。这两出戏分别出自哪两部书？一是《牡丹亭》，二是《西厢记》！按前面贾母"掰谎记"的评判标准，这两出戏不正是地地道道、不折不扣的"陈腐旧套"式的戏文？不正是会荼毒她的孙子、孙女、外孙女的"才子佳人"戏？

真是好一个贾母！好一个一边掰谎，一边又被美丽谎言俘虏的贾母！

也为探春说几句

——读《红楼梦》第五十五回

"辱亲女愚妾争闲气，欺幼主刁奴蓄险心"

> 贾探春这个人物形象最容易被误读，因为在阅读的过程中，我们很容易"以今律古"。

读《红楼梦》，首先要将《红楼梦》作为小说阅读，要将小说中的人物当作文学形象来进行审美判断。不过，人们又很难不被"道德判断"纠缠与魅惑。

为什么今天的读者摆脱"道德判断"的纠缠与魅惑极其困难呢？一是读者的身份、所处的阶层、所秉持的价值观，都会令其不由自主地与《红楼梦》中与自己身份相似、阶层相近、秉持的价值观趋近的人物的心灵更贴近，比如《红楼梦》插画大师戴敦邦先生就极其欣赏袭人与平儿，林语堂尤为欣赏贾探春，工人家庭出身的当代作家梁晓声就极不欣赏贾宝玉与林黛玉；二是读者的古典文化修养的厚度，也决定了他们是否能真正地理解曹雪芹笔下的人物。

一个人是很难改变自己的身份与所处阶层的，所秉持的价值观也极难变易，而文化修养却是可以通过学习得以变得丰厚的。

在当代读者中，误读与误判《红楼梦》，最常见的现象就是"以今律古"！

当代大画家韩羽先生曾发表《为赵姨娘说几句》一文，对《红楼梦》中的人物贾探春进行道德评判，我认为其中存在误读与误判。原因是韩羽先生没有分清"庶母"与"嫡母"的本质区别，也没有考虑到封建社会中"礼"与"情"产生冲突时"情"所处的位置。

且看韩先生的《为赵姨娘说几句》（原载 2020 年 12 月 16 日《中华读书报》03 版）一文中的一段论述——

探春的第一句话"我说我不敢犯法违礼"，开宗明义，把"礼"亮了出来。何谓礼，就是三纲五常的封建伦理，是尊卑有别，长幼有序，等级分明。大而冠婚丧祭，小而视听言动，因人不同而有不同的规定，有成文可据。探春说的"这是祖宗手里旧规矩"，拿给赵姨娘瞧又念给她听的"账"，就是关于"礼"的可据条文。意思是说，赏给赵国基的丧葬银二十两，就是依照了"礼"的规定。《论语》有言："克己复礼。"我探春不敢违礼。赵姨娘也就没了辙了。赵姨娘是文盲，如若她识字也读过《论语》，也会引经据典，当然是另外一段："叶公语孔子曰：'吾党有直躬者，其父攘羊，而子证之。'孔子曰：'吾党之直者异于是：父为子隐，子为父隐，直在其中矣。'"可是赵姨娘说了一句话，恰与《论语》卯榫相合，她说："如今没有长翎毛儿就忘了根本。"她说的那个"根本"，就是亲情。更何况赵姨娘还没到了"偷羊"的份儿上，还用不着去"隐"哩，只求个"一碗水端平"。就"赏银"的事说，赵姨娘要的是"情"，探春坚持的是"礼"，我看到的是"祖宗手里旧规矩"的"账"。

韩先生一边肯定探春是依照三纲五常的封建伦理来给赵姨娘的兄弟赵国

基赏丧葬银的，一边又举出《论语》中的"父为子隐，子为父隐，直在其中矣"来对探春进行道德评判，因而断定探春对待袭人与赵姨娘不但没有格外开恩，还以刻薄之语羞辱母亲。

要判断韩先生的论证是否有效，是否有说服力，这就涉及两个根本问题：一是赵姨娘在贾探春那里是什么样的母亲身份，二是赵姨娘的诉求是不是合乎"礼"。

我们先来读一读当代学者尹伊君的《红楼梦的法律世界》一书中《妻妾》这一篇吧，尹先生对封建社会中"妻"与"妾"的地位给出了十分详细的分析。在此，我仅摘录与《红楼梦》第五十五回相关的一段文字——

> 妾并非家族成员，可以从两个方面来理解。其一，妾原有的家族成员，不论父母、兄弟、姊妹，都不与家长家发生亲属关系，甚至连她的亲生子女，也不认他们为亲戚。第五十五回赵姨娘的兄弟赵国基死了，探春援旧例给二十两银子，赵姨娘数落探春拣高枝，舅舅死了也不多给二三十两银子，探春反问道："谁是我舅舅？我舅舅年下才升了九省检点，那里又跑出一个舅舅来？"在探春眼里，王夫人的兄弟王子腾才是舅舅，根本不认赵国基为舅。其二，妾对自己的亲生子女没有管教权，他们的管教权归家长和妻。第二十回贾环赌博赖账，赵姨娘骂贾环，凤姐便说道："凭他怎么去，还有太太老爷管他呢，就大口啐他！他现是主子，不好了，横竖有教导他的人，与你什么相干！"（尹伊君，《红楼梦的法律世界》，商务印书馆，2014 年 9 月）

通过尹伊君先生的分析，我们明白了赵姨娘这个"妾"所生的子女探春、贾环不能认赵国基为舅舅，恰恰是符合封建社会"礼"的要求的，如果韩先生理解了这一点，还会援引《论语》中"父为子隐，子为父隐"这一例子来为赵姨娘辩护吗？

或许有读者会问，即便贾探春不认赵国基为舅舅，但她至少该认赵姨娘为生下她的娘吧？

这就涉及"嫡母"与"庶母"的区别这个问题了。

赵姨娘的确是贾探春的生身母亲，但按照封建社会的宗法伦理，贾探春却不能称赵姨娘为母亲，贾探春的母亲只能是贾政的嫡妻王夫人，正因为如此，贾探春才会对赵姨娘说："谁是我舅舅？我舅舅年下才升了九省检点，那里又跑出一个舅舅来？"

或许，我们最读不懂的就是贾探春的这句话，一旦误读，一旦读不懂，就会作出这样的道德判断：贾探春太势利，太冷酷，太刻薄，太不近人情！

殊不知，那个年代"礼法"的力量，真不是我们今天的人所能想象的！

探春与宝钗的义利观

——读《红楼梦》第五十六回

"敏探春兴利除宿弊，时宝钗小惠全大体"

> 儒家与法家思想对中国人的言行，有多大的影响呢？这也是曹雪芹于《红楼梦》中所要探讨的主题。

曹雪芹于第五十六回集中展现了探春与宝钗的"义利观"。

临时执政的探春提议什么？她提议直接"把买办的每月蠲了"，即把买办每月为小姐们采购脂粉的二两银子这一项支出取消。

这项开支是谁设立的？是王熙凤！

这些荣国府的大买办都是些什么样的人？有赖大夫妇、林之孝夫妇、吴新登夫妇与单大良夫妇！这些人都是可以从采买中中饱私囊的。

他们主要听命于谁？是王夫人与王熙凤！

曹雪芹没有直接写这些依附寄生于荣国府的买办，如何从为主子采购物品中中饱私囊的，但那一句赖大家的花园"还没有咱们这一半大"已经透露出了这些奴才中的总管从中攫取了多少财物。一个奴才总管的花园竟然将近有荣国府皇妃省亲的别墅一半大了，由此大家就不难想象这些奴才在为主子效劳的过程中获得了怎样丰厚的利益回报。而探春却要直接与那些买办角力。其实这些买办本身并不可怕，可怕的是他们背后的主子——王熙凤。吴新登家的为何敢藐视贾探春，除了欺负探春年轻外，当然还有另一个原因，那就是贾探春是庶出的小姐。

贾探春呢？偏偏就要同这些买办叫板！由此足以见出勉力而行的贾探春的勇气与魄力！

薛宝钗是不是发觉了买办采购物品中的猫腻呢？她当然看出了！因此，薛宝钗才会笑着含蓄地对探春说："真真膏粱纨绔之谈。虽是千金小姐，原不知这事，但你们都念过书识字的，竟没有看见朱夫子有一篇《不自弃文》不成？"（朱柏庐所著《朱子文集大全类编》中的《庭训》篇，选了朱熹的《不自弃文》，人民文学出版社的编辑校注《红楼梦》时对这篇文章中的观点加以引用——"人不应自弃，不宜'怨天尤人'而当'反求诸己'，思'祖德'、念'父功'，作成自身事业，以求'于身不弃，于人无愧，祖父不失其贻谋，子孙不沦于困辱'，从而保存和发展其祖宗的基业。"）

探春回应薛宝钗之语也极好！只听探春说："虽看过，那不过是勉人自励，虚比浮词，那里都真有的？"这里探春当然是在自谦，意思是我岂有那么高的境界，做这样一些改革的事？又岂有那么高大上的理论指导为前提？当然探春的这句话，也流露出对朱熹的不满，用今人的话来说，就是朱熹有泛道德主义之嫌。

你们可千万别忘了，对于薛宝钗所有的"言听视动"，曹雪芹其实都是按儒家的道德规范来设计描写的，所以当探春对薛宝钗所引用的儒家朱熹这个三圣人的话表示出谦虚却又带有不恭的态度时，薛宝钗立即回以这样的话语——"朱子都有虚比浮词？那句句都是有的。你才办了两天时事，就利欲熏心，把朱子都看虚浮了！"

薛宝钗直指探春怀疑朱三圣人的心理是不可取的，并指出探春准备于大观园推行赖大家的"承包制"，如果没有什么光明正大的"思想""主义"作为理论依据，一味想着改革取利，那就会被人视作是"利欲熏心"之举！

儒家文化特别讲究"正名"，因为"名不正则言不顺，言不顺则事不成，事不成则礼乐不兴，礼乐不兴则刑罚不中"，意思是做任何事必须要有符合儒家价值观的"名头"。但贾探春对薛宝钗强加给她的"利欲熏心说"显然是不认同的，因此，探春才会这样回应——"你这样一个通人，竟没看见子书？当日姬子有云，登利禄之场，处运筹之界者，窃尧舜之词，背孔孟之道！"姬子，显然是贾探春虚拟的人物，当然我们也可以视为是曹雪芹的幽默，他借贾探春的这句话直言儒家"泛道德主义"的虚伪，即拉起儒家圣人之语作为背地里谋取私利的幌子。探春含蓄地表明了自己的改革是"兴利除宿弊"，不需要什么所谓的名正言顺的理由，只要坚信自己的改革是正当的，那么这种改革就是必需的，而只要是势在必行的事，就可以雷厉风行地付诸实施。

这样的言语也只能出自贾探春之口，其言辞是何其掷地有声，其胸襟是何其磊落坦荡，其心地又是何其正大光明！

可宝钗回击探春的话也极为有力！宝钗说"底下一句呢"？探春笑着答以"如今只断章取意，念出底下一句，我自己骂我自己不成"？

姬子的话语，本就是子虚乌有的，是小说家曹雪芹之言，当然是没有下一句的。但探春这样回答宝钗，事实上，等于是承认了宝钗的话中含有真理的成分，那就是任何改革都需要有驱动力，这种驱动力就来自后面李纨所讲的"好主意。这果一行，太太必喜欢。省钱事小，第一有人打扫，专司其职，又许他们去卖钱。使之以权，动之以利，再无不尽职的了"。

好一个"太太必喜欢"，这就是师出有名！换言之，探春的改革必须要得到荣国府真王的内务大管家王夫人的支持方能推行，这就是改革的大前提。

否则在贾府进行改革就是僭越，就是动摇了儒家上下尊卑的秩序。

好一个"使之以权，动之以利"，这就是利益驱动，没有利益驱动而空有道德大旗的引领，这样的改革是不会持久的，更不会成功！

黛玉与紫鹃

——读《红楼梦》第五十七回

"慧紫鹃情辞试忙玉，慈姨妈爱语慰痴颦"

> 忠慧勇义的人物形象——紫鹃，并没有被圣母化，因为曹雪芹在创作时是以现实主义为准则的。

第五十七回中的主角当然仍是贾宝玉，但配角紫鹃这一人物形象的特征于本回也得到了淋漓尽致的展现。

曹雪芹集中刻画了紫鹃的哪些性格特征呢？——忠，慧，勇，义。

紫鹃的"忠慧勇义"，在曹雪芹的笔下，其实又是以一"情"字来统率的。只要大家细读文本，都能感受到紫鹃的忠慧勇义。下面我想谈谈紫鹃与黛玉之间的情感关系。

黛玉与紫鹃，虽是主奴，但紫鹃对林黛玉的那份"情"，又是具有超越性的，即超越了主奴之别的"情"，这一点也恰恰是曹雪芹所要极力强调与赞美的。且看紫鹃服侍完病愈的宝玉回到潇湘馆的当晚与林黛玉之间的一段对话——

　　林黛玉近日闻得宝玉如此形景，未免又添些病症，多哭几场。今见紫鹃来了，问其原故，已知大愈，仍遣琥珀去服侍贾母。夜间人定后，紫鹃已宽衣卧下之时，悄向黛玉笑道："宝玉的心倒实，听见咱们去就那样起来。"黛玉不答。

　　紫鹃停了半晌，自言自语的说道："一动不如一静。我们这里就算好人家，别的都容易，最难得的是从小儿一处长大，脾气情性都彼此知道的了。"黛玉啐道："你这几天还不乏，趁这会子不歇一歇，还嚼什么蛆。"紫鹃笑道："倒不是白嚼蛆，我倒是一片真心为姑娘。替你愁了这几年了，无父母无兄弟，谁是知疼着热的人？趁早儿老太太还明白硬朗的时节，作定了大事要紧。俗语说，'老健春寒秋后热'，倘或老太太一时有个好歹，那时虽也完事，只怕耽误了时光，还不得趁心如意呢。公子王孙虽多，那一个不是三房五妾，今儿朝东，明儿朝西？要一个天仙来，也不过三夜五夕，也丢在脖子后头了，甚至于为妾为丫头反目成仇的。若娘家有人有势的还好些，若是姑娘这样的人，有老太太一日还好一日，若没了老太太，也只是凭人去欺负了。所以说，拿主意要紧。姑娘是个明白人，岂不闻俗语说：'万两黄金容易得，知心一个也难求'。"

　　黛玉听了，便说道："这丫头今儿可疯了？怎么去了几日，忽然变了一个人。我明儿必回老太太退回去，我不敢要你了。"紫鹃笑道："我说的是好话，不过叫你心里留神，并没叫你去为非作歹，何苦回老太太，叫我吃了亏，又有何好处？"说着，竟自睡了。

　　黛玉听了这话，口内虽如此说，心内未尝不伤感，待他睡了，便直泣了一夜，至天明方打了一个盹儿。次日勉强盥漱了，吃了些燕窝粥，便有贾母等亲来看视了，又嘱咐了许多话。

《红楼梦》中最动情的文字，就是这等看似平淡却能催人落泪的文字。

曹雪芹笔下的黛玉，"口内虽如此"嗔怪紫鹃提及她与宝玉的事，但"心内未尝不伤感"，又说明黛玉为紫鹃的贴心贴肺之语所感动，这等文字，是主奴之间的对话，又何尝不像闺密之间平等的掏心掏肺之语呢？一个孤女，一个"孤标傲世偕谁隐"的贵族小姐，满腹心事与谁诉？她不能向紫鹃倾诉，还得佯装生气，还得表现出矜持，但那一句"你这几天还不乏，趁这会子不歇一歇"，其中又包含了多少对紫鹃的关心与谢意？

大家读到这等文字，其实可能会有一个疑问，为什么林黛玉与紫鹃之间能产生这种超越主奴而近于姊妹的情愫？我首先要说的是曹雪芹并没有将紫鹃当作圣母来刻画，而是按照世间人与人之间交往的逻辑去叙写黛玉与紫鹃之间的情感的，这一点我们从紫鹃与宝玉在"无人时"的对话中可以找到答案——

　　紫鹃忙上来握他的嘴，替他擦眼泪，又忙笑解释道："你不用着急。这原是我心里着急，故来试你。"宝玉听了，更又诧异，问道："你又着什么急？"紫鹃笑道："你知道，我并不是林家的人，我也和袭人鸳鸯是一伙的，偏把我给了林姑娘使。偏生他又和我极好，比他苏州带来的还好十倍，一时一刻我们两个离不开。我如今心里却愁，他倘或要去了，我必要跟了他去的。我是合家在这里，我若不去，辜负了我们素日的情常；若去，又弃了本家。所以我疑惑，故设出这谎话来问你，谁知你就傻闹起来。"宝玉笑道："原来是你愁这个，所以你是傻子。从此后再别愁了。我只告诉你一句蔑话：活着，咱们一处活着；不活着，咱们一处化灰化烟，如何？"

　　作为荣国府的女奴，紫鹃与鸳鸯、袭人一样也是无法支配自己的命运的，她的命运也是与所侍奉的主子的命运休戚与共，她当然有自己的心事与顾虑，既担心随了黛玉去苏州而远离此地的父母，又舍不得待她如姊妹的黛玉。这样细腻的心事，写得合理，更合情！

　　"偏生他又和我极好，比他苏州带来的还好十倍"，这句话说得多么动人！

　　"活着，咱们一处活着；不活着，咱们一处化灰化烟"，宝玉对紫鹃的理解与怜惜之情，又是多么感人肺腑！

　　一部《红楼梦》，开示读者的，不正是要珍惜人世间的真情吗？

藕官、芳官是一面镜子

——读《红楼梦》第五十八回

"杏子阴假凤泣虚凰，茜纱窗真情揆痴理"

《红楼梦》中的次要人物形象为何极其丰满、极具个性化？原因之一是作者能够娴熟地运用映衬手法。

　　藕官与芳官，是贾府私人戏班里的两个女伶童。曹雪芹以她们为镜，照出不同人物的个性特征，这种构思之妙真是值得细细品味！

　　我们先来看王夫人对这些戏子的态度。

　　王夫人称演戏的为"装丑弄鬼"的，这是对优伶这一职业极度的鄙视；称"这学戏的倒比不得使唤的"，说的就是芳官、藕官这些小戏子还比不上贾府其他奴才，因为她们较其他奴才，更不易使唤。王夫人还称"他们也是好人家的儿女"，当然这其中不无些许同情心，所以王夫人主张将这十二个女伶童悉数放还，不但不收她们家的赎金，还准备给她们几两银子做盘缠。

　　贾府将留下的八位女伶童"分散在园中使唤"，而且最后是由贾母亲自分派的。不知大家注意到了没有，曹雪芹是用了"各得其所"这四个字来形容这些女伶童与新主子的相逢的。

　　多情的"藕官"，遇上了"多愁善感"的黛玉，这是绝妙的搭配。曹雪芹称贾母把藕官分派给黛玉，用的是什么词？是"指与"，就是点名藕官必须去潇湘馆，这个贾母真是太了解黛玉，也太了解藕官了。

　　而芳官呢？就是扮演《牡丹亭》中的杜丽娘并唱了一出《游园惊梦》的那一个，这样的芳官肯定是最出挑的，是贾府小戏班中的台柱子，贾母将她"指与"宝玉役使，也显出了她对宝贝孙子宝玉的偏爱。

　　由贾母分派这八个小女伶童的用心，我们即可见出贾母这位老太太的精明，见出她对大观园中这些孙子孙女们的脾气性情很是了解，也能见出她对这些小女伶童的怜惜之情。试想，如果主仆脾性不投，那么总归是一件遗憾的事。

　　而从另一个角度看，这些小女伶童也的确如一面面镜子，映照出贾府这些主子们的性情。

　　值得注意的是，贾府的主子贾母、王夫人还算是有"宽柔待下"之心的，但贾府的那些女仆并不能尽如其主子意。

　　你看，"众婆子"对这些小女伶童的戏班被解散，都拍手称快，其中还有不少人对她们"犹怀旧怨"。她们为何对芳官这些人心怀旧怨，这当然有女伶童自身的原因，不过最重要的原因还是这些婆子们心底对"学戏"的优伶存在偏见，这种偏见其实与王夫人对她们"装丑弄鬼"的评价是完全一致的。

　　正因为有了这种偏见，当藕官于清明时日，于大观园的杏子阴里"假凤泣虚凰"祭奠药官之时，才会有老婆子与"假凤"藕官的那一场冲突。

　　好在宝玉不惜以撒谎来护佑藕官，宝玉称是"巴巴儿的和林姑娘烦了"藕官来为他祭祀杏花神，这才算是为他解了围。

　　"杏子阴假凤泣虚凰"，以藕官的遭遇为镜，照见了什么？照见了老婆子的绝情与冷酷，也照见了多情的宝玉惜红护花之意。

　　这不禁让我联想起鲁迅先生写于 1925 年的《忽然想到》中的那几句话——

　　　　他们是羊，同时也是凶兽；但遇见比他更凶的凶兽时便现羊样，遇
见比他更弱的羊时便现凶兽样……

　　　　但是，在黄金世界还未到来之前，人们恐怕总不免同时含有这两种
性质，只看发现时候的情形怎样，就显出勇敢和卑怯的大区别来。可惜
中国人但对于羊显凶兽相，而对于凶兽则显羊相，所以即使显着凶兽相，
也还是卑怯的国民。

　　老婆子之所以敢向藕官露出凶兽相，就是她认为自己虽然也是羊，但此
刻面前的藕官这个戏子，就是千人可以踏、万人可以踩的人，就是一个比她
更卑贱更无力的人，所以她才会于藕官面前现出凶兽相！

　　无独有偶，另一个大观园的三等女仆，一个连怡红院的内室台阶都不能
踏上的老女仆——芳官的干娘，其心态也如这位痛骂羞辱藕官的老婆子一般。

　　芳官的这位干娘拿自己亲生女儿洗过头的水给她洗头，这其实就已经对
芳官构成了羞辱。"心性高傲"的芳官，立刻对准了偏心的干娘，露出了"口
角锋芒"——"把你女儿的剩水给我洗。我一个月的月钱都是你拿着，沾了
我的光不算，反倒给我剩东剩西的。"结果呢？芳官招来了"羞愧变成恼"的
干娘更大的羞辱——"不识抬举的东西！怪不得人人说戏子没一个好缠的。
凭你甚么好人，入了这一行，都弄坏了。"

　　好一句"不识抬举"，说的不就是你这个戏子能拜我为干娘是你的福气
吗？说的不就是你这个戏子能用我女儿洗剩下的水洗头算是我对你的抬举
吗？"人人说戏子没一个好缠的"这句话，更是对芳官的极致羞辱之语，而之

后干娘一连串的脏词淫语，更是让人不堪入耳。

这不是鲁迅所说的"遇见比他更弱的羊时便现凶兽样"的表现吗？

此一回，唯有谁向芳官俯下了身子？唯有谁于无人处细听了小伶童芳官讲述藕官这"假凤"为"虚凰"清明祭奠菂官的故事？又唯有谁听罢芳官所讲的"杏子阴假凤泣虚凰"的故事而去以"真情揆痴理"的？只有贾宝玉！

贾宝玉虽然是一个文学作品中的形象，但将他置于中国文化史、文学史的历史长廊上，我们又能找寻出几个这样的人物呢？

女孩是怎么由宝珠变成鱼眼睛的?

——读《红楼梦》第五十九回

"柳叶渚边嗔莺咤燕，绛云轩里召将飞符"

> 少女清澈的眼眸怎么会变成失去了光彩的鱼眼睛呢? 这也是曹雪芹于《红楼梦》中所要探讨的主题。

曹雪芹这位现实主义文学大师，即便是叙写极其琐屑的生活日常，即便是描绘小说中的次要人物甚至次次要人物，他也能笔底生花。纵然是叙写大观园中最底层的女奴之间细小的纷争，其实他也没有忘记向读者提出一个个关于"人应该以怎样的生命姿态活着"的宏大命题。

本回中怡红院的三等丫鬟春燕在向蘅芜苑薛宝钗的大丫鬟黄金莺的感叹中，就提出了一个特别值得大家关注的命题——

春燕笑道："他是我的姨妈，也不好向着外人反说他的。怨不得宝玉说:'女孩儿未出嫁，是颗无价之宝珠; 出了嫁，不知怎么就变出许多的不好的毛病来，虽是颗珠子，却没有光彩宝色，是颗死珠了; 再老了，更变的不是珠子，竟是鱼眼睛了。分明一个人，怎么变出三样来?'这话虽是混话，倒也有些不差。"

少女这颗"无价之宝珠"，为什么"出了嫁"就会变为"没有光彩宝色"的"死珠"？年纪渐长之后又为什么会由"死珠"变为浑浊灰白的"鱼眼睛"呢？

这个命题，难道不是一个极大的命题吗？

黄金莺就是"女孩儿"，就是少女！暮春三月的春晓之日，大观园"园中土润苔青"，受薛宝钗之命自蘅芜苑去潇湘馆取蔷薇硝的少女莺儿，于柳叶渚看见了什么？莺儿行至柳叶渚的柳堤上时，见到的是"柳叶才吐浅碧，丝若垂金"，于是她内心的天真与烂漫全被春光点燃了，于是她向同行的蕊官提议摘些带着柳叶的柳条子编一只花篮，可是她竟然忘了取硝之事，"且伸手挽翠披金"，采了许多嫩条，命蕊官拿着，"一行走一行编花篮"。

这样阳春三月的美景，"柳叶才吐浅碧，丝若垂金""挽翠披金"这样诗性的文字，"且不去取硝"的莺儿为春光而陶醉的情态，是不是可以入画？这个蘅芜苑的女奴，这个少女，此刻正以审美的目光打量着这个世界，此刻的莺儿，是不是宝玉眼中的"无价之宝珠"？

黄金莺将编织的花篮送与了林黛玉，也算是送对了人儿，莺儿也博得了林黛玉的称赞——"怪道人赞你的手巧，这玩意儿却也别致。"林黛玉还"一面瞧了，一面便命紫鹃挂在那里"。

莺儿与林黛玉显然是在无意或有意地以审美的眼光打量那一只花篮，因为那一只花篮就是一个极美的"玩意儿"！称它为"玩意儿"，不就是将之视为审美对象了吗？

而柳叶渚的春光与莺儿所编的柳叶花篮，在怡红院的三等丫鬟春燕的母亲与姑妈这些大观园三等仆妇的眼中，又是什么呢？

在春燕的母亲何婆子等人的眼中，这些花儿，这些嫩树，就是她们的衣食来源之一。为什么这么说？因为小说第五十六回"敏探春兴利除宿弊，时宝钗小惠全大体"中已经叙写得很清楚了，这些果圃、花园都承包给了这几个老婆子管理，除了上交部分利润之外，剩余的经营所得即归她们所有，所以在这些老婆子的眼中，这些柳条、花儿就是她们的"永远基业"。

何婆子的家庭经济状况，曹雪芹也借春燕之口讲得十分明白，即使再添上春燕在怡红院当小女奴的这一项收入，每月也就只有"四五百钱的馀剩"。

也正因为如此，春燕的姑妈见莺儿采了许多嫩柳，藕官等人采了许多鲜花，"心内便不受用"，所以春燕的姑妈就"拿起拄杖来向春燕身上击了几下"，所以她才会痛骂春燕——"小蹄子，我说着你，你还和我强嘴儿呢。你妈恨的牙根痒痒，要撕你的肉吃呢。你还来和我强梆子似的。"所以才会有后面春燕的娘一边打春燕耳刮子一边痛骂——"小娼妇，你能上去了几年？你也跟那起轻狂浪小妇学，怎么就管不得你们了？"

这些婆子她们年少时应该也曾是天真烂漫的、爱美的"莺儿"啊，为什么一嫁了人就变成了当众扇自己女儿耳光的人？她们为什么为了一点蝇头小利连亲情都可以弃之不顾？为什么会那样自私？为什么她们的心田被嫉妒、怨恨、冷酷之情充塞？换言之，为什么她们曾有的那少女清澈的眼眸会变成失去了美好人性光芒的"鱼眼珠子"？

原因无疑是多重的！

她们的出身是怎样的？在"时宝钗小惠全大体"那一回中，宝钗就对这些承包管理大观园的老婆子们说出过这样的话——"你们是三四代的老妈妈，最是循规遵矩的，原该大家齐心，顾些体统。"你们看看，这些婆子一家都是贾府世世代代的奴隶，爷爷奶奶为奴，父亲母亲为奴，自己为奴，现在自己的儿女又在为奴，像怡红院的春燕不就是第四代或第五代女奴吗？她们的人身全都依附于主子，她们也时时刻刻被贾府的"体统"规训着，且又位于奴隶中的最底层，她们对主子能没有怨恨？她们对同为奴隶却不时压制或践踏她们的二等或一等奴隶能没有嫉妒之心？她们有怨无处发泄，于是趁贾母、王夫人这些主子不在府中而借故迁怒于袭人、晴雯并闹出事端来，也就不足为奇了。

她们这些婆子所受的教育又是怎样的？她们一来到这个世界，其实就被剥夺了受文化教育的权利，何来教养可谈？在主子们的眼中，她们只不过就是会说话的牲口，她们的脚连怡红院公子的内院台阶都不能踏上，整天与她们为伍的也只是那些满口粗鄙之语的奴才。

总之，这样的女人，这样低到了尘埃的女奴，她们的眼睛如果不变成"鱼眼睛"，那才是怪事呢！

多重视角下的赵姨娘

——读《红楼梦》第六十回

"茉莉粉替去蔷薇硝，玫瑰露引来茯苓霜"

> 采用多重视角刻画立体多元的人物形象，以竭力避免人物扁平化，也是曹雪芹常用的写作技巧。

大多数读者，只要读到赵姨娘的出场文字，或许都会觉得这个人物形象与王熙凤等相比，太概念化，太扁平化了，因为曹雪芹对她的道德评判似乎完全是负面的。

诚然，赵姨娘是卑劣的，是阴险的，是毒辣的，是残忍的，是失却人性的，但是曹雪芹于第六十回却还是展现了她值得悲悯之处。

曹雪芹是如何表达对赵姨娘这一人物的复杂情感的呢？那就是借助众多与赵姨娘有交集的人物的视角来展现，以下略举五例——

一、赵姨娘便说："有好的给你！谁叫你要去了，怎怨他们要你！依我，拿了去照脸摔给他去，趁着这回子撞尸的撞尸去了，挺床的便挺床，吵一出子，大家别心净，也算是报仇。莫不是两个月之后，还找出这个碴儿来问你不成？便问你，你也有话说。宝玉是哥哥，不敢冲撞他罢了。难道他屋里的猫儿狗儿，也不敢去问问不成！"贾环听说，便低了头。彩云忙说："这又何苦生事，不管怎样，忍耐些罢了。"赵姨娘道："你快休管，横竖与你无干。乘着抓住了理，骂给那些浪淫妇们一顿也是好的。"

彩云是王夫人的大丫鬟，她"忙"劝赵姨娘说"这又何苦生事，不管怎样，忍耐些罢了"，既写出了彩云息事宁人、怕受连累的性格特征，也流露出了她同情赵姨娘母子之意。

二、一面说，一面拿了那包子，便飞也似的往园中去了。彩云死劝不住，只得躲入别房。贾环便也躲出仪门，自去顽耍。

彩云"死劝"，是出于对赵姨娘的善意，这二字也写出了这个丫头遇事表现得沉着冷静；"只得躲入别房"，是她作为贾政嫡妻王夫人的大丫鬟为"避嫌"而自保的行为。这种笔墨，既写出了彩云的明智，也流露出了她对赵姨娘必然碰大钉子、栽大跟斗的预见与担忧。"只得"二字，又将彩云"死劝"之后的无力感及无可奈何之态，呈现得是多么精彩！

三、夏婆子道："我的奶奶，你今日才知道，这算什么事。连昨日这个地方他们私自烧纸钱，宝玉还拦到头里。人家还没拿进个什么儿来，就说使不得，不干不净的忌讳。这烧纸倒不忌讳？你老想一想，这屋里除了太太，谁还大似你？你老自己撑不起来；但凡撑起来的，谁还不怕你老人家？如今我想，乘着这几个小粉头儿恰不是正头货，得罪了他们也有限的，快把这两件事抓着理扎个筏子，我在旁作证据，你老把威风抖一抖，以后也好争别的礼。便是奶奶姑娘们，也不好为那起小粉头子说你老的。”赵姨娘听了这话，益发有理，便说：“烧纸的事不知道，你却细细的告诉我。”夏婆子便将前事一一的说了，又说：“你只管说去。倘或闹起，还有我们帮着你呢。”

夏婆子显然是对芳官等人挟着私怨，而正在找机会借赵姨娘之口去羞辱芳官等人以泄己愤。她抓住了赵姨娘与王夫人妻妾之间的矛盾，瞅准了宝玉与贾环嫡庶子之间的嫌隙，极尽挑拨与煽动之能事，这些都是事实！不过，素日里常被侮辱、被践踏的贾府三等女奴夏婆子为什么会同情赵姨娘而非芳官与藕官，这就不得不让人联想起鲁迅先生的那一段至理名言——“他们是羊，同时也是凶兽；但遇见比他更凶的凶兽时便现羊样，遇见比他更弱的羊时便现凶兽样……”

四、芳官那里禁得住这话，一行哭，一行说：“没了硝我才把这个给他的。若说没了，又恐他不信，难道这不是好的？我便学戏，也没往外头去唱。我一个女孩儿家，知道什么是粉头面头的！姨奶奶犯不着来骂我，我又不是姨奶奶家买的。‘梅香拜把子——都是奴才’呢！”

在受到极度羞辱而奋起反击的芳官眼中，赵姨娘是什么？赵姨娘与自己一样，是奴才，是一样低贱的奴才！

五、正没开交，谁知晴雯早遣春燕回了探春。当下尤氏、李纨、探春三人带着平儿与众媳妇走来，将四个喝住。问起原故，赵姨娘便气的瞪着眼粗了筋，一五一十说个不清。尤李两个不答言，只喝禁他四人。

探春便叹气说："这是什么大事，姨娘也太肯动气了！我正有一句话要请姨娘商议，怪道丫头说不知在那里，原来在这里生气呢，快同我来。"尤氏、李氏都笑说："姨娘请到厅上来，咱们商量。"

在尤氏的眼中，赵姨娘是什么？是长辈的妾！在李纨的眼中，赵姨娘是什么？是公公的妾，是小姑子贾探春的生身之母！因此，她们只能"喝禁"豆官、葵官、藕官、蕊官，这样做既包含着对贾政的尊重，也包含着对当时处于极为尴尬境地的贾探春的怜惜！尤氏、李纨当时为什么不同时"喝禁"仍然"直挺挺躺在地下"的芳官，让芳官不要再哭闹？她们不这样做，是不是说明尤氏、李纨内心对受辱的芳官也有着几分同情？

在尴尬的探春眼中，这个姨娘又是什么呢？由后文探春背人时对尤氏、李纨所说的"这么大年纪，行出来的事总不叫人敬服"可知，探春这是对自己的生身之母"不留体统、耳朵又软、心里又没有计算"很是无可奈何！不过，探春以"我正有一句话要请姨娘商议"来支走赵姨娘，从而给这个生身之母以一个体面的台阶下，这是不是又能见出贾探春的智慧与气度。

如果不采用多重角度来叙事，曹雪芹能于赵姨娘这一人物身上暗寓多重情感吗？

为什么人人都说平儿好？

——读《红楼梦》第六十一回

"投鼠忌器宝玉瞒赃，判冤决狱平儿行权"

评说平儿这一人物形象，能否结合中国儒家的"臣妾文化"与释家的"禅宗"思想来分析呢？

平儿，这个《红楼梦》中的次要人物，她的知名度虽不及林黛玉、薛宝钗、史湘云、贾宝玉那么高，但她这个人物形象所承载的道德力量与展现的人格之美，自诞生之日起就赢得了众多读者的交口称赞，时至今日也仍是如此。

这真是一个特别值得讨论的文化问题。我仅以王熙凤为什么会收回成命并尊重平儿对玫瑰露和茯苓霜事件的处置这一情节来谈谈这个问题。

王熙凤从平儿的劝告之语中，听到了"忠"，听到了"义"，听到了"真诚"与"体贴"，也听到了"理"——自己未来可能面对的命运，即终究要回到荣国府的大房即贾赦那一房去管事。因为未来贾政这一支的内务总管总有一日会不再是她，而应该是未来贾宝玉娶的媳妇。尤其是平儿说出的那"好容易怀了一个哥儿"及"终久咱们是那边屋里去的"这些话，这不是王熙凤身边的人谁都敢说出口的，而平儿竟然说得那样真切，那样真诚，那样动情，王熙凤纵然是一只"霸王凤",纵然是一个"权力狂",纵然是一个天下无双的"妒妇",最后也只能任由平儿来处置发落了。

在平儿身上,几乎体现了儒家的"臣妾文化"对"臣妾"所有的美德期许。

儒家文化的核心思想不就是"仁"吗?平儿天性善良,而且还能与人为善,这就是"仁"!

儒家不是讲"唯女子与小人为难养"吗?不是说对"女子"与"小人","近之则不逊,远之则怨"吗?儒家文化中的"小人"一词,是有多重意义的,地位卑下的人即是其指称的对象之一。但是贾府的女奴平儿——这个"女小人",主子亲近她,但她并没有仗势欺人;主子王熙凤嫉妒她,防范她,不让她接近贾琏,她也没有生怨,即便是无辜遭受王熙凤的毒打,仍是她平儿在贾母等众人面前先向王熙凤赔不是。

儒家不是最讲"忠"吗?平儿那是做到了对主人王熙凤绝对的"忠诚"。

儒家不是最讲"义"吗?而这"义"呢,偏偏又正是"从来不信什么是阴司地狱报应"的王熙凤身上最稀缺的,可平儿却能于许多场合、许多事件为主子王熙凤换来"仁义"的口碑。此一回中,平儿代替王熙凤"判冤决狱",不正是如此吗?

儒家不是最重"礼"对人的约束吗?平儿从不僭越,就是本回的"判冤决狱",尽管平儿先有了决断,但她仍先向王熙凤汇报了处置建议,虽然那一刻,王熙凤也责怪宝玉"为人不管青红皂白,爱兜揽事情",也曾主张"还要细细的追究才是",但经过平儿的据"理"、依"礼"的"智"劝,王熙凤最终还是说出了那句话——"凭你这小蹄子发放去罢。我才精爽些了,没的淘气。"

以上评述还都是从儒家"臣妾文化"的角度,分析为什么人人会说平儿好的原因,当代还有一位学者以另一种视角,即文化视角对平儿这个人物进行了分析,我觉得这个角度也特别新颖,很值得关注,就是刘再复先生评论平儿的话——

　　宝钗所界定的"明白人"，倒是我们解开平儿的钥匙。所谓明白人，应有两义：一义是通常所指的洞明事理之人，另一义是到了禅宗才更为明确的明心知性之人。慧能讲明心见性，实际上是讲人的心灵原是一尘不染的洁白纯净主体，那是佛性的藏存之所，明了这个"白"，开掘这个"白"，放下"白"之外的一切"执"、一切妄念而见其真性，便是"觉"，便是"悟"，便是"佛"。平儿这个明白人，两义兼有，前者是她的意识，后者是她的潜意识——无师自通地明了一种禅性大道理，从而形成一种奇异的人性与神性。（刘再复，《红楼人三十种解读》，生活·读书·新知三联书店，2009 年）

　　这是从佛家的禅宗文化视角来解读平儿这个人物的！

　　刘再复先生肯定了平儿身上的"佛性"——一尘不染的洁白纯净主体，并未因身外的"一切'执'、一切妄念"而受遮蔽，受玷污。刘再复还告诉我们，平儿是或自觉或潜意识中无师自通地明了一种禅性大道理，"从而形成一种奇异的人性与神性"的。

　　刘再复先生还于上述文章中不无感叹地说——"人性异常复杂，也异常丰富，每一生命个体都有独特的稿本，平儿这种明白人看似平和平淡，实则极为精彩而他人难以模仿和重复。"

　　好一句"极为精彩而他人难以模仿和重复"！为什么"难以模仿和重复"？因为平儿也只是曹雪芹笔下的文学形象，也只是如刘再复先生所言的一个个生命个体中的"独特的稿本"！

为什么是史湘云醉眠芍药裀?

——读《红楼梦》第六十二回

"憨湘云醉眠芍药裀,呆香菱情解石榴裙"

史湘云这个人物形象,具有超脱之美、朴实之美、天真之美、率性之美与名士风流的生命姿态。

对《红楼梦》中的人物,人们常常会从文化类型的角度进行归类,称史湘云是道家的,宝玉是佛家的,宝钗是儒家的! 这种归类应该说大致是准确的。

体现了道家文化特征的史湘云身上,就具有超脱之美、朴实之美、天真之美、率性之美。而这样的美,体现于人的生命姿态上,展现于日常生活应对交接中,又常常会被秉持与恪守儒家价值观的众人视为"憨人""痴人",甚至为"呆子"。而褒扬者呢,则会视之为"真人",称其生命姿态为"名士风流"!

众金钗聚饮,为什么会是湘云醉卧,因为只有她具有这种放浪形骸的"名士风流"气质! 我且举几例来说一说。

探春不知客居荣国府的邢岫烟的生日,是谁当着众人说出来了? 是率性的湘云！邢岫烟当然会从心底里感激湘云，但史湘云心直口快、不辨场合、不看对象、不计后果的做事风格，让谁尴尬了？让探春尴尬，让王熙凤尴尬，让邢夫人尴尬，让迎春尴尬！

湘云当众直接说出了邢夫人的侄女邢岫烟的生日也是今日，精明而正直的探春虽然也当即吩咐让人传话王熙凤赶快给邢岫烟补了生日贺礼，但无论怎样，这于探春来说，总是一件尴尬的事。

如果说以上叙写湘云"憨直"的文字，是正面落笔，那么接下来叙写薛宝钗为人之"圆"的文字，则是烘托湘云憨直的绝妙之笔。

当探春当众宣布要给平儿添两桌酒席庆贺其生日之后，薛宝钗将给宝玉送贺仪的薛蟠打发出大观园之后，她又做了什么事？——宝钗将薛家可以出入大观园角门的钥匙"要了自己拿着"，为什么？免得将来大观园出了什么事怀疑到她薛家头上。宝钗还悄悄地对宝玉说："你只听我说，以后留神小心就是了，这话也不可对第二个人讲。"

薛宝钗是处处在做人，沉稳而工于心计，合群而善于周旋应对，并善于撇清自己。薛宝钗在自保的时候，在为未来谋划的时候，湘云呢？——湘云竟然直言探春忘了客居荣国府的邢岫烟的生日！这能不让探春尴尬？

探春也算得上是一个胸襟极为宽广的女孩，但这并不说明湘云当场令她尴尬，她的心底不会泛起半圈涟漪。你看湘云令探春尴尬的"现世报应"立即就来了！于是就出现了史湘云酒宴上第一次受罚的场景。

在众人商议确定雅聚该行什么令时，何等矜持的林黛玉于这一次宴会竟也随俗从众，主张以抓阄的方式决定行哪一种令，从而为宴席增添雅趣，这博得了众人"都道妙"；薛宝钗是何等能够与世俯仰的人，当她看到拈出的"射覆"酒令会让席间的许多人无力参与之时，立刻主张"不如毁了，另拈一个雅俗共赏的"；探春，作为此次宴会的策划人，对宝钗的提议是部分接受，部分保留，最终她决定保留"射覆"，让有文化素养的小姐们参与，另拈出一个雅俗共赏的令，让丫鬟们参与，这充分展现了探春的领导气质，她的决定客观上也同时顾及到了宴席上的每一个人。

而此刻的史湘云呢？作为贵族小姐的史湘云，当拈出的第二个令是"拇战"时，她竟然笑言"我不行这个'射覆'"，理由就是"射覆"只会是一种让人"没的垂头丧气闷人"的酒令，因而她要加入另一个群体"划拳去了"。

划拳，首先就不是贵族小姐于大庭广众之下的宴席上所能做的，因为不雅，而史湘云却偏偏要去划拳。碍于席间有平儿、袭人等诸多丫鬟，探春当然不能以此为理由去责罚湘云，但探春反应十分迅捷，否则曹雪芹怎么会送她外号"敏探春"呢？探春立即宣布"惟有他乱令"，并强迫薛宝钗选边站队，让宝姐姐责罚湘云。薛宝钗还真的"不容分说，便灌了湘云一杯"。

为什么宝钗"不容分说"？这四个字说明对待史湘云还是有"分说"的理由的！人家史湘云是参与"射覆"还是"拇战"，她自己拥有选择权啊！再说，小姐只能"射覆"不能"拇战"，也只是你探春一人的决定，并未得到与会诸人的认可啊！第三，你探春还不是令官呢！这么一说，史湘云的确是有权利也有充足的理由为自己申辩的！"才自精明志自高"的探春，当然也知道这几点，但她很快就通过逼迫薛宝钗站队的方式来孤立史湘云。而薛宝钗呢，也很快做出了牺牲湘云的选择，迅速站到了强势的探春那一边。

于是史湘云为自己的"憨直"，付出了受罚满满一杯酒的代价！

如果让人去猜那日的聚饮那位醉卧芍药裀之人是谁，那么想都不用想，只能是史大小姐！

群芳夜宴的怡红院，门外即天涯

——读《红楼梦》第六十三回

"寿怡红群芳开夜宴，死金丹独艳理亲丧"

> 于欢歌中感受欢愉，容易；于欢歌中品出悲音，实难——这也是曹雪芹借贾宝玉这个人物所要抒发的情感。

《红楼梦》第六十三回最主要的情节，就是写贾宝玉这位"赏花人"于怡红院群芳给他开的夜宴上"赏花"的感受！

能于欢歌中感受欢愉，这是人人都能够拥有的体验；能于欢歌中体察到悲音，却是不容易的！

千千万万的《红楼梦》读者，有谁能真正读懂此回芳官所唱的《邯郸记》中《赏花时》一曲"您看那风起玉尘沙。猛可的那一层云下，抵多少门外即天涯"呢？——"抵多少"是明朝的一句俗语，解释为"好比是"。怡红院门之外，不就是罡风四起的世界吗？天庭之外的彩云底下，不正"好比是"那若干年后宝玉与群芳四散、各奔天涯的世界吗？

《红楼梦》是一部悟书！曹雪芹借贾宝玉之眼之心，悟命运的底色，悟祸福为何无常，悟人世间什么最重，悟何为爱的真谛。

人世间什么最重？宝玉懂了！

宝玉生日当天晚上"群芳夜宴"的发起人是袭人，原本计划的参与者就是宝玉与怡红院的一等、二等及三等丫鬟，共九人。

好一句"我们八个人单替你过生日"，这是荣国府最尊贵的怡红院公子与他的女奴们之间那一份浓浓的近乎姐妹兄弟般的情愫。在袭人、晴雯、芳官等女奴看来，她们之所以要安排这场夜宴，只是想特别表达对素日里呵护她们的公子的答谢之情；而有了这场夜宴，在宝玉的心中，芳官、四儿等二等与三等丫鬟白天不能列入生日宴席的遗憾也将会得到弥补。

彼夜彼时，怡红院内，贾府金钗，主仆围坐，掣花签，占花名！那就是一场青春的盛宴，就是一曲最美的青春之歌！

宝钗掣出了"任是无情也动人"，位处"群芳之冠"的牡丹。"众人看了，都笑说：'巧的很，你也原配牡丹花'"，赢得了满席共贺。芳官呢，更是遵宝钗之命"细细的"唱了一支《赏花时》！

满室笑声喧腾之时，宝玉是怎样的呢？他已经完全不是第五回中那个品了仙茗、喝了仙醪、听了仙曲却仍无动于衷的宝玉了，那么此时，他又是一个怎样的宝玉呢？曹雪芹是这样来描述的——

> 宝玉却只管拿着那签，口内颠来倒去念"任是无情也动人"，听了这曲子，眼看着芳官不语。

我们一直在说，《红楼梦》是一部悟书，是对生命、命运及尘世间什么是最重要的等重大命题的领悟。不过，"悟"是有渐悟与顿悟之分的，宝玉的领悟就是渐悟的过程。那一刻"颠来倒去念'任是无情也动人'"的宝玉、"眼看着芳官不语"的宝玉，就是在思索生命的繁华与易逝，就是在品味美是否能够永驻，就是在欣赏表姐薛宝钗的生命姿态。

麝月掣出的是"韶华胜极"的荼蘼花，花签上的诗句是宋代王琪的"开到荼蘼花事了"，签的注语是"在席各饮三杯送春"。当麝月向宝玉问起如何解花签时，宝玉的反应是怎样的呢？

> 麝月问怎么讲，宝玉愁眉，忙将签藏了，说："咱们且喝酒。"说着大家吃了三口，以充三杯之数。

一个被剥夺了受文化教育权利的女奴，正眼巴巴地等待自己所侍奉的公子解读自己的命运；一个能尊重下人、平等地对待人的公子哥，则是为了不让眼前的丫鬟因知晓不吉祥的花语而伤心失望，虽然他"愁眉"已露，但仍在尽力地避免让自己的丫鬟难堪，"忙将签藏了"，以"咱们且喝酒"来敷衍，来转移话题。这样的宝玉，正是曹雪芹所要肯定的宝玉，这也正是"茜纱窗下"的怡红公子的"情深"之处。

多愁的黛玉怀着"不知还有什么好的被我掣着方好"的心理，掣出的是立于"风露清愁"中"莫怨东风当自嗟"的芙蓉！众人也是一片笑语——"这个好极。除了他，别人不配作芙蓉！"

当怡红院门之内的群芳欢笑正浓之时，不知不觉已是"子初初刻十分了"；怡红院门之外，薛姨妈派来接黛玉回潇湘馆的人已经来敲门了。"袭人宝玉等还要留着众人"，此时的李纨、宝钗十分清醒，则是以"夜太深了不像，这已是破格了"赶快拒绝。

这真是一个极自由、极恣意、极平等、极欢乐的良宵！

可悲的是，他日群芳都将会风流云散，他日终将只剩下"兰亭已矣，梓泽丘墟"之叹！只可叹当大观园的群芳"正玩笑不绝"之时，宁国府的悲音与丧音就传来了。《红楼梦》所写的三位进士中的一位——贾敬，终于因"吞金服砂，烧胀而殁"。

一边是群芳夜宴庆生辰，一边是"独艳"尤氏理亲丧！一边是对自由、平等、青春与美丽的珍重，一边是"妄作虚为，过于劳神费力，反因此伤了性命"。一边是贾宝玉玩味宝钗的签语"任是无情也动人"及听罢芳官的《赏花时》的默然无语，这是他对生命的本质一时无法参悟的思索；一边是贾蓉奔祖父之丧时廉耻之心尽失的丑态毕现。

古人云："死生亦大矣！"人人都知道，如何活着、如何面对生命的终点是人活于这个尘世中所应该明白的大事，不过，人于红尘走一遭，面对"死生"又有几人能真正活明白呢？

这么说，当曹雪芹借芳官唱出《赏花时》之时，他莫不是要我们去好好琢磨这样一个问题——在这个尘世中，谁才是吕洞宾所要寻找、所要度化的守在天庭大门之外的那个合格的扫花人呢？

《红楼梦》中的"庄"与"敬"

——读《红楼梦》第六十四回

"幽淑女悲题五美吟，浪荡子情遗九龙珮"

> 一边是贾敬"死不得其所"，一边是林黛玉对生命价值的珍重与追问，这真是绝妙的对比。

宁国府的"贾敬"之死，是贾府的大事。贾珍、贾蓉是贾敬的儿孙，自然得服丧戴孝，荣国府的贾母、王夫人、王熙凤等女眷也前去宁国府进行了吊祭。

有学生曾问我，寄居荣国府的林黛玉为什么于其潇湘馆焚香列鼎祭奠起了历史上的五位女子，却不必去宁国府行祭奠之礼呢？

这就涉及中国古代的礼俗文化了。

我先回答林黛玉为什么可以不去宁国府行祭奠之礼的问题。

林黛玉是荣国府贾母的外孙女，根据《清史稿》记载的清朝"凶礼"中"服丧"的礼制规定，林黛玉是不必为宁国府的贾敬之死戴孝的。

对照《清史稿·志六十八·礼十二》所列的相关规定，外孙女有"为外祖父、母"服"小功五月"的规定，也有外甥女"为母之兄、弟、姊、妹"

服"小功五月"的规定。但因为贾敬不是林黛玉的母亲贾敏的同胞兄弟，所以林黛玉不必为贾敬戴孝。

有人可能会问，林黛玉可以不为贾敬戴孝五月，还有一种"缌麻三月"的孝呢，林黛玉是不是要为贾敬戴"缌麻三月"的孝？我查阅《清史稿·志六十八·礼十二》所列的"缌麻三月"的规定，也不见已嫁的堂妹之女必须为母亲的堂兄之死戴孝的规定，贾敬正是贾敏的堂兄，因此黛玉确实不必为贾敬戴孝。

曹雪芹于《红楼梦》第五回，就曾借咏叹秦可卿的一首曲子《好事终》，嘲讽宁国府的纲常毁堕，道德败坏。曲词"箕裘颓堕皆从敬，家事消亡首罪宁"，更是直接指出贾敬要为他的儿孙贾珍、贾蓉的"颓堕"负责。

正因为有这样一种"价值判断"为前提，曹雪芹才会写林黛玉于宁国府丧事之时，于潇湘馆内设鼎焚香、摆列瓜果祭奠五位似乎与她没有半点亲缘关系的历史上的五位奇女子，才会极力地叙写贾珍、贾蓉、贾琏于家孝期间近乎禽兽的行为。

儒家文化最讲"修齐治平"的德与能。贾敬是《红楼梦》中叙及的三位有着进士功名的人物之一。

第六十三回中曹雪芹就曾借天子之口讲贾敬"虽白衣无功于国，念彼祖父之功，追赐五品之职"，这点明了贾敬是无"治平"之功的。一个有着进士出身的人，按理即便不能为国"立功"，也得有"修身""齐家"的能力与德行，贾敬却沉迷于在宁国府外的玄真观中修道炼丹，竟妄想借此求得长生不老。结果呢？他因误食丹砂而暴死。

而他的儿子贾珍由于缺少父母的管束，更是无所不为，贾珍贾蓉父子连聚麀的禽兽之行都能干得出来。这样的贾敬，有何能？又有何德？又怎能让人生出"庄敬"之心？

曹雪芹最善于借对比与映衬之笔来表达他对于人的生命价值与生存姿态的思考，贾敬死不得其所的结局，无疑是曹雪芹对其"进士"出身的嘲讽，而"幽淑女"林黛玉"悲题五美吟"则是一个闺阁少女对其生命价值的自我珍重与自我追问。

且看林黛玉是如何向宝玉与宝钗解释她题写《五美吟》的缘由的——

> 黛玉一面让宝钗坐，一面笑说道："我曾见古史中有才色的女子，终身遭际令人可欣可羡可悲可叹者甚多。今日饭后无事，因欲择出数人，胡乱凑几首诗以寄感慨……"

黛玉当然是"有才色的女子"，她称西施、虞姬、明妃、绿珠、红拂的"终身遭际令人可欣可羡可悲可叹"，其实就是借这五位女子"以寄感慨"。

如果说"五美"中前四位的人生都是悲剧，那么红拂还勉强说得上有几许幸运——"长揖雄谈态自殊，美人具眼识穷途。尸居馀气杨公幕，岂得羁縻女丈夫？"如果说红拂是幸运的，那么她的幸运又意味着什么呢？在黛玉的眼中，侍奉于尸居馀气的杨素之侧的婢女红拂，算得上是一位具眼英雄。她对布衣见杨素的李靖一见倾心，她为李靖的不凡谈吐与轩昂气度所折服，她还有勇气、有智慧逃离杨府，投奔李靖，与李靖同往太原辅佐李世民起兵讨伐隋朝。对于这样的红拂，黛玉以可欣可羡的口吻，为她送去了由衷的赞美——"尸居馀气杨公幕，岂得羁縻女丈夫？"

这样的红拂，只不过是杨素的一位婢女，但红拂的眼光、气度、勇气、智慧及生命姿态，却让黛玉以仰视之态与庄敬之心为她送去了赞美，这意味着什么？——意味着黛玉也渴望活出自我，活出能由自己做主的生命姿态！

黛玉的《五美吟》组诗，赢得了宝玉的"赞不绝口"！也引来了宝钗对黛玉能"善翻古人之意"与"命意新奇，别开生面"的肯定！

　　好一句"岂得羁縻女丈夫"的反问！黛玉为什么焚以名香、敬以时鲜瓜果，以庄严之心礼敬历代"有才色"的五位女子？因为她要抒发内心冲破罗网、摆脱桎梏，为自己的命运做主的希冀之情。

《红楼梦》中的"不可靠叙述"

——读《红楼梦》第六十五回

"贾二舍偷娶尤二姨，尤三姐思嫁柳二郎"

懂得小说叙述技巧有"可靠叙述"与"不可靠叙述"之分，可以避免对人物形象产生误读。

阅读《红楼梦》时，很多读者会产生困惑，比如当代作家王蒙先生。王蒙先生在读到第六十五回中的以下文字时，就写下了自己的不解——

至次日，二姐另备了酒，贾琏也不出门，至午间特请他小妹过来，与他母亲上坐。尤三姐便知其意，酒过三巡，不用姐姐开口，先便滴泪泣道："姐姐今日请我，自有一番道理要说。但妹子不是那愚人，也不用絮絮叨叨提那从前丑事，我已尽知，说也无益。既如今姐姐也得了好处安身，妈也有了安身之处，我也要自寻归结去，方是正理。但终身大事，一生至一死，非同儿戏。我如今改过守分，只要我拣一个素日可心如意的人方跟他去。若凭你们拣择，虽是富比石崇，才过子建，貌比潘安的，我心里进不去，也白过了一世。"

王蒙先生评点上述文字时说："如此这般，尤三姐的表现略显突兀与戏剧化，与'红'中其他人物的处理风格不尽一致。'红'中其他人物的表现手法是生活化、日常化，无边际的真实化。"（王蒙，《王蒙评点〈红楼梦〉》，人民文学出版社，2014 年，中卷第 334 页）

王蒙先生称这段文字中尤三姐表现"突兀"的理由，是曹雪芹塑造尤三姐这个人物形象时没有采用一贯的"生活化、日常化，无边际的真实化"的表现手法，其实他这个断语下得有些草率。这段文字写的生活场景，依然是"生活化"的；这段所叙写的"酒过三巡""滴泪泣道"等文字，也是很"日常"的。我通读了王蒙先生对《红楼梦》第六十五回的评点文字，发现他之所以说上述文字"略显突兀"，最主要的原因是他觉得写得"不真实"。

为什么王蒙先生会对这段文字产生有失"真实化"的评判呢？这就涉及小说叙事学中的"不可靠叙述"的问题了。

何谓"不可靠叙述"？

学者王彬先生对此有极为明确的阐述——

美国学者布斯认为叙述者不是隐含作者，读者可以绕过叙述者而同隐含作者直接交流。那么，隐含作者是如何置入文本之中的呢？布斯在这个关键问题上十分含糊，我认为，隐含作者便是隐含于本文中的整体价值取向。本文的整体价值取向便是隐含作者。具体说，叙述者与隐含作者的区别是：之一，叙述者是叙述主体，而隐含作者不是，但它又像一个幽灵而在文本中无所不在；之二，叙述者不等于隐含作者，在价值取向上，二者可以一致，也可以不一致。当着在价值取向上形成差距，发生矛盾时，便出现了不可靠叙述。反之，当着叙述者与隐含作者在价

值取向上完全重合，叙述者的叙述便是可靠的。（王彬，《红楼梦叙事》，人民出版社，2014 年，第 69 页）

关于"可靠叙述"与"不可靠叙述"，王彬先生的阐述极为明晰。下面我们来看看"隐含作者"对尤三姐作出的"整体价值取向"是什么？

对于尤三姐的"整体价值取向"，其实曹雪芹于第六十四回中就借林黛玉之口向读者暗示了。林黛玉的《五美吟》称西施、虞姬、明妃、绿珠、红拂这些"有才色的女子"的命运遭际"可欣可羡可悲可叹"，表达的就是作者对那个时代"有才色"的女性遭际的同情，而对红拂夜奔寻李靖的行为更是送去了敬意。第六十六回"情小妹耻情归地府"，写尤三姐拔剑自刎以明心志，更是有这样的"叙述者"文字——"可怜'揉碎桃花红满地，玉山倾倒再难扶'，芳灵蕙性，渺渺冥冥，不知那边去了。"

你们读到了吗？尤三姐的灵魂是"芬芳"的，尤三姐的性情是如蕙兰般高洁的，尤三姐的人格是能够以魏晋名士嵇康来比拟的，尤三姐的自刎行为也被"叙述者"以"揉碎桃花红满地"这样的文字进行了诗意化的处理。

因此阅读时，只要结合《红楼梦》中上下文的情节加以分析，就会明白曹雪芹对尤三姐的"整体价值取向"是正面的，是肯定的，是赞美的，是敬重的，是同情的。

基于这样的判断，我们再来分析尤三姐向尤二姐、贾琏"明志"的文字，就不会觉得突兀了。因为那份"志"本来就是尤三姐所憧憬的，也是她后来所践行的，因此，王蒙先生评说的《红楼梦》中的那段文字，不但不是"不可靠叙述"，反而是合乎尤三姐性格特征的真实的"可靠叙述"！

那么第六十五回中，有没有"不可靠叙述"呢？——当然有！

比如下面这段文字——

　　自此后，或略有丫鬟婆娘不到之处，便将贾琏、贾珍、贾蓉三个泼声厉言痛骂，说他爷儿三个诓骗了他寡妇孤女。贾珍回去之后，以后亦不敢轻易再来，有时尤三姐自己高了兴悄命小厮来请，方敢去一会，到了这里，也只好随他的便。谁知这尤三姐天生脾气不堪，仗着自己风流标致，偏要打扮的出色，另式作出许多万人不及的淫情浪态来，哄的男子们垂涎落魄，欲近不能，欲远不舍，迷离颠倒，他以为乐。

　　这段文字的"叙述者"所叙写的尤三姐是"贞静"之人吗？是"改过守分"之人吗？显然不是！她竟然于"高了兴"时，还会"悄命小厮"去请贾珍来与她厮混；她竟然"天生脾气不堪"；她竟然"仗着自己风流标致，偏要打扮的出色，另式作出许多万人不及的淫情浪态来"；她竟然会故意去"哄的男子们垂涎落魄"。

　　这里"叙述者"对尤三姐的价值取向，显然是负面的，是否定的，是批评的，是贬抑的，也显然是与曹雪芹隐含于小说中的对尤三姐的"隐含的价值取向""整体的价值取向"是相冲突的。因此，这一段文字就是不折不扣的"不可靠叙述"。

情节发展的"动力源"

——读《红楼梦》第六十六回

"情小妹耻情归地府，冷二郎一冷入空门"

> 天才小说家曹雪芹推动情节发展的艺术技巧极多，且能密集地于一回中使用数种手法。

《红楼梦》第六十六回所叙写的中心人物是尤三姐与柳湘莲。此回情节跌宕起伏，故事特别完整，矛盾冲突尖锐，推动情节发展的"动力源"又十分丰富，我仅以"人物对话""暗示""设置事件的交集""巧合""超现实的梦境"等方面例举来谈谈本回中情节发展的"动力源"这一问题。

必须要说明的是，曹雪芹创作时，推动小说情节发展，有时一个情节并非只借用一种"动力"，而是数力齐用。

你看，"人物对话"与"暗示"就是曹雪芹同时使用的推动情节发展的"动力源"——

二人正说之间，只见尤三姐走来说道："姐夫，你只放心。我们不是那心口两样的人，说什么是什么。若有了姓柳的来，我便嫁他。从今日起，我吃斋念佛，只服侍母亲，等他来了，嫁了他去，若一百年不来，我自己修行去了。"说着，将一根玉簪击作两段，"一句不真，就如这簪子！"说着，回房去了，真个竟非礼不动，非礼不言起来。

尤三姐走出内室，直接向姐夫坦露心迹，这是"人物对话"；尤三姐"将一根玉簪，击作两段"之后所发的誓言"一句不真，就如这簪子"，这是"暗示"。

其实，尤三姐发誓时所击断的那根玉簪，也完全可以视为尤三姐隔空向柳湘莲抛出的绣球与信物，只可叹它是被击碎的玉簪，这又何尝不正是尤三姐最终拔剑自刎的悲剧结局的预演呢？这样的情节可以视为尤三姐与柳湘莲爱情故事的"发展"部分，同时尤三姐"宁为玉碎"式的盟誓也可以视为对尤柳爱情悲剧"结局"的"暗示"！

在"情小妹耻情归地府，冷二郎一冷入空门"的爱情故事中，贾琏这个人物显然是被曹雪芹作为"媒妁"来安排的。尤三姐当着姐姐的面，向姐夫表明她思嫁的对象就是柳湘莲之后，下面的情节就应该是两人爱情"发展"的进一步延展了。那么如何引出贾琏这个"媒妁"与柳湘莲相遇的"情节"呢？曹雪芹又想出了一种情节延展的"动力"，就是"设置事件交集法"。且看下面的文字——

是日一早出城，就奔平安州大道，晓行夜住，渴饮饥餐。方走了三日，那日正走之间，顶头来了一群驮子，内中一伙，主仆十来骑马，走的近来一看，不是别人，竟是薛蟠和柳湘莲来了。贾琏深为奇怪，忙伸马迎了上来，大家一齐相见，说些别后寒温，大家便入酒店歇下，叙谈叙谈。

　　贾琏因笑说："闹过之后，我们忙着请你两个和解，谁知柳兄踪迹全无。怎么你两个今日倒在一处了？"薛蟠笑道："天下竟有这样奇事。我同伙计贩了货物，自春天起身，往回里走，一路平安。谁知前日到了平安州界，遇一伙强盗，已将东西劫去。不想柳二弟从那边来了，方把贼人赶散，夺回货物，还救了我们的性命。我谢他又不受，所以我们结拜了生死弟兄，如今一路进京。从此后我们是亲弟亲兄一般。到前面岔口上分路，他就分路往南二百里有他一个姑妈，他去望候望候。我先进京去安置了我的事，然后给他寻一所宅子，寻一门好亲事，大家过起来。"贾琏听了道："原来如此，倒教我们悬了几日心。"因又听道寻亲，又忙说道："我正有一门好亲事堪配二弟。"

　　为了使贾琏与柳湘莲产生"交集"，曹雪芹就安排贾琏奉父亲贾赦之命出远门至平安州办一件"机密大事"，这样，出远门的贾琏与正在远行途中的薛蟠及萍踪浪迹天涯的柳湘莲就可能产生"交集"。

　　可是，贾琏不但遇见了柳湘莲，还同时遇上了薛蟠，这当然是"巧合"！上述情节发展的"动力源"的确是"巧合"，这种"巧合法"也正是所有小说家都会采用的。

　　正是有了这一段段"巧遇"，让柳湘莲"路见不平一声吼"，让遇劫的薛蟠逢凶化吉，使得薛蟠感激不尽，然后化仇人为"生死弟兄"。接着，一心知恩图报的薛蟠想着至京城给柳湘莲"寻一所宅子，寻一门好亲事"，最后自然而然地引出贾琏向柳湘莲提亲的"情节"来。

　　柳湘莲向宝玉探问"贾琏偷娶二房之事"，他显然是想借探问尤二姐的"底里"来侧面了解尤三姐的品行，这是"冷郎君"柳湘莲的细心与冷静之处，宝玉只知照实借茗烟之口来评判"贾琏偷娶之事"，却不知柳湘莲的问话还另有意图。宝玉前半句的答话其实已经让柳湘莲的疑虑加深，而之后宝玉主动说出的"琏二哥哥着实问你"之事，又等于暗示贾琏在助着尤三姐"女追男"。正是宝玉的这后半句话，牵出了柳湘莲的话——"难道女家反赶着男家不成"，这又是一重"误会"引出的"误会"！

正是有了宝玉与柳湘莲两人对话中产生的一连串的"误会"，才有了柳湘莲决心要讨回鸳鸯剑这一定情物的情节，也才有了尤三姐还剑挥泪自刎的情节高潮。

本回的"尾声"，作者采用了"超现实的梦境"作为推动情节的"动力源"。曹雪芹安排尤三姐在"出门无所之""昏昏默默"的柳湘莲的梦中再次出现，梦中的尤三姐哭着向柳湘莲告别。当"不舍"尤三姐离去的柳湘莲"忙欲上来拉住问"她时，尤三姐又对柳湘莲说出了这样的话——"来自情天，去由情地。前生误被情惑，今既耻情而觉，与君两无干涉。"这是刚烈的尤三姐之语，这也是尤三姐向这个容不下或不配容下她的"痴情"世界做出的绝望的告白，这当然也是她对柳湘莲的点醒与开示！

当柳湘莲从梦境中醒来，他又听了破庙中那捕虱而谈的道士的点化，"不觉冷然如寒冰侵骨，掣出那股雄剑，将万根烦恼丝一挥而尽"，终于追随那道士而去。

是"情节小说"，更是"性格小说"

——读《红楼梦》第六十七回

"见土仪颦卿思故里，闻秘事凤姐讯家童"

曹雪芹以近乎"拖沓"之笔来叙事，其文章中看似闲笔之处，却往往更见人物性格，这正是《红楼梦》的叙事风格。

《深圳商报》曾刊登一篇文章——《〈红楼梦〉并非文学经典》。文章作者称"《红楼梦》并非文学经典"，这真是"语不惊人死不休"！

那么在这位作者的心中，"经典"又该是什么样的呢？——

对我而言，小说有紧张曲折的情节就已经足够，不能引起阅读兴趣、找不到阅读快感的小说，是失败的小说，《红楼梦》正是其中典型……《红楼梦》情节拖沓，描写繁复，宝黛之间并非爱有多深、情有多深，只是深闺大户公子小姐的闲情使气，毫无动人之处。

在《〈红楼梦〉并非文学经典》的作者看来，"小说有紧张曲折的情节就已经足够"，而《红楼梦》呢，不但没有紧张曲折的情节，而且还"情节拖沓"，因此《红楼梦》是"失败的小说"!

读到这样的评价,我不禁哑然失笑!

殊不知小说是有"情节小说"与"性格小说"之分的!准确地说,"情节小说"也并不是不刻画人物性格,只不过在架构情节时多以不断地制造戏剧化的矛盾冲突见长,并以此来吸引读者阅读;而"性格小说"也不是说没有跌宕起伏的情节,只不过是更注重刻画人物性格与塑造人物形象,并以"人物性格"为情节延展的主要"动力源",因此"性格小说"中即使看似"拖沓"的情节,其实也并非"闲笔"。

由于"性格小说"的情节推动与延展,主要依靠的就是"人物性格"这一"动力源",因此作者为了强化"人物性格"这一"动力源",常常会对人物的性格进行泼墨般地描绘。读者如果不能读出作者的这一良苦用心,往往就会将这类描写视为是"繁复"的,称其情节是"拖沓"的!

其实,《红楼梦》是"情节小说",更是"性格小说"!

本回的第一个主要情节是"见土仪颦卿思故里",如果是一般的小说家,叙写完黛玉原本伤感的心渐渐温热并主动约宝玉同至蘅芜苑向薛宝钗道谢时,到"见土仪颦卿思故里"的情节就该结束了!

如果你认为曹雪芹也会这样叙写,那就错了!曹雪芹的笔下还有"余波"呢!他又写到了赵姨娘"蝎蝎螫螫的拿着"薛宝钗给贾环的"土仪",特意到王夫人那里夸赞薛宝钗的情节——

　　且说赵姨娘因见宝钗送了贾环些东西,心中甚是喜欢,想道:"怨不得别人都说那宝丫头好,会做人,很大方,如今看起来,果然不错。他哥哥能带了多少东西来,他挨门儿送到,并不遗漏一处,也不露出谁薄谁厚。连我们这样没时运的,他都想到了。若是那林丫头,他把我们娘儿们正眼也不瞧,那里还肯送我们东西?"一面想,一面把那些东西翻来覆去的摆弄瞧看一回。忽然想到宝钗系王夫人的亲戚,为何不到王夫人跟前卖个好儿呢?自己便蝎蝎螫螫的拿着东西,走至王夫人房中,站在旁边,陪笑说道:"这是宝姑娘才刚给环哥儿的。难为宝姑娘这么年轻的人,想的这么周到,真是大户人家的姑娘,又展样,又大方,怎么叫人不敬服呢。怪不得老太太和太太成日家都夸他疼他。我也不敢自专就收起来,特拿来给太太瞧瞧,太太也喜欢喜欢。"王夫人听了,早知道来意了。又见他说的不伦不类,也不便不理他,说道:"你自管收了去给环哥顽罢。"赵姨娘来时兴兴头头,谁知抹了一鼻子灰,满心生气,又不敢露出来,只得讪讪的出来了。到了自己房中,将东西丢在一边,嘴里咕咕哝哝自言自语道:"这个又算了个什么儿呢。"一面坐着,各自生了一回闷气。

这个近乎"拖沓"的情节,写得太精彩了,且不说情节耐人寻味,更让人称赏的是见出了不同人物的"性格"。

其实,《红楼梦》处处在写书中的人物是如何"做人"的,写赵姨娘"到王夫人跟前卖个好儿"是在写"做人",结果赵姨娘却被"抹了一鼻子灰",作者将此写得不动声色。但这一段近乎"春秋笔法"的文字,其实终极目的不完全是写赵姨娘,也不完全是写王夫人,还在写谁呢?——写薛宝钗!写薛宝钗的"做人"!

赵姨娘的"卖个好儿"的感谢,是讨好式的,是带着强烈的功利心的"人情"与"往来",所以在曹雪芹看来是"不伦不类"的!薛宝钗的分赠土仪呢,又何尝不带有功利性质?人情往来,在曹雪芹看来,是以彼此间真正尊重、平等对待人格、知己知心为前提的,如果能做到这样,受赠者甚至都不必言谢。

正因为如此，我们才会于本回中读到黛玉借宝玉向宝钗如此言谢的文字——"黛玉瞅了他一眼，便道：'你要你只管说，不必拉扯上人。姐姐你瞧，宝哥哥不是给姐姐来道谢，竟又要定下明年的东西来了。'"

黛玉是在道谢，但她又是在借宝玉来言谢，这样的言谢文字，如果大家闲读，是见不出其文字意蕴之丰的。黛玉的言谢，照应了前面的"自家姊妹，这倒不必"那句话，所以黛玉说是"宝哥哥来道谢"而不是她来道谢；黛玉打趣宝玉"竟又要定下明年的东西来了"，这是极幽默的文字，心情没有好至十分的黛玉口中是绝对不会出现这样的言语的，这是常人眼中的猜忌心重、常使"小性儿"的黛玉被薛宝钗分赠土仪所感动说出的至情至真至性的言语。

在本回中，曹雪芹极力刻画了赵姨娘之假，林黛玉之真。赵姨娘于王夫人面前"陪笑"与"只得讪讪的出来"，宝玉、宝钗听了林黛玉"竟又要定下明年的东西来了"的打趣话后相视而笑——何者更令人动容？何者更能令人感受到人间的温暖？大家读了这等对比与映衬之笔后，答案岂不分明吗？

读了这等文字，明白了曹雪芹的此等良苦用心，我们还会说这类情节是"拖沓"的吗？我们还会说这样的情节是"繁复"的吗？

因此，读《红楼梦》，既要懂得欣赏热闹的小说情节，更要领会曹雪芹所叙写的看似"拖沓""繁复"的情节中的匠心！

阅读《红楼梦》时出现的"误读"

——读《红楼梦》第六十八回

"苦尤娘赚入大观园，酸凤姐大闹宁国府"

> 欣赏《红楼梦》中的人物，对读者的文化修养要求极高，在阅读时应力求避免过度联想式的阐述。

蒋勋先生读《红楼梦》读了几十年，学养极为厚实，他所著的《蒋勋说红楼梦》，本人也十分喜爱，读了不止一遍，受益颇丰。不过，我认为蒋勋先生解读第六十八回的文字，却也留下了遗憾，出现了"误读"。

先看小说原文的这一段——

兴儿引路，一直到了二姐门前扣门。鲍二家的开了。兴儿笑说："快回二奶奶去，大奶奶来了。"鲍二家的听了这句，顶梁骨走了真魂，忙飞进报与尤二姐。尤二姐虽也一惊，但已来了，只得以礼相见，于是忙整衣迎了出来。至门前，凤姐方下车进来。尤二姐一看，只见头上皆是素白银器，身上月白缎袄，青缎披风，白绫素裙。

再看蒋勋先生对上面我所引述的文字中王熙凤穿着的解读，竟然出现了如下文字——

"尤二姐一看"，她在看谁？看王熙凤。"只见头上皆是素白银器"，这一句话出来已经漂亮得不得了，王熙凤头上的珠宝全部拿掉，全部是银器，银都是白色的，发亮的，所以白色里面有冷冷的光。会不会觉得王熙凤冷静、杀人不眨眼的气质开始出来了？"身上月白缎袄"，从头看下来，看到身上穿的袄子是月白色的，像月光一样的冷冷的。"青缎披风"，青是藏青，一种深蓝色，传统民间办丧事的时候就是白跟深蓝两种颜色。下身是"白绫素裙"。所以从头上的银器到身上的月白袄子，到下面的白绫素裙，你看到一身的白色。（蒋勋，《蒋勋说红楼梦》，上海三联书店，2012年，第7辑）

蒋勋先生是一位文化学者，是美学家，也是画家，因此他常以一位画家的审美眼光去揣测、去联想小说文本中文字背后的意蕴，这很正常！

不过，他对王熙凤的上述解释，"过度阐述"太多了，以画家的敏感度而展开的联想也太不符合上下文语境了。蒋先生的联想有一点倒是合理的，即"传统民间办丧事的时候就是白跟深蓝两种颜色"，但遗憾的是蒋先生还只是停留在"联想"而已，没有指出国公府的王熙凤也该穿素色衣服。

其实，王熙凤之所以穿戴一身"白"与"青"的衣饰，原因就是她那时必须穿戴这样素净颜色的衣饰。为什么呢？因为那时她还处在贾府的"家孝"期间。

荣国公贾源是贾琏的曾祖父，王熙凤是荣国公贾源的曾孙贾琏的媳妇；贾敬是宁国公贾演的嫡孙，而贾演与贾源又是同胞兄弟。根据贾氏宗族这样的辈分排位，王熙凤应该称呼贾敬什么呢？——她应该随贾琏称贾敬为"堂伯"或"堂叔"，因为《红楼梦》中没有直接点明荣国府贾琏的父亲贾赦是年长还是年少于贾敬。

从贾演与贾源的父亲那一辈算起，至贾珍、贾琏、贾宝玉这一辈，正好五代，因此荣国府与宁国府两家还是没有脱"五服"的大家庭。

正因为如此，宁国府的贾敬离世，贾琏必须服丧戴孝。那么我们不禁要问，王熙凤作为贾琏的妻子，是否也要戴孝？答案是肯定的。这清清楚楚地写在《清史稿·志六十八》中关于"凶礼"之"缌麻三月"的规定——

> 妇为夫高、曾祖父、母；为夫伯、叔祖父、母及夫祖姑在室者；为夫堂伯、叔父、母及堂姑在室者……

王熙凤嫁入荣国府，成为荣国府贾琏的夫人，对照《清史稿》中关于"凶礼"的规定，大家就会明白，贾敬之死，荣国府的王熙凤作为堂侄媳妇，必须谨遵"（妇）为夫堂伯、叔父"服"缌麻三月"的服丧规定去守孝。

王熙凤是必须为贾敬守"家孝"的，这已经确定了，那接下来就是"缌麻三月"的守孝期，对于王熙凤来说是否已满的问题了。关于这个问题，本回中王熙凤"大闹宁国府"的情节也给出了答案，请看王熙凤痛骂贾蓉的这段文字——

> 众姬妾丫鬟媳妇已是乌压压跪了一地，陪笑求说："二奶奶最圣明的。虽是我们奶奶的不是，奶奶也作践的够了。当着奴才们，奶奶们素日何等的好来，如今还求奶奶给留脸。"说着，捧上茶来。凤姐也掷了，一面止了哭挽头发，又喝骂贾蓉："出去请大哥哥来。我对面问他，亲大爷的

孝才五七，侄儿娶亲，这个礼我竟不知道。我问问，也好学着日后教导子侄的。"

这一句"亲大爷的孝才五七"，说明贾敬之死才三十几天，离"三月"还远着呢。王熙凤作为贾敬的堂侄媳妇，虽然所守的是最短的"缌麻三月"之孝期，但当时也仍在守孝期。

正因为在守孝期，所以王熙凤穿戴的衣饰必须是素色的，而"白"与"青"就是素色中的两种。因此，王熙凤"素衣素盖"去花枝巷见尤二姐是礼制规定所使然，这就是她唯一的理由！她"头上皆是素白银器"，她"身上月白缎袄"，她穿的是"青缎披风"，她着的是"白绫素裙"，这就是国孝家孝期间的王熙凤出贾府大门正常的穿戴。

因此，蒋勋先生联想到"白本身也是一种恐怖"，这没有错，但接着又联想起"白几乎预告死亡事件的出现"，暗示王熙凤的一身"白"就预告着下一回中将要写尤二姐"吞生金自逝"，这则有点过度联想了，虽然"暗示"也是推动情节发展的"动力源"。蒋勋先生由王熙凤一身素净的衣饰，就联想到"白色里面有冷冷的光。会不会觉得王熙凤冷静、杀人不眨眼的气质开始出来了"，这就不是过度阐释的问题了，而是误读！因为王熙凤威慑尤二姐，那一刻她凭借的不是衣饰发出的"白光"，她凭借的是道德优越感与正妻的地位及高贵的出身。

由此可见，读《红楼梦》这样的文学兼文化经典，面对同一段文字，不同的读者的确会存在解读上的差异，这是正常的。不过，"过度联想"与"过度阐释"，有时却也可能会产生"误读"！

王熙凤的"阿喀琉斯之踵"

——读《红楼梦》第六十九回

"弄小巧用借剑杀人，觉大限吞生金自逝"

> 王熙凤这一人物的"狠毒"程度，让人难以想象，以"文化逻辑"去解读她不失为一个角度。

王熙凤为何最后被休？

曹雪芹于隐喻王熙凤命运的曲词《聪明累》中也进行了评述——"机关算尽太聪明，反算了卿卿性命。"

除了"机关算尽太聪明"的"聪明累"之外，王熙凤其实还另有"阿喀琉斯之踵"——即致命的弱点，准确地说是她的缺憾，这就是"不大生长"——生育能力极弱，她只生了一个女儿巧姐，"好容易怀了一个哥儿，到了六七个月还掉了"。

贾琏作为荣国府长子贾赦的独子，娶了王熙凤数年，只有一女，却没能生育一子，这是王熙凤的心结，也是她的"死结"，当然也是贾琏的心结及他偷娶尤二姐的借口。

我们先回头读一读第六十五回"贾二舍偷娶尤二姨"中那一段文字吧——

贾琏便推门进去，笑说："大爷在这里，兄弟来请安。"贾珍羞的无话，只得起身让坐。贾琏忙笑道："何必又作如此景象，咱们弟兄从前是如何样来！大哥为我操心，我今日粉身碎骨，感激不尽。大哥若多心，我意何安。从此以后，还求大哥如昔方好；不然，兄弟能可绝后，再不敢到此处来了。"

那天，热孝在身的贾珍也偷至花枝巷见尤氏姐妹。贾珍先至，正与尤老娘、尤三姐喝酒，不多久贾琏也至。贾琏只得"推门进去"应酬贾珍，席间为了避免贾珍尴尬，于是贾琏说出了上述的话。"从此以后，还求大哥如昔方好；不然，兄弟能可绝后"，虽是应酬之语，但还是道出了贾琏偷娶尤二姐的一个重要原因——为了求得子嗣。

再说王熙凤的这一心结，这从第六十一回她与平儿的对话中也可见出。暂代王夫人管理荣国府的王熙凤，在平儿看来，等宝玉娶了媳妇，贾政这一支即自然会有管家儿媳妇了，届时她王熙凤还是得回贾赦那一房去管事。平儿接着向王熙凤进言，不能树敌太多，也没有必要让自己"操劳太过""气恼伤着的"，这不，好不容易怀上的男孩也早产而夭。

平儿的这番话，真是戳中了王熙凤的"痛点"！这番话经心腹平儿道出，王熙凤当时的反应是怎样的？王熙凤立即撒手不管"玫瑰露、茯苓霜失窃"之事，任由平儿去"判冤决狱"，从轻发落柳家的母女及彩云。

第六十八回中王熙凤"大闹宁国府"，她"嚎天动地，大放悲声"地指斥贾珍之妻尤氏时，也说出了这样的话——"给你兄弟娶亲我不恼。为什么使他违旨背亲，将混帐名儿给我背着？咱们只去见官，省得捕快皂隶来拿。再者咱们只过去见了老太太、太太和众族人，大家公议了，我既不贤良，又不容丈夫娶亲买妾，只给我一纸休书，我即刻就走。"王熙凤为什么不敢说她恼怒的是贾琏纳妾？因为她王熙凤嫁入贾府，不能给贾琏所处的荣国府贾赦这一房添上男嗣，作为贾琏正妻的王熙凤且不说要像《浮生六记》中的芸娘那样主动帮着丈夫沈复去寻找美妾，但她至少也要默认贾琏有自己纳妾的权利，否则在贾氏家族中，她就会被"公议"为"不贤良"——为什么你王熙凤"不容丈夫娶亲买妾"？

在封建时代，对于妇人，《孔子家语·本命解》中有"七出"的规定，这"七出"就是"不顺父母者，无子者，淫僻者，嫉妒者，恶疾者，多口舌者，窃盗者"。王熙凤不孝顺婆婆邢夫人是事实，"无子"也是事实。"无子"便也罢，王熙凤却还"嫉妒心"极强，甚至一年都不允许贾琏碰"准侍妾"的通房丫头平儿一两回，而自己生育能力又极弱，因而贾琏何来的"子嗣"？

古时，"不孝有三，无后为大"。而于贾琏而言，作为贾赦的独子，如果贾琏无子，就等于荣国府贾赦这一支"断了香火"。中国人最讲究宗祧继承，逢年过节、婚丧嫁娶、祭祀祖先，必须由家族中的男人主持。让祖先绝祀，于贾琏来说那是最大的不孝。

正因为如此，贾琏即使于国孝家孝之时偷娶尤二姐，最后却也能得到贾母的认可。

正因为如此，第六十六回中贾琏告知薛蟠"自己娶尤氏"之事时，连呆霸王也"听了大喜"，还说"早该如此，这都是舍表妹之过"。薛蟠说的"舍表妹"是谁？不就是王熙凤嘛！

正因为如此，当王熙凤请求贾母"发慈心"允准尤二姐搬入她的东厢房时，贾母会称王熙凤"贤良"。

正因为如此，当尤二姐被人带至王夫人处行礼时，王夫人会为王熙凤感到高兴，因为王夫人"正因他风声不雅，深为忧虑，见他今行此事，岂有不乐之理"。王熙凤的"风声不雅"，其中就包括她的善妒——"不容丈夫娶亲买妾。"

正因为如此，当贾琏为其父贾赦至平安州办事妥当而讨得贾赦的欢心时，贾赦会将自己"房中一个十七岁的丫鬟名唤秋桐者"，赏给贾琏，让秋桐做贾琏的侍妾。贾赦只有一个儿子贾琏，而贾琏又无男嗣，因此贾赦也怕于孙子辈就绝了后嗣啊。

人性的黑洞，可以是无穷大的，这句话用来形容王熙凤无疑是再恰当不过了。不过，王熙凤为什么非得要使出"借剑杀人"之计，逼得尤二姐吞金自尽呢？是什么力量将王熙凤身上的人性之恶激发至让人难以置信的地步呢？这无疑与王熙凤身上致命的缺点有关，更准确地说是与中国封建社会的"七出"文化有关！

跪读《红楼梦》不可取，俯视曹雪芹则是失敬

——读《红楼梦》第七十回

"林黛玉重建桃花社，史湘云偶填柳絮词"

> 《红楼梦》的文学高度是全方位的，其诗词曲赋也有其高度，但阅读时有难度，读懂实非易事。

　　《红楼梦》是公认的中国古典小说的杰作，代表着中国小说艺术的最高成就。时至今日，许多小说家仍称《红楼梦》的艺术成就是无法超越的。马瑞芳就认为读《红楼梦》就是在"读最好的中国故事"；当代著名学者、南京大学教授莫砺锋更是称"杜诗"与《红楼梦》是"让我感动落泪的书"；当代作家徐小斌则称"重读最多的是《红楼梦》，数百次，里面所有的诗词歌赋几乎都会背"。

　　而王蒙先生读了第七十回中叙写林黛玉与薛宝钗填写柳絮词的文段，在评点曹雪芹描写薛宝钗创作的《柳絮词》时，用了如下的笔墨——

　　（众金钗的）《柳絮词》唯此首给人留下印象。就我个人而言，宁愿意看放风筝、吃螃蟹的描写。曹亦甚通诗词之道，但拿出来的货色并不

精彩。(王蒙，《王蒙评点〈红楼梦〉》，人民文学出版社，2014年，第396页)

　　王蒙虽然也肯定了曹雪芹"甚通诗词之道"，可接下来的"但"字一转，就开始极力贬抑曹雪芹，称他写下的诗词"并不精彩"，而且还着上"货色"二字进行评论。"货色"，依《现代汉语词典（第7版）》释义，其释义有二。其一为"货物（就品种或质量而言）"，其二为"人或思想言论、作品等（多含贬义）"。据此，我们完全可以肯定王蒙先生对曹雪芹的诗才是不屑的，是鄙夷的，而且表露得毫不掩饰！

　　到底是曹雪芹的诗才真的不足为观，还是王蒙先生对曹雪芹的诗歌看走了眼呢？

　　对于前一个问题，我想请出著名红学家、《红楼梦》诗词研究专家蔡义江先生来作答，且看蔡义江先生是如何鉴赏薛宝钗的《柳絮词》的——

　　　　宝钗与黛玉这两个人物的思想、性格是不同的。作者让宝钗作欢愉之词，来翻黛玉之所作情调缠绵悲戚的案，看上去只是写诗词吟咏上互相争胜，实际上这是作者借以刻画不同的思想性格特征的一种艺术手段。

　　　　但是，作者所写的钗黛对立，并非如续书中所写的那样，为了争夺同一个婚姻对象而彼此成为情敌（黛玉对宝钗的猜疑，在第四十二回"蘅芜君兰言解疑癖"后，已不复存在。事实如脂评指出，贾府上下，人人心目中宝黛都是一对未来的"好夫妻"），作者也并不想通过他们的命运，来表现封建包办婚姻的不合理（因为写包办婚姻不合理，如八十回末脂评指出已有"迎春含悲，薛蟠贻恨"作代表了）。作者所描写的宝黛悲剧是与全书表现封建大家庭败亡的主题密切相关的。他们的悲剧是贾府事变的结果。细看词的双关含义，不难发现"蜂围蝶阵乱纷纷"正是变故来临时，大观园纷乱情景的象征。宝钗一向以高洁自持，"丑祸"当然不会沾惹到她的身上，何况她颇有处世的本领，所以词中以"解舞""均匀"自诩。黛玉就不同了，她不禁聚散的悲痛，就像落絮那样"随逝水""委芳尘"了。宝钗能"任他随聚随分"而"终不改"故态，所以黛玉死后，客观上就必然造成"金玉良姻"的机会而使宝钗青云直上。但这种结合并不能从根本上消除宝钗和宝玉在封建礼教、仕途经济上的思想分歧，也不能使宝玉忘怀死去的知己而倾心于她。所以，宝钗最终仍不免被宝玉所弃，词中的"本无根"也就是这个意思吧。（蔡义江，《〈红楼梦〉诗词曲赋鉴赏》，中华书局，2004 年 9 月，第 344—345 页）

蔡义江的上述鉴赏词，字里行间，不露声色地赞美林黛玉，贬抑薛宝钗，因为蔡先生是"拥黛派"。但是不管怎样，蔡先生是在说理与论证，虽然他援引的"脂评"未必是最具说服力的。可无论如何，蔡先生没有任何一言一语在贬抑曹雪芹的诗词创作才能。

那么蔡义江是不是欣赏曹雪芹的诗才呢？答案是肯定的！

蔡义江于他的《〈红楼梦〉诗词曲赋鉴赏》一书代前言的文章《论〈红楼梦〉中的诗词曲赋》中，从五个方面极力肯定了《红楼梦》中诗词的作用："真正的'文备众体'"、"借题发挥，伤时骂世"、"小说的有机组成部分"（小说故事情节和人物描写的有机组成部分）、"时代文化精神生活的反映"、"按头制帽，诗即其人"。

薛宝钗的《临江仙·白玉堂前春解舞》就鲜明地体现了蔡先生所列举的上述五种作用中的第三、四、五种功能。

可王蒙先生却说，如果阅读时非得要将诗词与其他小说情节进行二选一的取舍的话，"宁愿意看放风筝、吃螃蟹的描写"，也不愿意读《柳絮词》。

　　这真是让人费解，"放风筝、吃螃蟹的描写"类的文字，固然精彩热闹，可众金钗填写《柳絮词》的情节不是同样精彩吗？

　　1989年，著名女作家琦君曾在给蔡义江先生的一封信中诚实地说："当年我们看《红楼梦》，真的只看故事，诗、词、赋真的太多了，都跳过去，只有灯谜看一下，记得的只有宝钗的《竹夫人》，真惭愧啊！"（见蔡义江《红楼梦诗词曲赋评注》之邓庆佑所写编辑后记）

　　当时，已过古稀之年的琦君，读到蔡义江先生评注《红楼梦》诗词曲赋的学术专著后，竟是那样谦抑，为自己少年时代忽视了《红楼梦》中的诗词曲赋之美而心生惭愧！

　　那么我们面对《红楼梦》中的诗词曲赋，应该以怎样的姿态看待呢？

山雨欲来风满楼的大观园

——读《红楼梦》第七十一回

"嫌隙人有心生嫌隙，鸳鸯女无意遇鸳鸯"

> 《红楼梦》整体结构的"起承转合"极妙，妙在即便是"转"，也是从容的。

贾府的结局最终必然是"好一似食尽鸟投林"，是"落了片白茫茫大地真干净"。但即便如此，作为小说家的曹雪芹又必须要将这个过程写出"起承转合"来，写出众鸟或主动、或被动飞投各自的林子，而且他还要将暴风雪摧折整个贾府大厦的前奏叙写出来。

"山雨欲来"，"满楼"怎能没有呼啸的风声？贾府将要迎来毁灭性的劫难，怎能没有肃杀的迹象或气氛？小说第七十一回就是"山雨欲来"之前那呼啸于大观园及贾府的"风声"。

这是一种怎样的"风声"？

曹雪芹说：绝对不是摧枯拉朽的"风声"！

那么曹雪芹又会以怎样的笔法来描摹那"山雨欲来"前的"风声"呢？

面对这个问题，我想起了当代作家、茅盾文学奖获得者迟子建的一篇随笔《"红楼"的哀歌》。此文中有一段评述曹雪芹《红楼梦》前八十回与续书后四十回的对比性的文字，极有见地——

> 我想曹雪芹要是写"盛宴必散"这个大结局，他肯定还是要秉承温暖的笔触，一针一针地慢慢挑出伤疤里的痛疽，而不是呼啦啦地一上场就喊一声"杀"，闹得个刺刀见红，血淋淋的，使作品的艺术风味发生了逆转。

《红楼梦》第七十一回，就是曹雪芹"秉承温暖的笔触，一针一针地慢慢挑出伤疤里的痛疽"的一回。

贾母的八十大寿，其寿筵一开始被写得多么"温暖"！

在那个封建宗法制度占主导地位的社会中，荣国府的贾母，她就是贾府"金字塔尖"的人物，这不假；她的德行，她的智慧，更决定了她于荣宁二府所起的作用就犹如"定海神针"，一日有她在，贾府尚能平静一日，即便偶有风波起，也能及时地平息。如果不信，大家请看贾母寿宴时"家宴"的场面，是多么温馨啊。

你看，这个已届八十的诰命夫人，这个皇妃的祖母，福寿富贵集于一身，她是无比宠溺自己的嫡孙贾宝玉的，也在极力呵护她的外孙女林黛玉，也会于薛宝钗的生日到来之前吩咐凤姐为宝钗操办生日宴，这可能是许多像贾母这样享受着尊荣富贵的老太太会想到的，但更远的同族中那些已经贫寒交加的孙辈呢，她还能顾恤吗？贾母竟然也能！这不，她这位于寿筵中享受着同族数以百计人的磕头礼敬的老太太，竟然还能顾及同族中门衰祚薄的喜鸾、四喜儿这样的女孩，还不忘吩咐凤姐要留她们于大观园中"顽两日再去"。

这正是儒家所提倡的"老吾老以及人之老，幼吾幼以及人之幼"、所称颂的仁心的体现！何谓"诗礼传家"？正是因为贾母还保有这样一颗仁心，所以贾府仍还有一定的凝聚力，还能勉力支撑！

与此相对的是什么？是"嫌隙人有心生嫌隙"！

"嫌隙人"是谁？是贾母的长子贾赦的妻子邢夫人！按理来说，荣国府的管家媳妇是谁？本该就是邢夫人，可是荣国府的管家媳妇，却先是王夫人，后又成了邢夫人的儿媳妇王熙凤。为此，邢夫人已经与王夫人、王熙凤有着情感上的"嫌隙"了。

邢夫人毕竟是王熙凤的婆婆，在封建宗法社会中，依照礼法，邢夫人对王熙凤毕竟还是有很强的管束甚至支配权的。只因王熙凤现在被贾母宠着，娘家又有人现任九省统制之职，王夫人又是她的亲姑妈，所以邢夫人即使有千般怨怼，平日也得隐忍着。因此，邢夫人代贾赦讨要贾母的侍婢鸳鸯不成、受了贾母的训斥后，她忍了；南安太妃来了，要见探春姊妹等人，"贾母又只令探春出来，迎春竟似有如无"，她也忍了。不过，当她的陪房费婆子的亲家母被人捆在马圈里，等过几日送至宁国府交由尤氏发落之时，她的脸面搁不住了。而当她知道做出这个决定的人又恰恰是她的儿媳妇王熙凤之时，邢夫人是再也忍不住了，于是就出现了以下戏剧性的一幕——

> 邢夫人直至晚间散时，当着许多人陪笑和凤姐求情说："我听见昨儿晚上二奶奶生气，打发周管家的娘子捆了两个老婆子，可也不知犯了什么罪。论理我不该讨情，我想老太太好日子，发狠的还舍钱舍米，周贫济老，咱们家先倒折磨起老人家来了。不看我的脸，权且看老太太，竟放了他们罢。"说毕，上车去了。

你看，一个做婆婆的竟然"陪笑"着向儿媳妇"求情"，还一口一个敬语，什么"二奶奶"啊，什么"周管家的娘子"啊，这不是将自己这个做婆婆的自降身份至儿媳妇至奴仆，然后以奴仆的口吻来称呼自己的儿媳妇吗？这样的话语一出，王熙凤能承受得住？

你看，邢夫人"说毕"，直接就"上车去了"，留给王熙凤的只有"又羞又气""憋得脸紫涨"，而面对赖大家的、王夫人，王熙凤仍需挤出"笑"来一个个地去解释。

一边是贾母在极力维持贾府的稳定，一边却是荣国府大房的婆媳邢夫人与王熙凤之间的矛盾直接爆发。

贾府这个行将衰败的"百足之虫"中的"伤痛"，曹雪芹就是借这样的"一针"又"一针"挑出它其中的"痛疽"！

英雄末路，长袖亦难再起舞

——读《红楼梦》第七十二回

"王熙凤恃强羞说病，来旺妇倚势霸成亲"

> 《红楼梦》总体的叙事笔调是从容舒缓的，于舒缓的叙事节奏中推动情节发展并塑造人物性格。

古有俗语"长袖善舞，多钱善贾"，长袖善舞，比喻客观条件优越就容易把事情办好，后又用来形容有财势、有手腕的人善于钻营取巧。

《红楼梦》中的王熙凤，被秦可卿称为"脂粉队里的英雄"，她出身于显赫的贵族之家，嫁入的又是豪门荣国府，智商又令万人所不及，因此，身为荣国府代理总管的她，凭借着财势、手腕在荣宁二府中那是要风便有风，要雨便有雨。贾母宠她，王夫人信她，下人畏她，丈夫贾琏也不得不屈从于她。

她"毒设相思局"，谈笑之间，贾瑞便一命呜呼；她"弄权铁槛寺"，丹唇轻启，一纸书信，三千两银子就落入她的囊中；她"正言弹妒意"，痛责贾政的侍妾赵姨娘，令赵姨娘立即噤若寒蝉；她元宵夜宴"效戏彩斑衣"，引得贾母开怀大笑——"真真这凤丫头越发贫嘴了"；她"大闹宁国府"，令贾珍只得"三十六计，走为上计"；她智赚尤二姐进入荣国府，逼着尤二姐"吞生金自逝"。

可是《红楼梦》写至第七十二回，英雄王熙凤虽然还是那个英雄，她那"女曹操"的才气、她那"女张良"的智慧仍在，但贾府已经不再是那个贾府了，此刻的贾府，已经是"山雨欲来风满楼"，已经是内外交困，已经是四面楚歌，王熙凤也已经是末路英雄了。

她王熙凤应对贾府内外交困的局面，虽然使尽了浑身解数，却也已是左支右绌、力不从心了。小说第七十二回写的就是王熙凤的尴尬，王熙凤的被动，事情是一桩桩，一件件，煞是好看！

古人有言"人算不如天算"，一个人纵然争胜好强，也时常躲不过命运的翻云覆雨。王熙凤多么想要一个男性后嗣呀，但上天就是不给她；她多么想重整旗鼓，再怀上一个男孩，但上天就让她小产之后罹患不治之症"血山崩"。

王熙凤掌管着荣国府一切进出的财富，可是操办贾母的八十寿辰之后，她竟然开始要让丈夫通过鸳鸯去盗出贾母的私房积蓄以保证府中用来周转的资金链不至于断裂。曹雪芹为写贾府的大厦开始摇晃，开始倾斜，也真是煞费苦心。

后面曹雪芹又写贾琏想将贾母的古董"蜡油冻的佛手"据为私有财产，然后送人，或拿去典当换钱，结果被鸳鸯戳穿，好在有平儿的巧妙遮掩，才让贾琏避免了尴尬。

续写贾琏以诸如"宁撞金钟一下，不打破鼓三千"的花言巧语去怂恿鸳鸯"偷着运出"贾母的"金银家伙"，让他与王熙凤好去借当，或变卖。

王熙凤治理的荣国府出现了极大的财政危机，的确与她的贪婪与胆大妄为有着直接的关联，因为她放出的高利贷已经无力及时收回，于是终于出现了荣国府的周转资金断裂的情形。

荣国府窘迫的境况到了何等程度呢？接下来，荣国府还得准备南安府的贺礼及元妃的重阳节礼的几千两银子，可这几千两银子，就让贾琏、王熙凤夫妇一筹莫展了。

问题是"出的多，进的少"，收支明显不平衡的荣国府，不可能永远靠放高利贷来弥补亏空，因为以高利贷进行重利盘剥，不仅违法，而且还存在着收不回本金的风险。可不正是如此，旺儿才无法按时收回本金与利银。

可是"屋漏又偏逢连夜雨"，正当贾琏、王熙凤一筹莫展之时，夏太监又派小太监来向贾府再借二百两银子。要知道这个夏太监此前就向荣国府借了一千二百两银子，原来借的还没还呢，此刻竟还敢再借，胆子也是够大的！说是"暂借"，其实分明就是索贿啊！王熙凤呢，不但不敢说半个不字，还得赔上满脸笑容说出如下的话——"什么是送过来，有的是银子，只管先兑了去。改日等我们短了，再借去也是一样。"

可问题是王熙凤自认晦气之后，还不得不拿出两个金项圈去当铺抵押换取几百两银子。只有这样才能送走瘟神，才能将夏太监派来的那个小太监打发走啊！

此时，王熙凤还不知道夏太监来索借的头一日，周太监就已经来登门索借了。而对这一情节的叙写，曹雪芹是借贾琏与王熙凤的对话来补叙的。这位周太监前来索借，比夏太监还要狠，一开口就要借一千两银子，贾琏"略应慢了些"，周太监竟然还敢表露出"不自在"，竟然当众给"国舅老爷"贾琏脸色看，胆子是不是也够大的？

宫廷太监为何敢如此放肆地来"国舅老爷""国舅奶奶"这儿索借，这说明了什么？说明贾元春可能在宫中已经失宠！元妃失宠意味着什么？意味着贾府最大的支柱开始倾斜！

可是祸不单行，贾府所结交的同党或培植的党羽于权力角逐的斗争中也已经失势。这不，贾琏一回到外书房，荣国府的管家林之孝就悄悄地向贾琏禀报——"方才听得雨村降了，却不知因何事。"

曹雪芹就是借这样一桩桩、一件件看似琐屑的事件的叙写，将贾府行将彻底败落的直接原因向我们渐次展露。

生于末世，"女曹操"王熙凤纵然长袖善舞，最后的结局也只能是"聪明反被聪明累""哭上金陵事更哀"！

一个傻大姐，就撬动了整座大观园

——读《红楼梦》第七十三回

"痴丫头误拾绣春囊，懦小姐不问累金凤"

> 在《红楼梦》中，即使是次要又次要的人物，也能成为推动情节发展、制造戏剧性矛盾冲突的线索人物。

红楼是必然会倾颓坍塌的，红楼盛筵也是必然要散场的，大观园也是必然要荒芜的。如果将《红楼梦》作为小说来欣赏，我好奇的是曹雪芹会如何一笔笔地巧妙地展开叙写"红楼盛筵"的散场。

在第七十三回中，他竟然选择了一个小人物来撬动这座红楼，她就是贾母的粗使丫鬟傻大姐，他让傻大姐来拉开荣国府中两位诰命夫人王夫人与邢夫人对决大戏的帷幕。

两位贵妇人的争斗自然不能写成王熙凤与鲍二家厮打那样的闹剧，更不能写成赵姨娘与芳官、荳官、葵官等小伶童间撞腰顶背的闹剧兼喜剧，那么该怎么写呢？

贾母、贾政允准宝玉于大观园居住，是希望他能潜心读书，为科举考试做准备。而宝玉呢？科举应试的必读书《大学》《中庸》《论语》，他应对得还不错，可《孟子》有一半是夹生的，更不要谈背诵了。"古文"呢，近几年"竟未曾温得半篇片语"。科举考试必读的范文，即所谓的"时文八股"呢，贾政为他选了"百十篇"，他竟然只是"偶一读之"，从不曾"成篇潜心玩索"。

因此，在贾政看来，居于大观园的贾宝玉读书是假，恣意挥霍青春倒是真的！那么为什么让贾宝玉进大观园呢？——因为是贾元春的特许。大观园是谁的花园？是贾元春的行宫！元春是谁的女儿，是王夫人的。

也正是在这样的背景之下，傻大姐出场了！

傻大姐作为一个推动情节展开的线索人物，一个次要又次要的人物，就是来给邢夫人递刀子、送炮弹、丢匕首的。曹雪芹想用她来攻击谁呢？——攻击王夫人及王熙凤！

傻大姐的出现真是极具戏剧性！

贾母当众处置迎春的奶娘——聚赌的大头家，黛玉、宝钗、探春都为迎春的奶娘"讨情"，但贾母就是不依，她给出的理由是——"大约这些奶子们，一个个仗着奶过哥儿姐儿，原比别人有些体面，他们就生事，比别人更可恶，专管调唆主子护短偏向。我都是经过的。况且要拿一个作法，恰好果然就遇见了一个。你们别管，我自有道理。"

贾母说这一番话时，邢夫人也在场。迎春是贾赦的女儿，虽然她不是邢夫人的亲生女儿，但在大观园聚赌的大头家之一，偏偏又是迎春的奶嬷嬷，贾母"拿一个作法"，就拿到了她家的迎春，她当然觉得极没面子，同时也意识到自己疏于对迎春进行管教。于是邢夫人决定亲自至大观园的紫菱洲去教训一番迎春。也正是在去紫菱洲的途中，曹雪芹安排傻大姐遇上了邢夫人。

邢夫人接过来傻大姐的绣春囊之后，是什么反应？她"吓得连忙死紧攥住"，问明了绣春囊拾得的地点是大观园后，就警告傻大姐——"快休告诉一人。这不是好东西，连你也要打死。皆因你素日是傻子，以后再别提起了。"

最后邢夫人便将绣春囊"塞在袖内","揣摩此物从何而至","且不形于声色",才直奔迎春的紫菱洲。

紫菱洲内，邢夫人训责迎春，在那一众伺候邢夫人的媳妇们为迎春辩解之时，有人禀告"琏二奶奶来了"。为什么王熙凤要来？因为做儿媳妇的王熙凤有伺候婆婆并向婆婆请安的义务。但邢夫人对此的回应却是"冷笑两声，命人出去说：'请他自去养病，我这里不用他伺候。'"

这等于是使自己与儿媳妇王熙凤的矛盾进一步激化了，而且是激化到了不留任何回旋余地的程度。

为什么邢夫人要这样做？她又怎敢这样做？

因为，她"塞在袖内"的那只绣春囊，给了她向王夫人、王熙凤亮剑的极大的底气！

当代著名的红学家马瑞芳教授读到这一回时，曾写下这样一段文字——

> 邢夫人将绣春囊塞在袖内，"心内十分罕异"。她如何动起歪心思，小说没写，她后来的行动泄漏她是这样想的：看看王熙凤管家管出个什么结果，看看王夫人的宝贝女儿元春开放大观园是什么结果，王夫人养只"凤凰"宝玉，绣春囊会不会和他有关？（马瑞芳，《红楼梦风情谭》，商务印书馆，2013年，第266页）

一只绣春囊，于是就这样催生出了第七十四回中王夫人"惑奸谗抄检大观园"的情节。

有人问，"抄检大观园"是不是王夫人作抉择时的唯一选项？她能不能如王熙凤所建议的"平心静气暗暗访察"？能不能"纵然访不着"也尽量不让"外人"知道？能不能"胳膊折在袖内"，做到家丑不外扬？能不能不要当晚就查抄大观园?

王夫人还真不能！因为那位受邢夫人差遣送来绣香囊的王善保家的，又来至王熙凤与王夫人的对话现场了！王善保家的还直接说出了宝玉的大丫鬟之一晴雯"妖妖趫趫，大不成个体统"。由此看来，邢夫人大有不获全胜不鸣金收兵的阵势呢！

王善保家的，的确也来者不善！她再次来到王夫人这儿，等于就是来催逼王夫人、王熙凤去让贾宝玉自证清白的。

此时，王夫人等于是被邢夫人逼至了墙角，她能不抄检大观园?

"自杀自灭"的贾府

——读《红楼梦》第七十四回

"惑奸谗抄检大观园，矢孤介杜绝宁国府"

> 《红楼梦》的创作目的之一，是思考封建礼法为什么不能阻止贾府这类家族的没落与衰亡。

《红楼梦》第七十四回中的"抄检大观园"，无疑是曹雪芹笔下的一幕"大戏"，是后来贾府被朝廷大抄家的预演。

"抄检大观园"之后的第七十五回，曹雪芹借尤氏与李纨的对话道出了尤氏对"抄检大观园"的感伤与不满——"我们家上下大小的人只会讲外面假礼假体面，究竟作出来的事都够使的了。"尤氏一语撕去了诗礼簪缨之族的贾府貌似上下和睦、温情脉脉的面纱。此前，这温情脉脉的面纱之下藏着多少重矛盾啊——荣国府中长房贾赦与二房贾政之间的矛盾，邢夫人与王夫人之间的矛盾，邢夫人与王熙凤婆媳之间的矛盾，贾母与王夫人、邢夫人婆媳之间的矛盾，王熙凤与尤氏、李纨妯娌之间的矛盾，探春与王熙凤之间的姑嫂矛盾，奴才管家周瑞家的、王善保家的与大丫鬟晴雯等人的矛盾。《红楼梦》第七十四回，集中展现的主要矛盾即上述众多矛盾中的前两重。

探春是多么聪慧而敏锐啊！当晚面对一众抄检的人，她一语中的，指出"抄检大观园"行动的实质，就是贾府的"自杀自灭"。她当面"冷笑"着警告王熙凤——

你们别忙，自然连你们抄的日子有呢！你们今日早起不曾议论甄家，自己家里好好的抄家，果然今日真抄了。咱们也渐渐的来了。可知这样大族人家，若从外头杀来，一时是杀不死的，这是古人曾说的"百足之虫，死而不僵"，必须先从家里自杀自灭起来，才能一败涂地！

这位贾府的三小姐，这位"才自精明志自高"的三小姐，说完上述一段话，"不觉流下泪来"了。

探春为何而流泪？她其实和尤氏一样，也是在叹息自己如此显赫、如此富贵的公爵府第今日连"假礼""假体面"也不顾了，竟然干起了夜抄大观园这等事情。探春由江南的甄应嘉那一富贵显赫的门第先自己抄家然后被朝廷抄家，进而自然地联想到自己所处的贾府末日也行将到来，岂能不伤心？

大观园是一座怎样的园子？是皇妃贾元春的行宫，是贾府三位千金迎春、探春、惜春的居所，是年轻丧偶、恪守妇道、"如冰水好"的李纨与小姑子们相伴做女工与读书的花园，是客居于此的林黛玉、薛宝钗、史湘云的寄身之地。

公爵府第宁国府、荣国府上下几百口人的秩序，靠什么维系？靠"仁"，靠"义"，靠"信"，靠"礼"，其中最重要的就是"礼"。

查抄大观园的那一晚，贾府的"假礼""假体面"的本质就这样被探春揭穿了。

查抄大观园有多场重头戏，秋爽斋的戏，又是重头戏中的重头戏！且让我们重点从这一情节开始来欣赏。

好一个三小姐贾探春！

她多么有人缘，抄检大军还未至秋爽斋，竟"早有人报与探春了"。

她多么英气逼人，遇事是多么处变不惊，竟然"命众丫鬟秉烛开门而待"查抄大军。

她多么正气凛然，临敌之时，竟能够先声夺人，擒贼擒王。针对王熙凤"因丢了一件东西，连日访察不出人来，恐怕旁人赖这些女孩子们，所以越性大家搜一搜，使人去疑，倒是洗净他们的好法子"的解释，贾探春当即就对王熙凤痛加奚落——"我们的丫头，自然都是些贼，我就是头一个窝主。既如此，先来搜我的箱柜，他们所有偷了来的都交给我藏着呢。"然后就吩咐丫头们将她们的箱柜一齐打开，并指定只许王熙凤来检视。王熙凤很是识趣，自然不敢抄检，而且还只好赔笑着解释自己"不过是奉太太的命来"，请求探春"别错怪"了她。

贾探春是多么富有智慧，她将自己一人推向两军对垒的最前沿，直接与查抄大军的主将王熙凤单挑，将自己的丫鬟们紧紧地护卫在后面，而凭一己之力就瞬间将对方的主将直接挑落下马。

她是多么自尊与自重，绝不向污辱者、泼脏水者妥协，她打向竟敢翻检自己衣襟的王善保家的那一巴掌，打的虽然是王善保家的脸，实际上痛的却是邢夫人的心。

秋爽斋之后查抄稻香村的情节，曹雪芹用的是简笔。身如槁木、心如止水、寡欲恬淡、志在守节、一心课子的李纨的稻香村自然是不可能与绣春囊之事有沾染的。

曹雪芹对暖香坞的查抄场面描写，则是与秋爽斋的查抄对比着写的。孤介的惜春竟然不能原谅入画为同胞哥哥代收钱物之事，她不但不念主奴数年相依相伴之情，反而对王熙凤说出了"你要打他，好歹带他出去打罢，我听不惯"的话，之后她还接着劝王熙凤不要轻饶入画，并且希望王熙凤将入画当作以儆效尤之人。惜春之心，真是坚硬如铁，令人寒彻心扉！与探春相比，不啻天壤之别！

对紫菱洲的查抄，是查抄大观园这部大戏的另一个高潮，而且还是极富戏剧性的一场大戏！

邢夫人指使前来的王善保家的"一心只要拿人的错儿，不想反拿住了他外孙女儿"，这是极富戏剧性的！

原来不识字的王熙凤，竟然当着王善保家的等一众不识字的奴仆，笑着"从头念了一遍"司棋的表弟潘又安写给司棋的情书，让所有在场的人"都唬了一跳"，这当然也是极富戏剧性的。

王夫人此前指令王善保家的监视晴雯几日，准备等她回了贾母后再处治晴雯，当时王善保家的极为得意，可转眼之间王善保家的报应就来了，她的外孙女司棋当晚就被王熙凤吩咐"监守"起来。怪不得王善保家的"气无处泄，便自己回手打着自己的脸，骂道：'老不死的娼妇，怎么造下孽了！说嘴打嘴，现世现报在人眼里。'"

自"抄检大观园"事件之后，荣国府的无数重矛盾所引发的"自杀自灭"式的戏码将会一幕接一幕地上演，等待大观园群芳的结局也只有一种——"三春去后诸芳尽，各自须寻各自门"！

贾府的末日叹息

——读《红楼梦》第七十五回

"开夜宴异兆发悲音,赏中秋新词得佳谶"

> 以超现实主义笔法写阴魂的叹息,众人于凸碧山庄中以诗言志,皆是在暗示贾府必然会走向衰败。

《红楼梦》第七十五回,继续叙写贾府的衰败。

这一回曹雪芹采用了超现实主义笔法,描写宁国公、荣国公阴魂的叹息——

果然贾珍煮了一口猪,烧了一腔羊,备了一桌菜及果品之类,不可胜记,就在会芳园丛绿堂中,屏开孔雀,褥设芙蓉,带领妻子姬妾,先饭后酒,开怀赏月作乐。将一更时分,真是风清月朗,上下如银。贾珍因要行令,尤氏便叫佩凤等四个人也都入席,下面一溜坐下,猜枚划拳,饮了一回。贾珍有了几分酒,益发高兴,便命取了一竿紫竹箫来,命佩凤吹箫,文花唱曲,喉清嗓嫩,真令人魄醉魂飞。唱罢复又行令。

那天将有三更时分,贾珍酒已八分。大家正添衣饮茶,换盏更酌之际,忽听那边墙下有人长叹之声。大家明明听见,都悚然疑畏起来。贾珍忙厉声叱咤，问："谁在那里？"连问几声，没有人答应。尤氏道："必是墙外边家里人也未可知。"贾珍道："胡说。这墙四面皆无下人的房子，况且那边又紧靠着祠堂，焉得有人。"一语未了，只听得一阵风声，竟过墙去了。恍惚闻得祠堂内槅扇开阖之声。只觉得风气森森，比先更觉凉飒起来；月色惨淡，也不似先明朗。众人都觉毛发倒竖。贾珍酒已吓醒了一半，只比别人撑持得住些，心下也十分疑畏，便大没兴头起来。

在这些超现实的叙写文字之中，宁国府此刻已成"月色惨淡"之府，会芳园也成"风气森森"的阴森之地，宁荣两公阴魂的叹息，不正是宁荣二府末日即将来临的叹息声吗？

贾珍八月十四日"开夜宴"，叹息的"悲音"就这样以贾珍的"十分疑畏，便大没兴头"而告终。

当然，八月十五时荣国府凸碧山庄的"赏中秋"活动也并没有什么和谐与欢乐之景。

贾母先是叹息人少！少了谁？少了病着的李纨与王熙凤，少了远避荣国府的薛家的薛姨妈、薛蟠、薛宝钗、薛蝌等人。这分别意味着什么？意味着荣国府第四代中流砥柱的倾倒，意味着荣国府的向心力在减弱。

贾母于中秋宴上先是为贾政"效戏彩斑衣"所讲的"怕老婆"的故事逗乐，但接下来大儿子贾赦所讲的"偏心母亲"的笑话，立即就让她陷入了尴尬的境地。

贾赦好一句"你不知天下父母心偏的多呢"，贾母听了，能不"疑心"？有"鸳鸯女誓绝鸳鸯偶"导致的母子嫌隙在前，贾母能不"疑心"？

贾赦的笑话显然包含着对母亲的怨责，也流露出对弟弟贾政的嫉妒，这怎能不让贾母愣了"半日"后发出深长的叹息——"我也得这个婆子针一针就好了！"

中秋夜本是家人团圆之夜，本是大家族其乐融融之夜，本是让家庭更具凝聚力之夜，可是贾府的中秋月明之夜，有的只是彼此猜忌，彼此设防，彼此嫉恨，那么贾府的末日还会远吗？

贾母已经垂垂老矣，贾府此后的兴衰自然取决于贾赦、贾政兄弟，更远的将来则需要寄希望于贾宝玉、贾环及贾兰。

于是曹雪芹安排了贾宝玉、贾环、贾兰在中秋赏月的宴会上献诗言志。

贾宝玉的言志诗还勉强算是能应景，虽然流露出了"不肯念书"的情绪，在贾政看来"词句"也"不雅"。但贾政为了于贾母面前尽"孝道"，仍然说出了三个字——"难为他"，表示贾宝玉的诗还勉强能让人接受，于是贾母说出了这样的话——"这就罢了。他能多大，定要他做才子不成！这就该奖励他，以后越发上心了。"

贾兰的诗则是令"贾政看了喜不自胜"，这正应了本回标题中下联的联语——"赏中秋新词得佳谶"，他日贾府被抄之后得以重整旗鼓，靠的就是贾兰。于整部小说而言，贾兰的言志诗得到贾政的高度赞赏，这也算是一处伏笔。

"专好奇诡仙鬼一格"的贾环，虽然也"立挥一绝"，他的言志诗虽然被贾政痛批，却博得了伯父贾赦的赞赏，而且贾赦还称未来荣国府的"世袭"资格少不了贾环的。

此时，贾政倒是清醒，只听贾政忙着劝说他的大哥贾赦——"不过他胡诌如此，那里就论到后事了！"

贾政的这一声叹息，的确是一声清醒的叹息！

贾府所言的"后事"，自此已经是不能由他们自己掌握的了！可让人觉得更为悲哀的是贾赦、贾珍之流还在醉生梦死，还在寻欢作乐，还在做着会永远富贵如斯的大梦！

诗魂的绝唱

——读《红楼梦》第七十六回

"凸碧堂品笛感凄清，凹晶馆联诗悲寂寞"

> 湘云、黛玉吟咏的"寒塘渡鹤影，冷月葬花魂"，是贾府的丧钟，也是她们命运的谶语。

当贾府已经自顾不暇之际，寄居于贾府的史湘云、林黛玉的处境又将如何呢？她们于凸碧山庄中秋赏月的宴席上又有何感慨呢？

"贾母犹叹人少"之时，曹雪芹写出了黛玉的处境与心境——

> 只因黛玉见贾府中许多人赏月，贾母犹叹人少，不似当年热闹，又提宝钗姊妹家去母女弟兄自去赏月等语，不觉对景感怀，自去俯栏垂泪。

林黛玉是孤女，中秋赏月之夜，贾府众人各自有心事，因此无人顾及她了。你看，平日里最关心黛玉的宝玉是什么处境？——"宝玉近因晴雯病势甚重，诸务无心，王夫人再四遣他去睡，他也便去了。"于是此时，只有席间的另一位孤女史湘云关注到了她。史湘云的好一句"我也和你一样"，最能暖透黛玉的心！湘云的另一句"可恨宝姐姐"，更是道出了薛宝钗这位吃着"冷香丸"长大的小姐的冷心冷面。正是这位薛小姐将湘云从蘅芜苑移交给稻香村的李纨，然后请求辞离大观园。薛宝钗这般"全身而退"，在湘云看来，是极为不义的。这还没完，就是这位于姊妹之间"天天说亲道热"的薛小姐，前些日子还说"今年中秋要大家一处赏月，必要起社，大家联句"，可"抄检大观园"后，她竟然像躲瘟神一样躲避仍寄居于大观园的史湘云与林黛玉，这怎能不让湘云生出人心难测之叹？

大观园虽然还没有到"三春去后诸芳尽"的日子，但薛宝钗就已经在"自寻自家门"了，人情之薄，人心之冷，令处处逢人就称扬薛宝钗姐姐好的湘云都对薛小姐大为不满了，这么说来，贾府离衰败的日子还会远吗？贾母是棵百年大树，是棵枝繁叶茂的百年大树，她一倒下，林黛玉、史湘云这些筑巢于树上、寄居于树上的鸟儿，就必然是最先辞离大树的。

树倒巢倾之时的叹息，树倒巢倾之时的感伤，将如何消解？大观园的诗魂该出场了！

大观园的"诗魂"，如果只能有一位，那就非林黛玉莫属了，如果推举两位，那就还应该算上史湘云！

于是她们远避凸碧山庄的宴席，二人同至"凹晶溪馆"，这是一个清幽的世界，也是一个无人搅扰的世界——

说着，二人便同下了山坡。只一转弯，就是池沿，沿上一带竹栏相接，直通着那边藕香榭的路径。因这几间就在此山怀抱之中，乃凸碧山庄之退居，因洼而近水，故颜其额曰"凹晶溪馆"。因此处房宇不多，且又矮小，故只有两个老婆子上夜。今日打听得凸碧山庄的人应差，与他们无干，这两个老婆子关了月饼果品并犒赏的酒食来，二人吃得既醉且饱，早已熄灯睡了。

读到婆子们"既醉且饱，早已熄灯睡了"的句子，你们猜我联想起了谁？

我联想起了欧阳永叔与他的《秋声赋》，欧阳永叔有感于肃杀的秋声，对着童子吟出了以下自嘲与自我宽慰的文字——

> 嗟乎！草木无情，有时飘零。人为动物，惟物之灵；百忧感其心，万事劳其形；有动于中，必摇其精。而况思其力之所不及，忧其智之所不能；宜其渥然丹者为槁木，黟然黑者为星星。奈何以非金石之质，欲与草木而争荣？念谁为之戕贼，亦何恨乎秋声！

可是呢？欧阳永叔对于生命本质的诗意咏叹，换来的竟是"童子莫对，垂头而睡。但闻四壁虫声唧唧，如助予之叹息"！凹晶溪馆的婆子，多像欧阳永叔的书童！此愁能与谁诉？好在林黛玉与史湘云还有彼此来取暖，还能以诗歌去与周遭凄凉的现实对抗。

于是她们月下联诗，当贾母的侄孙女史湘云咏出"香新荣玉桂"之后，贾母的外孙女林黛玉对以"色健茂金萱"，对此，湘云是如何评说的呢？

> 湘云笑道："'金萱'二字便宜了你，省了多少力。这样现成的韵被你得了，只是不犯着替他们颂圣去。"

贾母的这个内侄孙女，竟然将姑奶奶的贾府上上下下的人视为"他们"了！但联系前文看，对史湘云这样的叹息，大家却又不会感到意外，这句话正好与前面她所说的"倒是他们父子叔侄纵横起来。你可知宋太祖说的好：'卧榻之侧，岂容他人酣睡'"进行了呼应。人民文学出版社的校注本《红楼梦》，解释史湘云用宋太祖之典，倒是极能让人信服——"这里借喻大观园中作诗雅事，向来是姑娘姐妹吟咏展才，岂容'他们父子叔侄纵横起来。'"

蔡义江先生解读"香新荣玉桂，色健茂金萱"两句，也极能给人信服之感——

> 意谓玉桂荣发而飘来新香，萱草茂盛而色泽鲜明。萱，忘忧草，俗称"金针菜"，花呈橘黄色，故称"金萱"，旧时常指代母亲。湘云说："只是不犯着替他们颂圣去"，意思是用不着去代人祝母寿，因为她们自己都是丧父母的。

借助蔡先生的解释，并结合小说上下文，我们就能读懂湘云嗔责黛玉的原因了——他们贾家上下都在极力取悦老太太，劝酒，吟诗，甚至说出了"怕老婆"那等俗不可耐的笑话，这样取悦贾母的场面，这样的心态，在湘云看来尚且都还可以理解，但贾赦那等盛赞贾环不堪的志趣的恶俗场景，恐怕湘云也是避之唯恐不及的。正因为如此，湘云才会对姑奶奶的贾府说出"父子叔侄纵横起来"及"不犯着替他们颂圣"之类的讥诮话！

曹雪芹的用心是多么良苦，他借两位孤女的议论，再一次断言贾府必然败亡的命运！

"寒塘渡鹤影，冷月葬花魂"，既是贾府的丧钟，也是林黛玉、史湘云这两位诗魂命运的谶语！

晴雯之死与儒家女德文化的死结

——读《红楼梦》第七十七回

"俏丫鬟抱屈夭风流，美优伶斩情归水月"

> 晴雯夭逝为何是"屈死"，思考其悲剧产生的文化根源，这也是《红楼梦》的重要主题。

晴雯是贾母有意安排至贾宝玉身边的丫鬟。第七十八回中，贾母在与王夫人对话时，向儿媳妇王夫人道出了她对晴雯的评判，意思是唯有晴雯才是贾宝玉长大成人后最佳的侍妾人选——"这些丫头的模样爽利言谈针线多不及他，将来只他还可以给宝玉使唤得。"

但在王夫人的眼中，晴雯将来能配得上做贾宝玉的侍妾吗？绝对不能，这在第七十四回"惑奸谗抄检大观园"中，王夫人审问晴雯的情节，已经交代得极为明白了。

那一场审问，王夫人眼中的晴雯，是一个怎样的晴雯呢？

"钗𤲷鬓松，衫垂带褪，有春睡捧心之遗风"，这就是王夫人眼中晴雯的"妇容"！而东汉史学家班昭的《女诫·妇行》中对"妇容"的要求是什么？——是"盥浣尘秽，服饰鲜洁，沐浴以时，身不垢辱，是谓妇容"。对照一下，晴雯这样的着装得体吗？显然不得体！难道晴雯不知道这样不得体吗？她当然知道！只是王夫人下令晴雯必须在接到吩咐后"即刻快来"，而此时的晴雯因为生病，又是刚"睡中觉才起来"，所以才会是这样一种仪态。

面对晴雯的这副模样，王夫人当然会极为愤怒，于是王夫人当即"冷笑"着痛斥晴雯——"好个美人！真像个病西施了。你天天作这轻狂样儿给谁看？你干的事，打量我不知道呢！我且放着你，自然明儿揭你的皮！宝玉今日可好些？"可晴雯是如何回应王夫人的愤怒与痛责的？她竟然对道："我不大到宝玉房里去，又不常和宝玉在一处，好歹我不能知道，只问袭人麝月两个。"

要知道，此刻的晴雯，是以宝玉的丫鬟兼未来的侍妾候选人的身份，来面对王夫人的呀。这样的回答，对今日的主子、未来的婆婆，哪里还存有一丝顺从与敬意？

而《女四书》中又是如何告诫妇人面对公婆与丈夫的呢？——是"处家之法，妇女须能。以和为贵，孝顺为尊"，面对王夫人，晴雯竟然在顶撞！当王夫人恼羞成怒地说出"这就该打嘴！你难道是死人，要你们作什么"之后，晴雯更是抬出贾母来压制王夫人——

我原是跟老太太的人。因老太太说园里空大人少，宝玉害怕，所以拨了我去外间屋里上夜，不过看屋子。我原回过我笨，不能服侍。老太太骂了我，说："又不叫你管他的事，要伶俐的作什么。"我听了这话才去的。不过十天半个月之内，宝玉闷了大家顽一会子就散了。至于宝玉饮食起坐，上一层有老奶奶老妈妈们，下一层又有袭人麝月秋纹几个人。我闲着还要作老太太屋里的针线，所以宝玉的事竟不曾留心。太太既怪，从此后我留心就是了。

而《女四书》中的《女诫·曲从篇》，又是怎样规劝天下的儿媳妇该如何对待婆婆呢？

　　姑云不尔而是，固宜从令；姑云尔而非，犹宜顺命。勿得违戾是非，争分曲直。此则所谓曲从矣。故《女宪》曰："妇如影响，焉不可赏！"

总之就是一句话，婆婆批评儿媳妇，无论婆婆是对还是错，你都得"顺从"，都得"听命"，不得在婆婆面前争论是非对错。换言之，婆婆在儿媳妇那里，永远都是对的。儿媳妇在婆婆面前，就应该如影子、如回声般顺应与顺从。

而晴雯呢？却选择了据理力争，却选择了拒不"曲从"！

等待晴雯的命运当然只有一种，那就是被王夫人视为"妖精似的东西"，被逐出大观园。

等待王夫人的是什么呢？他日她也必须以谎言来向自己的婆婆贾母解释为什么将晴雯逐出大观园。

在第七十八回中，我们就会读到王夫人在贾母面前对晴雯进行"污名化"诽谤的文字，也会读到她在贾母面前圆谎时诚惶诚恐的心理。

这样的王夫人，这样信奉《女四书》的王夫人，这样卫护"女德"的王夫人，为何最终也不得不选择"作伪"的方式，来显示自己在婆婆面前的贤德与孝顺呢？

难道做"伪君子"是一种值得褒扬的行为？显然不是！

为什么王夫人也被迫选择以伪君子的行为来显示她对婆婆的"曲从"，以表明她是在极力尊崇儒家文化中的"女德"的？

这就涉及儒家思想中女德文化的"死结"问题了！

从儒家思想中衍生出的"女德文化"，其实就是一种典型的奴才哲学，是自轻自贱的哲学，是自我戕害的哲学，是集体无意识的产物！

王夫人以"女德"来评判晴雯、佳蕙、芳官之时，她难道没有想到他日贾母会以"女德"来诘问她为何将婆婆认为的最适合做宝玉侍妾的晴雯逐出大观园，届时她也必须以谎言来为自己的行为做辩护？王夫人当然知道，但她又必须说谎！这就是问题的"死结"！

而当人格独立、道德峻洁之人，竟然不得不屈从于儒家所尊奉的"上下尊卑"的天理之时，不得不压抑个性屈服于地位高于自己的人之时，这样的社会就必然是一个不能宽容异己的社会，这样的民族就只能是一个只有所谓的"集体意志"或者说是"集体无意识"的民族！

于是在某些时刻，在某些场合，既然"曲从"是一种美德，是一种符合"天理"的美德，那就无条件地选择"曲从"吧！不过，还有选择了"曲从"仍然不能应对的时刻啊，那么绝大多数人又将怎么办？他们就会"下意识"地或者说"集体无意识"地选择"说谎"与"作伪"，而既然是"集体无意识"之举，于是在"说谎"与"作伪"之时，人人还都心安理得，脸不会红，心也不会跳！王夫人在贾母面前撒谎，不就是那样的吗？

于是这样的社会，就只有伪君子遍地横行；于是这样的天下，就只能是宝钗、袭人、王熙凤、王夫人们的天下！

千古奇文《芙蓉女儿诔》

——读《红楼梦》第七十八回

"老学士闲征姽婳词，痴公子杜撰芙蓉诔"

> 《红楼梦》的又一主旨，是将十二万分的庄敬之情奉献给像晴雯、林黛玉一样的爱神与美神。

阅读《红楼梦》第七十八回，读到曹雪芹代笔下的怡红公子宝玉所撰《芙蓉女儿诔》篇末的"呜呼哀哉！尚飨"，再读到曹雪芹写下的"读毕，遂焚帛奠茗，犹依依不舍。丫鬟催至再四，方才回身"这样低回不已、悲凄至极的文字，我第一时间联想到的便是甲戌抄本中脂砚斋记录的曹雪芹告别这个世界的凄凉之语——

能解者，方有辛酸之泪，哭成此书。壬午除夕，书未成，芹为泪尽而逝。余尝（常）哭芹，泪亦待尽。每意觅青埂峰再问石兄，奈不遇癞头和尚！怅怅！今而后，惟愿造化主再出一芹一脂，是书何幸！余二人亦大快遂心于九泉矣！甲午八月泪笔。（邓遂夫校订，《脂砚斋重评石头记甲戌校本》，作家出版社，2000年12月，第1版第83页）

作家张爱玲认为曹雪芹的《红楼梦》，结尾残缺，实是憾事。而在我看来，能不能发现曹雪芹的续文，已经不是很重要的事情了。一是残缺的《红楼梦》犹如断臂的维纳斯，也自有其美；二是《红楼梦》实则已经于第七十八回为读者写出了全书的结尾，因为晴雯之死，也是林黛玉之死，更是大观园群芳之死。

你看，当宝玉祭奠晴雯已毕，被丫鬟"催至再四，方才回身"之时，黛玉出现了——"忽听山石之后有一人笑道：'且请留步。'"

于是便有了第七十九回林黛玉建议贾宝玉将《芙蓉女儿诔》中的"红绡帐里，公子多情"，改为"茜纱窗下，公子多情"；于是便有了木石前盟的命运谶语——"茜纱窗下，我本无缘；黄土垄中，卿何薄命。"

不少红学家坚信，曹雪芹是写完了《红楼梦》的，只是未能传世而已。而我倒是有一个猜测，那就是曹雪芹写至第七十八回时，他自己也如笔下的林黛玉一般"泪已尽"，他的身体与精神均已彻底崩溃，已无力再坚持创作完那整部的《红楼梦》了。

这样的猜测，我觉得并不是没有依据的。我们不妨将曹雪芹创作《红楼梦》与当代著名作家路遥创作《平凡的世界》作一个对比。路遥的弟弟王天乐追忆其哥哥路遥的文章中有这样一段文字——

> 写《平凡的世界》第三部时，路遥在感情和经济方面到了山穷水尽的地步。他经常一边流泪，一边写作，到了后来眼睛三天两头出毛病。有一天，我正在洛川县采访，路遥突然打电话到报社，让我速到榆林，我以为他的身体出了新问题，赶快奔赴榆林，一进房子，他对我说田晓霞死了。半天我才反应过来这是他作品中的人物。（王天乐，《苦难是他

永恒的伴侣》，转引自李建军编《路遥十五年祭》，新世界出版社，2007年，第195页）

我们不妨来对比一下！

晴雯与林黛玉不正是路遥笔下的田晓霞吗？

真正杰出的小说家笔下的人物，尤其是那些寄寓了作家审美理想的人物，不都是被那些杰出的小说家当成了他们的"情人"或者"孩子"来倾情塑造的吗？

杰出的小说家，他们不都如同那女娲造人？不都是照着自己的审美观、价值观在塑造他们心中的"人"或"神"？

路遥之所以会为他所倾情塑造的小说中的爱神、美神田晓霞的意外之死而失声痛哭，就是因为他将田晓霞当作了自己心中"最好的情人"。

我想，曹雪芹书写他的《红楼梦》至第七十八回之时，并借贾宝玉以《芙蓉女儿诔》来告别晴雯与林黛玉之时，他肯定也会像路遥一样痛哭。因为《红楼梦》中的晴雯与林黛玉就是曹雪芹"最好的情人"，一如《平凡的世界》中的田晓霞是路遥"最好的情人"！

路遥创作《平凡的世界》之时，他的婚姻陷入危机，经济也极度拮据，他在极度透支那一身重病的躯体，好在他还有理解与全力支持自己的弟弟，还有政府相关部门的协助。

可是曹雪芹呢？他是一个罪臣余孽，一个拮据到靠卖画卖风筝为生，还不时要靠朋友接济的人，再加上痛失爱子，因而身心无法再支撑他写完整部《红楼梦》就是很显然的事情了，诚如脂砚斋所言"书未成，芹为泪尽而逝"，这也是十分符合逻辑的。

《红楼梦》第一回就是曹雪芹的创作宣言，他于第一回就向读者如此宣告——

今风尘碌碌，一事无成，忽念及当日所有之女子，一一细考较去，觉其行止见识，皆出于我之上。何我堂堂须眉，诚不若彼裙钗哉？实愧则有馀，悔又无益之大无可如何之日也！当此，则自欲将已往所赖天恩祖德，锦衣纨袴之时，饫甘餍肥之日，背父兄教育之恩，负师友规训之德，以至今日一技无成、半生潦倒之罪，编述一集，以告天下人：我之罪固不免，然闺阁中本自历历有人，万不可因我之不肖，自护己短，一并使其泯灭也。虽今日之茅椽蓬牖，瓦灶绳床，其晨夕风露，阶柳庭花，亦未有妨我之襟怀笔墨者。虽我未学，下笔无文，又何妨用假语村言，敷演出一段故事来，亦可使闺阁昭传，复可悦世之目，破人愁闷，不亦宜乎？

我们完全可以想象，将《红楼梦》写至第七十八回的曹雪芹，身处"茅椽蓬牖，瓦灶绳床"那般极度窘迫的生活境遇之中，却因为对笔下足以不朽的像晴雯、林黛玉这样的"裙钗"仍怀着十二万分的庄敬之情，所以曹雪芹即使于自己生命"泪尽"之时，仍在一丝不苟地描画他笔下的晴雯，仍在倾尽他所有的文学才华，目的只有一个，他要将自己全部的深情倾注在像晴雯、林黛玉这样的"裙钗"之中。

正因为如此，我才说《芙蓉女儿诔》是一篇千古奇文。

《芙蓉女儿诔》之"奇"，"奇"在曹雪芹对待晴雯的那一份"庄敬"之情上。

《红楼梦》第七十八回最重要的情节就是"痴公子杜撰芙蓉诔"，但是在叙写这一情节之前，曹雪芹却花了极长的篇幅来叙写其他事件，比如"老学士闲征姽婳词"。

遗憾的是不少学者竟然称"老学士闲征姽婳词"是"闲笔"。

我则认为，这绝不是闲笔，而是曹雪芹的"衬笔"。

他在为谁做"衬笔"呢？——为晴雯，为林黛玉！

其实，"痴公子杜撰芙蓉诔"之前的衬笔，还不止这一处！请大家细细地品味。

《芙蓉女儿诔》中的晴雯是什么样的人？宝玉是这样评论她的——"其为质则金玉不足喻其贵，其为性则冰雪不足喻其洁，其为神则星日不足喻其精，其为貌则花月不足喻其色。"

宝玉这样赞美晴雯，让我联想起了唐太宗为玄奘而写的《大唐三藏圣教序》中的句子——"有玄奘法师者，法门之领袖也。幼怀贞敏，早悟三空之心；长契神情，先苞四忍之行。松风水月，未足比其清华；仙露明珠，讵能方其朗润。"晴雯，在多情的、痴情的公子宝玉心中，竟然可以与"圣僧"相提并论！

而贾政让贾宝玉、贾环、贾兰拟作《姽婳词》，是一种怎样的行为呢？这不就是在向圣上表达"纸上的忠心"吗？不正是将林四娘这等奇女子当作无能的文武官员的替罪羊了吗？

曹雪芹说的是前代青州的恒王与他的文武官员及林四娘的故事，其实又何尝不是在讽刺贾府的贾政与王夫人们？

荣国府不就有这等"忠义"的"奇女子"吗？这等"奇女子"不就是指晴雯这样的女子吗？结果呢？——晴雯却被贾政之妻王氏撵逐，蒙受冤屈而死！

可荣国府的主人贾政却视而不见！这不是装睁眼瞎吗？

而此时呢？贾政还正忙着借历史上林四娘的传奇去颂圣！

曹雪芹的反讽，也真够辛辣的！

你们是否还记得《红楼梦》第六十四回中宝钗评黛玉《五美吟》的那一

段文字？

　　宝钗亦说道："做诗不论何题，只要善翻古人之意。若要随人脚踪走去，纵使字句精工，已落第二义，究竟算不得好诗。即如前人所咏昭君之诗甚多，有悲挽昭君的，有怨恨延寿的，又有讥汉帝不能使画工图貌贤臣而画美人的，纷纷不一。后来王荆公复有'意态由来画不成，当时枉杀毛延寿'；永叔有'耳目所见尚如此，万里安能制夷狄'。二诗俱能各出己见，不与人同。今日林妹妹这五首诗，亦可谓命意新奇，别开生面了。"

欧阳修的"耳目所见尚如此，万里安能制夷狄"，说得多好！

荣国府如此"忠义"的奇女子晴雯，遭遇如此大辱而逝，蒙受如此奇冤而死，却不能引起王夫人等任何人的内省与愧疚，这样的贾府怎能不倾颓？这样的贵族之家又怎能不走向穷途末路？

只可叹，象征着人间至贵至坚至洁至纯之德的晴雯与林黛玉们，却成了它的殉葬品！

这样的可悲，才是让曹雪芹最为伤痛的！

于是在进行了那么多泼墨如水的文字衬托之后，曹雪芹才再以浓墨重彩之笔写下了他的《芙蓉女儿诔》。曹雪芹以最美好的意象、最瑰丽的想象、最热忱的赞美、最深切的思念，将他心中的晴雯加以神化，以彰显她的高洁品性。

写作《芙蓉女儿诔》的宝玉，自称"浊玉"，这是何其诚敬！

宝玉奉晴雯为仙界"抚司秋艳芙蓉"的女神，这是何其庄重谦卑！

翻遍中国历史，有几位公子王孙将自己夭逝的丫鬟奉为"神明"的？曹雪芹却借贾宝玉这样做了，这在两百多年前的封建时代，是多么难能可贵！

曹雪芹竟将一位"其先之乡籍姓氏，湮沦而莫能考者久矣"的奴婢丫鬟，视为芙蓉花神。"诔文"，是一种仅能用于上对下以表彰死者德行并致哀悼的文体，可是在贾宝玉的心中，晴雯却是"其为质则金玉不足喻其贵，其为性则冰雪不足喻其洁，其为神则星日不足喻其精，其为貌则花月不足喻其色"，这哪里像是一篇诔文，倒像是一篇《湘夫人》，是敬献给心中的女神的颂歌。

读贾宝玉伤晴雯之冤屈的文字——"孰料鸠鸩恶其高，鹰鸷翻遭罦罬；薋葹妒其臭，茝兰竟被芟鉏"，仿佛能听到他的嗟叹！

诵贾宝玉惜晴雯之夭逝的文字——"洲迷聚窟，何来却死之香？海失灵槎，不获回生之药"，仿佛能看到他的顿足。

体会贾宝玉忆晴雯之温情——"眉黛烟青，昨犹我画；指环玉冷，今倩谁温"，可以感受到那不尽的缠绵。

理解贾宝玉状晴雯冤死之寂寞——"桐阶月暗，芳魂与倩影同销；蓉帐香残，娇喘共细言皆绝。连天衰草，岂独蒹葭；匝地悲声，无非蟋蟀。露苔晚砌，穿帘不度寒砧；雨荔秋垣，隔院希闻怨笛"，可以听到那满纸的悲声。

贾宝玉叹晴雯夭逝，物是人非，借禽木犹不能忘情，抒发人何以堪的不尽思念——"芳名未泯，檐前鹦鹉犹呼；艳质将亡，槛外海棠预老。"

而那些"自为红绡帐里，公子情深；始信黄土垄中，女儿命薄！汝南泪血，斑斑洒向西风；梓泽余衷，默默诉凭冷月"的文字，更是将悲凄缠绵之情宣泄到了极致。

无怪乎"山石之后""从芙蓉花中走出来"的林黛玉，会"满面含笑"地赞道——"好新奇的祭文"！

贾宝玉的大孤独

——读《红楼梦》第七十九回

"薛文龙悔娶河东狮，贾迎春误嫁中山狼"

> 末世降临却不能挽回其必然的崩颓之势，美遭毁灭却只有叹息与追悼。

《红楼梦》第七十九回，带给我最强烈的阅读感受就是贾宝玉的大孤独！

宝玉的孤独之"大"，首先在他的"大清醒"！

阅读《红楼梦》的读者千千万，能真正懂得贾宝玉的大孤独的人却不多，鲁迅先生就是这不多的人之中的一个！

且看鲁迅先生于其学术著作《中国小说史略》中是如何谈论贾宝玉的大孤独的——

然荣公府虽煊赫，而"生齿日繁，事务日盛，主仆上下，安富尊荣者尽多，运筹谋画者无一，其日用排场，又不能将就省俭"，故"外面的架子虽未甚倒，内囊却也尽上来了"（第二回）。颓运方至，变故渐多；宝玉在繁华丰厚中，且亦屡与"无常"觌面，先有可卿自经；秦钟天逝；自又中父妾厌胜之术，几死；继以金钏投井，尤二姐吞金；而所爱之侍儿晴雯又被遣，随殁。悲凉之雾，遍被华林，然呼吸而领会之者，独宝玉而已。（鲁迅，《鲁迅全集》，人民文学出版社，2005 年，第 9 卷第 239 页）

好一句"悲凉之雾，遍被华林，然呼吸而领会之者，独宝玉而已"！

这种能够"呼吸而领会"到的孤独，我想其实还不是贾宝玉"大孤独"的全部内涵。贾宝玉的"孤独"之"大"，大在他"呼吸而领会"到了贾府必然崩颓之后，却无力去挽回这种必然的崩颓之势，大在他这位绛洞花主面对"千红一哭""万艳同悲"的美的毁灭却只有叹息与不尽的追悼，大在他的孤独没有几人能与之诉说，大在他清醒地知道自己的灵魂知己林黛玉也即将香消玉殒，此后留与他的将只有生命的荒芜与虚无。

我们不妨从宝玉的"护花情结"说起，能懂他这份深情的人，除了被他卫护过的平儿、晴雯、黛玉等人，又能有几人？

宝玉的母亲王夫人是不懂的！第七十八回曾叙写王夫人与王熙凤谈及宝钗与宝玉之间的关系，王夫人就曾猜测宝玉对宝钗可能有所得罪，所以宝钗才要辞离大观园。当时，王夫人是这样说的——"别是宝玉有嘴无心，傻子似的从没个忌讳，高兴了信嘴胡说也是有的。"而王熙凤是怎么回答的？

这可是太太过于操心了。若说他出去干正经事说正经话去，却像个傻子；若只叫进来在这些姊妹跟前以至于大小的丫头们跟前，他最有尽让，又恐怕得罪了人，那是再不得有人恼他的。我想薛妹妹出去，想必为着前时搜检众丫头的东西的原故。

由此可见，王熙凤懂得贾宝玉的行为是"护花"之举，但并不理解她的表弟为什么要这样做，更无法理解表弟的人生价值观，否则她不会称宝玉于大观园外应对所谓的"正经事"时就像个"傻子"！

贾母知道自己的孙子宝玉与姊妹及丫头们之间的关系至真至纯，但也无法理解宝玉为什么对姊妹、丫头们格外好，所以在与王夫人对话时，贾母会说出"岂不奇怪。想必原是个丫头错投了胎不成"这等话语。

贾母这句话的潜台词是什么？那就是男性是无法理解女性的，在一个"男尊女卑""主奴有别"的社会中，贾母很是纳闷——我那身为贵族公子的宝贝孙子为何会如此呵护那些丫鬟？

宝玉的母亲不懂宝玉，宝玉的祖母难以完全理解宝玉，宝玉的表姐王熙凤、薛宝钗也难以抵达其灵魂深处，宝玉的父亲那就更难以理解他的"孽障"儿子了。

而偏偏上述那些人的价值观，又恰恰代表着那个时代最主流的价值观。宝玉呢？他非议科举，他鄙视禄蠹，他"情情"，他还能"情不情"，他忙着"护花"，他为平儿理妆让平儿喜出望外，他隔着蔷薇花架忙着提醒雨中"划蔷"的龄官而自己却淋了一头又一身，他千方百计要使玉钏儿亲口尝一尝莲叶羹，自己被汤烫了竟然没有知觉还反问玉钏儿被烫没有。

最最懂得宝玉的体贴之中所包含的深情的人，唯有晴雯与黛玉。如果说"晴雯撕扇"是晴雯懂得了宝玉的"情情"与"情不情"，那么"病补雀金裘"就更能见出晴雯对公子的情深了。

黛玉呢？她除了深深地懂得宝玉的体贴，更懂得宝玉的灵魂。我们再读读第四十五回"风雨夕闷制风雨词"中"雨夜访黛"的林黛玉的那句话吧——"我不要他。戴上那个，成个画儿上画的和戏上扮的渔婆了。"林黛玉的话语中，满是对宝玉所给予的体贴的感动与感激，除此之外，还饱含有对情人之间彼此靠近、彼此依偎、彼此生死不渝的希冀！为什么会有这样的判断？世界上最美的眷侣不都是活在"画儿上"的？不都是存在于"戏剧舞台"上的？

正因为如此，当林黛玉下意识地说出上述话语之后，她才会又悔又羞——"及说了出来，方想起话未忖夺，与方才说宝玉的话相连，后悔不及，羞的脸飞红，便伏在桌上嗽个不住。"

俏丫鬟晴雯"抱屈夭风流"之后，能真正懂得宝玉并能与宝玉灵魂对话的人其实就只剩一个了，那就是林黛玉！于是当贾宝玉这位痴公子于大观园中的芙蓉花前，以《芙蓉女儿诔》痛悼晴雯之时，是谁出现于痴公子宝玉的面前？那只能是林黛玉！

也只能是林黛玉会来听并且能听懂"红绡帐里，公子多情；黄土垄中，女儿薄命"中的"多情"！

"多情"是什么？其中就有希望永远能够留住却又无法留住生命中最值得珍重的情愫的无力与无奈！

"茜纱窗下，小姐多情；黄土垄中，丫鬟薄命"，不就是痴公子意识到黛玉与紫鹃的命运必将与晴雯的悲剧一样之后的无奈与悲戚吗？

"茜纱窗下，我本无缘；黄土垄中，卿何薄命"，更是让"黛玉听了，忡然变色"，心中生出"无限的狐疑"，这又预示着什么？——预示宝黛的爱情必然无果而终，以悲剧落幕！

这种生命的虚空感与荒芜感，这种生命无法承受之重，不正是贾宝玉的大孤独之所在吗？

红楼梦断，公子情深

——读《红楼梦》第八十回

"美香菱屈受贪夫棒，王道士胡诌妒妇方"

> 永远不失赤子之心，身在苦海也要选择慈航，这也是贯穿整部《红楼梦》的主题。

《红楼梦》究竟写了多少回？《红楼梦》的作者究竟是一位怎样的作者？自《红楼梦》抄本传世，一百余年之后，这就曾经是个谜了！

面对《红楼梦》这座圣殿内的重重迷宫，谁是阿里巴巴？谁能寻觅到那把打开红楼迷宫的钥匙，解开"芝麻开门"般的咒语？

一位学者成了幸运之人，他就是胡适。1927 年，一个偶然的机会，清代北京的收藏家刘铨福旧藏的《红楼梦》抄本四册十六回在上海露面了，胡适欣然以重金买下。这个抄本，是评阅《红楼梦》的脂砚斋等人于 1754 年（甲戌年）抄阅再评的本子，所以红学界称它为"《脂砚斋重评石头记》甲戌本"。

根据甲戌抄本中评阅人脂砚斋的批语——"能解者，方有辛酸之泪，哭成此书。壬午除夕，书未成，芹为泪尽而逝。余尝（常）哭芹，泪亦待尽。"世人终于能够确定《红楼梦》的作者就是曹雪芹，也知道了曹雪芹是在壬午年除夕（1763 年 2 月 12 日）凄凄惨惨戚戚地离开了这个世界。

1947 年，燕京大学的一位青年学生周汝昌，又于燕京大学的图书馆意外发现了曹雪芹生前好友敦敏与敦诚的诗集，诗集中有多首直接咏及曹雪芹的诗。这又是一个新发现，周汝昌将自己的发现写成红学文章，发表于当时的天津《民国日报》，引发了胡适与周汝昌的一场对话，也成就了红学界的一段学术佳话。周汝昌综合分析了敦诚的"四十年华太瘦生"等为曹雪芹而作的挽歌中的诗句，推断出曹雪芹可能生于雍正二年（1724 年）。

至此，红学界对曹雪芹的生卒年份，总算有了一个大致能够令人接受的答案。

此后，各种脂批本的发现，也让红学家对曹雪芹的《红楼梦》终止于哪一回有了进行推测的事实依据。

虽然对曹雪芹传世的《红楼梦》究竟是结束于第七十八回还是第八十回这一问题，红学界尚有争论，但我愿意选择相信著名红学家周汝昌先生的观点——

> 一百二十回的"全本"《红楼梦》是假的，真本只传抄到八十回为止，而据研者考证，第七十九、八十两回也是后来为了凑个"整数"而新加配作的，原先也只有七十八回书文，到《芙蓉女儿诔》一读毕，即无文字。如今有的旧抄本还保存了这个真貌。（第七十八回没有结尾的那一小段，说黛玉忽然出现，丫头惊呼"有鬼"，等等，破坏悲痛文情笔境的俗套）。（周汝昌，《红楼夺目红》，作家出版社，2003 年，第 315 页）

宋代诗人陆放翁追悼亡妻唐琬曾写下《沈园》一诗——"梦断香消四十年，沈园柳老不吹绵。此身行作稽山土，犹吊遗踪一泫然。"

326

　　曹雪芹笔下那乌托邦般却又有着现实映射的《红楼梦》中的大观园，我想也如诗人陆放翁心中的沈园，也是曹雪芹告别这个世界前不断地深情回望与眷顾之所在！

　　我之所以认同周汝昌先生所言《红楼梦》终止于第七十八回的观点，是因为特别认同他所说的"黛玉忽然出现，丫头惊呼'有鬼'，等等，破坏悲痛文情笔境"这一判断依据。除此之外，我还列出了自己发现的诸多依据，这些文字都在阅读第七十八回我所写的札记——《千古奇文〈芙蓉女儿诔〉》之中。

　　不过，我倒认为在《红楼梦》第七十九、第八十两回的补作或续作之中，仍存有不少曹雪芹的遗墨。因为曹雪芹的"梦"虽断，但这两回中"痴公子"贾宝玉的"情深"之态、"情深"之语，还依稀是前七十八回中"痴公子"的情态与情语。

　　第八十回中的宝玉，还是那个没有失去"灵性"的宝玉，仍是那个"天下古今第一淫人"，他仍在悲悯，仍记着他那通灵宝玉上铭文的警诫——"莫失莫忘，仙寿恒昌"，仍是那块未经世俗的价值观浸染与同化的混沌未开的补天石！

　　你看，当薛家被新娶的媳妇夏金桂这个"搅家星"闹得"宁荣二宅之人，上上下下，无有不知，无有不叹"之时，贾宝玉在哪里？当然贾宝玉也是这"叹息"的人群中的一个。不过，宝玉不只是在叹息，他还有"解救"香菱与"拯救"夏金桂的行动。这样的行动就在"王道士胡诌妒妇方"的故事中。

　　"美香菱屈受贪夫棒"中的香菱，也仍是那个前七十八回中的香菱！

　　这个香菱，她的籍贯和如今客寄贾府的林黛玉一样，也是苏州，她也一如那身处污泥浊水之中的苏州水红菱！她无根，她飘零，她人命薄，她无依，她无助，但是出于污泥之中的香菱，却仍然天真，仍然善良，仍然选择隐忍，哪怕面对虐待甚至虐杀，她对施虐者竟然没有一丝丝怨恨！

　　这个香菱，是多么天真啊！她竟一厢情愿地认为即将嫁入薛家的夏小姐的到来一定会给大观园"添一个作诗的人"。宝玉当然也是一个天真之人，是一个混沌未开之人，是一个能够对这个世界"情不情"之人，但在第七十九回宝玉都已经清醒地意识到大观园即将群芳散尽，可是香菱竟然比宝玉更为天真，还仍在做着她心中那天真的诗人梦。

　　而可悲的是，那个世界，却不能为天真之人、混沌之人、善良之人，留下任何生存空间了。

　　那样的世界岂不荒诞至极！

　　写到第八十回，想必作者对人性是否本善也已生出了几许怀疑。

　　第七十七回中的贾宝玉，目睹心冷如铁的周瑞家的等人"不由分说"地将司棋强行拖出大观园，他还在瞪着眼，他还指着周瑞家的背影，对他身边守在大观园门口的婆子们恨恨地说出了这样的话——"奇怪，奇怪，怎么这些人只一嫁了汉子，染了男人的气味，就这样混帐起来，比男人更可杀了！"

　　贾宝玉之所以说出上述这等话来，是他认为少女一旦出嫁，就得遵循由家庭之外的男人主导的价值观去立身处世，就难免会被存在于那些男人身上的世俗气所熏染，可是第七十九、第八十回中的夏金桂呢？这个"少女"一进薛府就是一个悍妇，一个妒妇，一个"搅家星"。正因为如此，当宝玉见过夏金桂之后，也不禁"心下纳闷"——"举止形容也不怪厉，一般是鲜花嫩柳，与众姊妹不差上下的人，焉得这等情性，可为奇之至极！"

　　好一句"奇之至极"！夏金桂的出现，是对宝玉心中"少女观"的极大颠覆！

　　一个刚由少女变为少妇的夏金桂，一个"形容"也如"鲜花嫩柳"的女性，她人性的弱点——嫉妒心，于言行中淋漓表露出来，在贾宝玉看来怎么会那般令人难以理解。

　　不过，贾宝玉毕竟是"情不情"的，他仍在以他那让世人难以理解的言行试着去拯救那些如蛇蝎般的人物！

　　于是就出现了充满荒诞感与喜剧色彩的"王道士胡诌妒妇方"的一幕！

　　在这一出喜剧兼荒诞剧中，作者让与世俯仰、左右周旋、能力极强的王道士出场了。这个王道士有着惊人的像蟑螂般于黑暗与污浊的世界中生存的能力，他也能洞悉每一个来向其寻求药方的人的心思。但面对贾宝玉，他却失算了！

　　贾宝玉先是问了"王一贴"的膏药可以治什么病——"天天只听见你的膏药好，到底治什么病？"

　　王一贴即答以什么"开胃口""化食化痰""出死肌，生新肉，去风散毒"等语。

　　贾宝玉随即问以"我不信一张膏药就治这些病。我且问你，倒有一种病可也贴的好么"？

　　王一贴的回答自然是信誓旦旦，因而说出了"若不见效，哥儿只管揪着胡子打我这老脸，拆我这庙何如？只说出病源来"。

　　宝玉碍于有李贵等人在场，不便说出王一贴的膏药能否疗治妒妇的话，于是就笑着让王一贴来猜。王一贴呢？竟然会错了意，以为王孙公子贾宝玉是问取壮阳药的，只是他也顾及李贵等人在场，因而也只得笑着说出了潜台词极为丰富但又暗示性极强的话——"这倒难猜，只怕膏药有些不灵了。"当宝玉以"这屋里人多，越发蒸臭了"的话支出了李贵等人之后，王一贴便"笑嘻嘻走近"宝玉，悄悄地说出了这等话——"我可猜着了。想是哥儿如今有了房中的事情，要滋助的药，可是不是？"

　　最懂公子心思的茗烟不待王一贴说完，当即就喝止王一贴——"该死，打嘴！"

可是贾宝玉呢？竟仍然听不懂王一贴与茗烟的对话，仍向茗烟追问王一贴的话是什么意思。

余下的情节则更见荒诞感与喜剧色彩——

> 茗烟道："信他胡说。"唬的王一贴不敢再问，只说："哥儿明说了罢。"宝玉道："我问你，可有贴女人的妒病方子没有？"王一贴听说，拍手笑道："这可罢了。不但说没有方子，就是听也没有听见过。"

当然旁观者看到的无疑是喜剧，但曹雪芹笔下的宝玉却是以极认真、极庄敬、极虔诚的话语，向王一贴求取"贴女人的妒病方子"的！

与其说王一贴从来"听也没有听见过"这样的方子，其实不如说他从未听过、也从未见过这个世界上还有像贾宝玉这等的王孙公子！

其实，求取"疗妒方"的宝玉还是"那块宝玉"，还是那位唯一会相信刘姥姥信口开河之语的"偏寻根究底"的"情哥哥"，还是那位会将紫鹃试探宝玉的"情辞"当真的"忙玉"！

他贾宝玉永远都没有失去赤子之心，他就是那团永远也不会被世俗的力量凿开七窍的混沌，他永远慈悲，他的慈悲不仅施与香菱这样的"根并荷花一茎香，平生遭际实堪伤"的弱者、无力者与无辜者，也会顾及如夏金桂这样有着人性致命弱点的心如蛇蝎的人！

也正因为如此，当代哲学家、诗人刘再复先生会说贾宝玉这类人"是一个行将灭绝的族群"，刘再复还进而说"人们已有保护狮虎熊猫的意识，却无保护宝玉的生存意识"，此言真是极有警策意义。

难道不是吗？

如果这个世界，尽是王熙凤，尽是薛蟠，尽是贾琏、贾珍、贾蓉、贾赦，尽是贾雨村，尽是周瑞家的，尽是袭人，尽是孙绍祖，且不说这个世界有没有贾宝玉与林黛玉，而如果竟然都没有平儿，没有香菱，没有芳官、龄官，没有妙玉，没有探春，那么这样的世界还能配说是适合人类居住的世界吗?

这样说来，多情且情深的"痴公子"，倒是如星，如月，能永悬高天!

这样说来，红楼虽然梦断八十回，但天下走进了红楼圣殿的一代代读者，或许都会由衷地叹息——"一朝入红楼"，无悔于"终生梦不醒"!

后记

　　我的"红龄"算起来也有三十余年，今日以读书札记的方式，为自己阅读《红楼梦》的心得做一次总结，的确有几许欣慰之情。

　　《红楼梦》第八十回的阅读札记完稿之时，我联想起了首届鲁迅文学奖获得者、当代诗人徐小斌答《中华读书报》记者的一段对话——

　　　　徐小斌：《安娜·卡列尼娜》反复读了四次。重读最多的是《红楼梦》，数百次，里面所有的诗词歌赋几乎都会背，最后我只好把它锁起来了。

　　　　《中华读书报》记者：有趣，居然把《红楼梦》锁起来——如果不锁起来，会怎样？

　　　　徐小斌：哈哈，因为我是个自我控制力很差的人，但是理性告诉我，不能再读了！再读就"中毒"了。

　　我倒是没有像徐小斌那样阅读数百遍《红楼梦》，不过二三十遍应该是有的；我也不能背诵《红楼梦》中所有的诗词歌赋，但一次次忍不住去重读《红楼梦》却是事实，每读一遍就忍不住写下一些札记文字也是事实。

不过，忍不住重读《红楼梦》是一回事，为《红楼梦》的每一回都写下数千字以上的阅读札记又是一回事，这就要说一说我为什么要取《陪高中生读红楼梦》作为拙作书名的原因了。

2017 年，教育部颁布了《普通高中语文课程标准》(后简称《课程标准》)，《课程标准》为高中语文课程内容设计规划了十八个"学习任务群"，其中第一个"学习任务群"就是"整本书阅读与研讨"。教育部组织专家学者依照《课程标准》编写高中语文课本时，又最终确定将"《红楼梦》整本书阅读"列为高中生必修的学习任务，而且指定《红楼梦》为唯一一部必读的整本文学名著。教材编写者于高一语文必修下册的课本也专列了一个单元，介绍《红楼梦》"整本书的阅读要求"及"阅读指导"建议，还提供了六个供高中语文教师参考的"学习任务设计"，由此足见编写者的重视。

问题是《课程标准》的拟定者与教材的编写者，都没有充分了解当今我国高中语文教学的境况，也不完全了解高中生能否读得进《红楼梦》这一学情。

2021 年暑假，教育部委托人民教育出版社于线上对全国的高中语文教师进行培训。培训的目的之一，就是希望全国的高中语文教师尽快理解新颁布的《课程标准》中的精髓，尽快了解教育部新版统编语文教材相较于旧版教材的不同点。在这次培训会上，中小学语文课本总主编温儒敏先生也做了一个很长的讲座，在讲话中他就提及"《红楼梦》整本书阅读"的问题。出人意料的是，作为教材总主编的温儒敏却说"'《红楼梦》整本书阅读'的标准，应当稍稍降低一点"！

课本刚编出来，总主编就对自己主编的教材提出"《红楼梦》整本书阅读"的标准应当降低，这到底是为什么呢？大家不禁要问，语文教学对"《红楼梦》整本书阅读"到底又提了哪些"高标准"呢？

课本中的"要求"是这样表述的——

通读《红楼梦》全书，梳理小说主要情节，理清人物关系，理解和欣赏人物形象，探究人物的精神世界，整体把握小说的思想内容和艺术特点，建构阅读长篇小说的方法和经验。可以从最使自己感动的故事、人物、场景、语言等方面入手，反复阅读品味，获得审美感悟，丰富自己的精神世界。

综观上述"要求"，我们不难看出"通读《红楼梦》全书"才是大前提！可现实的教学境况却是绝大多数高中生怎么都读不进《红楼梦》，更遑论读完整本书了。而如果不能读完《红楼梦》，那么完成课本中对《红楼梦》整本书阅读所表述的诸如"梳理""理清""理解和欣赏""探究""整体把握""建构"等要求，更是免谈了。

既然如此，高中语文教师就必须指导学生"通读《红楼梦》全书"。

可是教师怎样才能引领学生读进去《红楼梦》呢？

我觉得教师必须清楚地了解高中生读不进《红楼梦》的原因。针对温儒敏先生的发言，我曾写了一篇文章——《对整本书阅读的冷思考》，发表于个人的微信公众号。文章受到了《教育研究与评论》杂志编辑部严秀蓉主任的关注，并将此文作为"特别策划稿"刊发于其主编的《教育研究与评论》（2021年第12期）上。此文也被高中语文课本的编辑蔡可先生关注，蔡先生又转与温儒敏先生。温儒敏先生称"这位老师讲的情况值得关注，也是我之前就有预感和担忧的"。

其实温儒敏先生对高中生可能读不进《红楼梦》应该早有"预感"，他自己也完全有能力去做出这样清醒的预判！我于《对整本书阅读的冷思考》一文中，就指出温儒敏先生"上中学时读了好几次都读不下去《红楼梦》"（见《温儒敏谈读书》一书之《为青年朋友介绍我喜欢的书》一文）。

中学时代的温儒敏一定是一位学业优秀的学生，否则他高中毕业之时是无法考入北京大学的。既然像温儒敏这样优秀的高中生，都无法读进《红楼梦》，那么这又说明了什么问题呢？

我想只有一个解释，那就是如果要使大多数学生读进去《红楼梦》，教师必须对学生的阅读加以引领。而语文教师要引领学生阅读《红楼梦》，又必须自己先能读得进《红楼梦》！

如何引领？我用的就是最笨的办法，陪着学生一回一回地读！与学生一起去领略《红楼梦》之中的美！

于是从 2021 年夏天开始，我又重读《红楼梦》，这次重读所选的《红楼梦》版本为人民文学出版社的校注本（2008 年第 3 版）。2022 年 2 月 19 日，我写出了《红楼梦》第一回"甄士隐梦幻识通灵，贾雨村风尘怀闺秀"的阅读札记——《甄士隐的"灵魂"，贾雨村的"肉身"》，历时近两年，八十回的阅读札记也终于完稿。

有读者朋友可能会问，你写作的这八十回的阅读札记，如果从内容上划分可以分为哪几类呢？

其实，在确定了"陪高中生阅读《红楼梦》"的目标之后，我就是围绕这一目标来写作的。那么下面就是写什么及如何选取写作角度的问题了，其实这也特别容易，那就是围绕着课本中的"阅读要求"来选取写作角度。

如《袭人："三高奴才"》《能于欢歌中听出生命苍凉的人》《至贵至坚的宝玉》《为什么人人都说平儿好？》，就是"理解与欣赏人物形象"的篇章。

如《甄士隐的"灵魂"，贾雨村的"肉身"》《宝钗只是偶尔"扑蝶"》《各人各得各人的眼泪》《诗魂的绝唱》，就是"探究人物的精神世界"的札记。

如《长大后，贾宝玉会不会成了贾琏？》《贾宝玉的大孤独》，就是帮助学生"整体把握小说的思想内容"的文字。

如《站在"人"的这一边》《〈红楼梦〉中的"不可靠叙述"》《情节发展的"动力源"》《是"情节小说",更是"性格小说"》,就是与学生交流与探讨小说的"艺术特点"之叙事手法的作品。

面对教材中所提出的希望学生"从最使自己感动的故事、人物、场景、语言等方面入手"的"阅读要求",在写作八十回阅读札记的每一篇时,作为教师的我都在尽最大的努力去体现这一"要求"。比如《最难风雨故人来》,就是围绕宝黛的感人故事而写;《龄官:写你的名字,画你的名字》,就是选取"龄官划蔷"这一动人的场景而作;《也为探春说几句》,则是为了让学生不致"误读"贾探春的人物性格而动笔的。

至于教材编者对学生提出的"反复阅读,获得审美感悟,丰富自己的精神世界"的阅读要求,在我看来这是一种最高的阅读境界!

因为借助教师的引导,如果学生能"通读"一遍《红楼梦》,我想就已经不容易了!如果学生连"通读"一遍的学习任务都不能完成,何来"反复阅读"?

不过,如果在教师的引领下,学生能通读《红楼梦》,并真正能从中"获得审美感悟",自然也就能够无限趋近"丰富"他们的"精神世界"的目标!

试举一例,我在引导学生阅读第二十四回"醉金刚轻财尚义侠,痴儿女遗帕惹相思"时,就设置了这样一个探究性的问题——"请你揣测一下作者曹雪芹创作贾芸这一个人物形象的动机,老魏认为曹雪芹是将贾芸当作'衰败后的贾府的救赎者'的形象来塑造的,你认同老魏的看法吗?请谈谈你的看法,不少于200字。"

批阅这样的作业,教师是极为开心的。学生作答,观点各异!不过,有一点是共同的,即他们都在认真地通过对《红楼梦》文本的阅读来为自己的立论寻找理据。

且看朱宁媛同学的作业——

　　同意。贾芸是《红楼梦》中塑造得很成功也很令人喜欢的小人物之一。贾芸自幼丧父，深知人情冷暖，为了谋得一份差事奉养家中母亲，他求贾琏，求王熙凤，甚至认宝玉为义父，由此可见小人物要讨生活是很困难的。但是，在这样困难的情境下，贾芸身上有很多美好的品性未被磨灭。第一是自尊，在向舅舅借冰片时，被冷漠对待，他直接告辞，他身上有一种年轻人的骨气。第二是坚持的精神，为了谋得一份差事，他可谓想尽办法，为了宝玉的一句话，他可以苦等两日。第三是现实的责任感，这一点我认为是最可贵的，甚至是超出宝玉的，或者说是宝玉所部分缺失的重要品格，这也是我认为贾芸能够被称为"贾府的救赎者"的重要原因。贾芸为什么要找一份差事？因为他要养自己的母亲，他要承担起这份现实的责任，为此自尊的他可以忍气吞声，低声下气。贾府倾颓之际，是他努力要救出小红，救出宝玉，这里体现了他对爱情的一种负责的态度，对曾经有恩于他的贾府的一种报答，这种感恩的实际行动，也是他的责任感的体现。而纵观全书，贾府后代中能有这样担当的也只有他一个，就连宝玉在看到史湘云沦落为船妓时也只能深感无力，从来没有承担的勇气，去做出反抗的尝试。在一定程度上，宝玉的爱情悲剧也有这样的深层原因，他不像贾芸，必须直面现实去生活，宝玉被保护得太好，身上也就缺失了现实的责任与担当。

　　上面的作业，只是一位高一学生初读《红楼梦》所写，由作业也可以看出，学生对我所提出的问题，于分析的深度方面，还是留下了不少遗憾的。

　　那么怎么办呢？在学生收到了我查阅完的作业之后，我就适时地将我写的那一回的阅读札记发与大家，并与学生进行交流。比如我给第二十四回写的阅读札记就是《曹雪芹笔下的势利眼》。这样的过程，在我看来，就是一个完整的师生共读《红楼梦》的过程。坦率地说，在与学生共同阅读《红楼梦》的过程中，我也受益匪浅。古人说"教学相长"，实在是至理名言。

有朋友可能会问，为什么不让学生读那一回前就下发教师的阅读札记做参考呢？我的理由只有一个，那就是怕学生囿于我文章中的观点而影响了他们的独立思考。

作为教师的我，纵然再怎么痴迷《红楼梦》，也不能代替学生们去阅读！

我只愿做一个陪读者，一个快乐的陪读者！

回头想想，我开始写作第一篇札记时，都不敢想象自己是否能够坚持下去，更没有想到能写至第八十回。书稿完成之后，一些于我的个人微信公众号读过我的札记的朋友，劝我结集出版，于是才有点心动。

感谢周国平老师、郭红老师，因为你们的热情，因为你们的力荐，我这样一位普通的高中语文教师阅读《红楼梦》的札记，才有机会得以与长江文艺出版社结缘。

感谢尹志勇社长、施柳柳主任的厚爱，使得拙稿能够得以与更多的读者见面。

感谢复旦大学中文系教授罗书华先生赐赠大序。罗教授将我归入"发自内心地喜欢《红楼梦》的读者"之列，并称我阅读《红楼梦》的札记是"紧贴文本、发自内心的阅读与倾听之作"。读到这样的文字，我诚惶诚恐。我真心喜欢《红楼梦》是事实，努力紧贴文本去阅读《红楼梦》也是事实，但《红楼梦》的阅读是有门槛的，通往红楼圣殿的台阶千万级，我也不知自己身在哪一级，这正是我惶恐的原因。

我马上就要退休了，很珍惜这样与十六七岁的少年共读《红楼梦》的美好时光!《红楼梦》于中国文学,就如喜马拉雅山于大地山川,你可以说不愿或无力登顶珠穆朗玛峰,不过你无法否认它就是世界之巅的事实。

我曾这样定义文学作品教学的最高境界——灵魂与灵魂的对话,思想与思想的碰撞,正义与正义的吸引,激情与激情的交会,善良与善良的应和,美丽与美丽的邂逅,高贵与高贵的相遇。面对《红楼梦》这座文学圣殿,我愿和我的学生们及更多的高中生一起走在朝圣人群中!

2023 年 8 月 1 日　魏建宽